Gregor Schöllgen / Gerhard Schröder

LETZTE CHANCE

Gregor Schöllgen
Gerhard Schröder

LETZTE CHANCE

Warum wir jetzt eine
neue Weltordnung brauchen

Deutsche Verlags-Anstalt

Penguin Random House Verlagsgruppe FSC® N001967

1. Auflage
Copyright © 2021 by Deutsche Verlags-Anstalt, München
in der Penguin Random House Verlagsgruppe GmbH,
Neumarkter Str. 28, 81673 München

Umschlaggestaltung: Büro Jorge Schmidt
Autorenfoto Rückseite: Gudrun Senger
Satz: Ditta Ahmadi
Druck und Bindung: GGP Media GmbH
Printed in Deutschland
ISBN 978-3-421-04876-9
www.dva.de

Dieses Buch ist auch als E-Book erhältlich

Inhalt

Vorwort

Die Welt liegt im Koma. Paralysiert und apathisch verfolgen wir
die epidemische Zunahme von Krisen, Kriegen und Konflikten
aller Art. Und der Westen, den es so gar nicht mehr gibt, sitzt in
seinen überlebten Strukturen fest. Wir fragen, wie es dahin kommen konnte.

Und wir sagen, wie es weitergehen muss. Mit Europa und der
NATO, mit Russland und mit China, mit den Staaten der süd-
lichen Halbkugel und nicht zuletzt mit Deutschland und seiner
Rolle in der Welt. Das Buch verbindet den analytischen Blick des
Historikers mit dem gestaltenden Zugriff des Politikers. Es ist das
Ergebnis eines Gesprächs, das wir seit vielen Jahren führen.

Gregor Schöllgen
Gerhard Schröder

Wo wir stehen

Es sieht nicht gut aus. Nie seit Ende des Zweiten Weltkriegs wurde der Globus von derart vielen Krisen überzogen. Beunruhigend sind nicht nur ihre schiere Zahl, sondern auch die vielfältigen Ursachen und Verlaufsformen und nicht zuletzt die mittelbaren oder auch direkten Verbindungen, die es zwischen vielen gibt.

Umgekehrt bedeutet das: Der Kreis der vergleichsweise krisenfreien und vor allem der befriedeten Weltgegenden ist seit dem Zusammenbruch der alten Weltordnung vor nunmehr 30 Jahren kontinuierlich geschrumpft. Wenn man den Begriff der Krise angemessen weit fasst, also nicht nur militärische Konflikte aller Art in den Blick nimmt, dann sind diese Zonen heute lediglich noch ein paar Inseln im Krisenkosmos. Solche Inseln sind Nordamerika und Europa.

Wie lange das so bleiben wird, vermag niemand sicher zu sagen. Klimawandel, Ressourcenschwund und Epidemien machen nicht an Grenzen Halt. Der Terrorismus hat den Westen nicht erst 2001 heimgesucht. Die Folgen von Krieg und Bürgerkrieg in Afrika oder im Nahen und Mittleren Osten haben inzwischen auch Europa fest im Griff. Unter dem Strich muss man bilanzieren, dass der europäische Handlungsspielraum nach dem Ende des Kalten Krieges nicht etwa gewachsen, sondern in praktisch jeder Hinsicht empfindlich geschrumpft ist.

Das ist auch die Quittung für ein kollektives Versagen. Wenn die substantielle Abtretung nationalstaatlicher Souveränität die Voraussetzung für eine Gemeinschaft ist, die diesen Namen verdient, dann hat es der alte Kontinent bis heute nicht geschafft, sich als politische, wirtschaftliche und militärische Union aufzustellen. Was Anfang der fünfziger Jahre als Gemeinschaft für Kohle und Stahl begann und sich seit fast 30 Jahren euphemistisch »Europäische Union« nennt, blieb Stückwerk und Kompromiss. Die Folgen sind fatal. In einer Zeit, in der Europa gefordert ist, aus präventiven, ökonomischen, humanitären oder anderen Gründen auch auf anderen Kontinenten militärisch zu intervenieren, und gefordert sein könnte, sich an seinen Grenzen gegen Gefahren aller Art zu verteidigen, wäre eine einsatzfähige europäische Armee das Gebot der Stunde. Aber die ist nicht nur nicht in Sicht, sondern Europa ist bei größeren militärischen Unternehmen sogar von anderen, sprich von der NATO und damit von den Vereinigten Staaten von Amerika, abhängig.

Das ist eine delikate Konstellation. Denn die NATO wurde im Kalten Krieg und für die spezifischen Herausforderungen jener Epoche gegründet. In diesen gut vier Jahrzehnten war sie eines der erfolgreichsten Militärbündnisse aller Zeiten – weil sie nie den Bündnisfall ausrufen musste und weil der globale Gegner, die Sowjetunion und ihre Verbündeten, am Ende fast geräuschlos von der weltpolitischen Bühne abtraten. Obgleich der Sinn und Zweck der NATO damit erfüllt waren, blieb sie nach 1991 nicht nur bestehen, sondern dehnte sich geographisch und militärisch noch weiter aus. Und das hatte wiederum weitreichende Folgen.

Die USA behielten ihre militärische Vorherrschaft sowie ihre politische Vormundschaft in und über Europa. Daran haben seit 1991 alle amerikanischen Präsidenten festgehalten. Einige wie George H. W. Bush, Bill Clinton oder Barack Obama taten das diplomatischer, wenn auch in der Sache nicht minder bestimmt als George W. Bush oder vor allem Donald Trump. Joe Biden wird wohl wieder einen verbindlicheren Ton gegenüber den Europäern anschlagen; und er wird, wenn es bei seinen Ankündigungen bleibt, in multilaterale Institutionen und Verträge zurückkehren, die gerade auch den Europäern wichtig sind, so die Weltgesundheitsorganisation WHO, das Pariser Klimaschutzabkommen oder auch das Atomabkommen mit dem Iran.

Aber an der Europapolitik wird auch dieser Präsident keine grundlegende Kurskorrektur vornehmen. Denn solange es die NATO in ihrer bestehenden Façon gibt, hat Amerika gar keine Veranlassung, seine Wahrnehmung Europas zu ändern, und das wiederum heißt in der Konsequenz auch: Russland bleibt für den Westen der potentielle Gegner, der die Sowjetunion bis zu ihrem Untergang tatsächlich gewesen war. Auf diese schwerwiegende Konsequenz des Weiterbestehens der Atlantischen Allianz hat 2019 mit Frankreichs Staatspräsident Emmanuel Macron erstmals seit dem Ende des Kalten Krieges öffentlich ein führender politischer Repräsentant des Westens hingewiesen.

Man muss kein Hellseher sein, um sich vorstellen zu können, wie diese konzeptionelle Kontinuität im Kreml wahrgenommen wurde, zumal die weltanschauliche von einer massiven politischen, wirtschaftlichen und militärischen Offensive seitens der NATO und der EU begleitet wurde. Dass Russland sich in die Defensive gedrängt sah und dieser Lage durch die Flucht nach vorn zu entkommen suchte, kann auch diejenigen nicht wirklich überraschen, die im Ukrainekonflikt und zumal in der Annexion der Krim zu Recht einen Bruch des Völkerrechts sehen.

Wie auch niemand überrascht sein kann, dass Russland den Schulterschluss mit einem Land suchte, das jahrzehntelang ein weltanschaulicher, politischer und Ende der sechziger Jahre sogar auch einmal ein militärischer Gegner gewesen ist. Letztlich führte die Art und Weise, wie der Westen Russland und China behandelte, die beiden zueinander. Zwar wurde die Volksrepublik seit den neunziger Jahren zu einem gefragten Handelspartner, doch löste sich der Westen nie von dem überheblichen Blick, den er sich im 19. Jahrhundert gegenüber China zugelegt hatte: Der

Maßstab für den Umgang mit der Volksrepublik wie mit Russland war und ist der eigene. Das hatte Folgen. Auf ihrem hohen Sessel thronend und überwiegend von ihren wirtschaftlichen Interessen geleitet, übersahen namentlich Westeuropäer und Amerikaner jahrelang, dass China, im Ost- und Südchinesischen Meer beginnend, politisch, wirtschaftlich und auch militärisch eine konsequent offensive Politik betreibt.

Sehr früh realisierten das hingegen die näheren und mittelbaren Nachbarn des Reichs der Mitte. Denn was immer China tut oder unterlässt, tangiert Korea, Japan, Taiwan, die Staaten Südostasiens, Bangladesch, Indien, Pakistan und nicht zuletzt Afghanistan unmittelbar. Eine brisante Konstellation, schließlich tragen sämtliche Staaten des asiatischen Halbmondes, wie wir diesen Staatengürtel nennen, mit mindestens einem ihrer Nachbarn einen offenen oder latenten Konflikt aus. Mitunter haben diese Konflikte eine jahrzehntelange Vorgeschichte, in der wiederum China nicht selten eine mittelbare oder auch direkte Rolle spielt. Und manche dieser Konflikte, wie der indisch-pakistanische, scheinen heute weiter von einer Lösung entfernt als jemals zuvor. Dass beide zu den Nuklearmächten zählen, macht die Lage noch komplizierter, als sie ohnehin schon ist.

Die Lage in diesem Krisengürtel insgesamt ist beunruhigend. Dass er im Westen an ein Pulverfass grenzt, an dem gleich mehrere Lunten brennen, ist alarmierend. Wenn den Iran und den Irak, die Türkei und Syrien etwas verbindet, dann ist es die gemeinsame Gegnerschaft gegen die Kurden, die über diese vier Staaten verteilt leben, aber keinen eigenen Staat und so gesehen auch keine Heimat haben. Dass diese vier Staaten im Übrigen mehr trennt als verbindet, ist nicht zuletzt auch das Ergebnis westlicher Politik und Kriegführung. Ohne westliche Unterstützung hätte der Irak seinen achtjährigen Krieg gegen den Iran kaum überstanden, und ohne die Zertrümmerung des Irak durch eine von Amerika geführte Koalition hätte der Iran in der Region kaum jene führende Rolle erringen können, die ihn heute in die Lage versetzt, nicht nur seine näheren und ferneren Nachbarn in Atem zu halten.

Zu den erklärten Zielen Irans gehört die Vernichtung Israels, also eines Staates, der aus der Vernichtung heraus geboren worden ist. Denn ohne die Verfolgung und Ermordung des europäischen Judentums durch Deutschland wäre es 1948 wohl kaum zur Entstehung dieses Staates in Palästina gekommen. Vom Tag seiner Gründung an befand sich der Staat Israel im Konflikt mit jenen Nachbarn, zu deren Lasten er gegründet worden war. Vier Kriege haben Israel auf der einen, Ägypten, Syrien und Jordanien auf der anderen Seite bis 1973 gegeneinander geführt. Zweimal hat Israel danach im Libanon, dreimal im Gazastreifen militärisch interveniert, Dutzende von militärischen Schlägen gegen Ziele, wie zuletzt vor allem in Syrien, nicht mitgerechnet.

Dass es trotz einiger ermutigender Schritte in absehbarer Zeit zu einem dauerhaften Frieden kommen wird, glauben selbst Optimisten nicht mehr. Das liegt zum einen an der aus heutiger Sicht nicht lösbaren Palästinenserfrage und zum anderen an den angrenzenden Konfliktzonen wie der libyschen. Was immer in diesem in Auflösung befindlichen Land passiert, tangiert unmittelbar den Nachbarn Ägypten, also einen Schlüsselakteur des Nahostkonflikts, und damit die gesamte Region, weil eine Reihe von Staaten, auch der Arabischen Halbinsel, auf die eine oder andere Weise dort mitmischen.

Die Arabische Halbinsel wiederum liegt im geostrategischen Spannungsfeld von zwei der bedeutendsten Seerouten der Erde. Der Persische Golf und das Rote Meer gehören von jeher zu den Brennpunkten der Weltpolitik. Die herausragende Bedeutung des Persischen Golfs für den Ölexport der Region und des Roten Meeres als kürzeste Verbindung von Mittelmeer und Indischem Ozean macht diese Weltgegend für die Eskalationen widerstreitender Interessen hochgradig anfällig.

Hinzu kommen die konfliktgeladenen Beziehungen zwischen vielen Anrainerstaaten. Im Falle des Persischen Golfes sind das vor allem die Protagonisten des sunnitischen und des schiitischen Islam, also Saudi-Arabien und Iran, die nicht nur im Jemen einen brutalen Stellvertreterkrieg führen. Im Falle des Roten Meeres gründet die Krise in der desolaten Verfassung der westlichen Anrainer. Ägypten, Sudan, Südsudan, Äthiopien, Eritrea und Somalia haben allesamt mit immensen inneren Problemen aller Art zu kämpfen und liegen überdies noch miteinander im Konflikt.

Nicht besser sieht es in der angrenzenden riesigen Krisen- und Konfliktzone aus, die sich von Nigeria über die Zentralafrikanische Republik, den Südsudan, Uganda und Ruanda bis in die Demokratische Republik Kongo, das Herz der Finsternis, erstreckt. Was sich dort, mit dem Völkermord in Ruanda beginnend und in die drei Kongokriege mündend, seit Mitte der neunziger Jahre abgespielt hat, entzieht sich der Vorstellungskraft. Bis heute haben sich die Kriegsparteien und die an sie grenzenden Staaten nicht davon erholt, im Gegenteil. Alte und neue Konflikte brechen immer wieder auf, wobei es hier wie andernorts stets auch um die knappen und begehrten natürlichen Ressourcen geht.

Nicht erst seit dem Ende des Kalten Krieges wird um diese natürlichen Ressourcen gerungen, aber seither geschieht das verstärkt mit allen Mitteln. Wenn es um Öl und Gas, Coltan und Titan, Kupfer und Kobalt, Lithium und Seltene Erden geht, werden immer wieder auch Kriege geführt. Zunehmend dreht sich dabei alles um die wertvollste Ressource von allen: das Wasser. Wasser ist nicht nur begehrt, sondern zunehmend auch ein Grund zur Flucht. Weil sintflutartige Regenfälle, brechende oder fehlende Dämme, versiegende Flüsse und Seen sowie durch Staudämme vorenthaltenes Wasser ganze Landstriche zeitweise oder dauerhaft unbewohnbar machen, haben die Menschen oft keine andere Wahl, als ihre Heimat zu verlassen, zumal der Wassermangel in der Regel nicht der einzige Anlass oder Grund für ihre Flucht ist.

Die meisten, die gehen, sind Binnenflüchtlinge oder steuern Nachbarländer an, doch ein stetig wachsender Anteil von ihnen sucht sein Heil auf anderen Kontinenten, vor allem dem europäischen. Man kann das verstehen, denn Europa hat vieles von dem, was die Ankommenden nie besessen oder was sie verloren haben. Dass dies so ist, liegt auch an uns, den Europäern, Japanern oder Amerikanern, also den vormaligen Kolonialherren in Afrika und Asien. So gesehen kommen die Flüchtlinge und Migranten nicht nur als Bittsteller.

Aber natürlich stellt sich die Frage, wo die Grenzen der Belastbarkeit liegen. Denn Europa wird ja nicht nur von seiner Vergangenheit eingeholt. Es hat auch seine eigene Gegenwart kaum noch im Griff. Wenn Teile des Kontinents wie die Iberische Halbinsel seit geraumer Zeit unter akutem Wassermangel leiden, wenn europäische Städte wie Belgrad, Sarajevo und Skopje, Sofia oder Mailand Winter für Winter im Smog versinken, sind das auch hausgemachte Probleme. Und wenn eine Pandemie den Kontinent unvorbereitet trifft, stehen die Ressourcen, die ihre Bekämpfung erfordert, für andere Zwecke schlicht nicht zur Verfügung.

Kann und darf Europa es riskieren, die sehr nahe gerückte Grenze der Belastbarkeit zu touchieren oder gar zu überschreiten? Da niemand, der bei Sinnen ist, diese Frage bejahen wird, kann es nur um die Mittel und die Wege gehen, die noch zur Verfügung stehen, um das zu verhindern. Viele sind es nicht, denn entscheidende Weichen werden weit jenseits von Europas Grenzen und von anderen gestellt. Wo und wie das geschieht, und warum es dahin gekommen ist, wollen wir uns im Folgenden näher ansehen, um dann abschließend die Frage zu beantworten, was zu tun ist.

KAPITEL I

Abserviert:
Europas Stagnation

Europa war einmal der Nabel der Welt. Jedenfalls gingen die Europäer davon aus. Die Initiative zur raumgreifenden Eroberung, Besetzung und Entschlüsselung der Welt lag seit dem 15. Jahrhundert bei den Europäern, nicht bei den anderen. Sah man das so, konnte man schon übermütig werden und sich für den Dreh- und Angelpunkt allen Geschehens halten.

Den Anfang der Eroberung der Welt machten Spanier und Portugiesen, gefolgt von Niederländern, Engländern und Franzosen. Im Zeitalter der Nationalstaaten und des Imperialismus, also in der zweiten Hälfte des 19. Jahrhunderts, kamen Italiener, Belgier und Deutsche hinzu. Und Russland, das eben auch eine europäische Macht war und ist, erlangte seine territoriale Größe nicht zuletzt durch die konsequente Kolonisierung unmittelbar benachbarter Völker. Obwohl im Laufe der Zeit viele außereuropäische Besitzungen, vor allem fast der gesamte amerikanische Doppelkontinent, verloren gingen, blieb die Kolonialherrschaft für ein halbes Jahrtausend das gestaltende Prinzip der Beziehungen Europas zur außereuropäischen Welt.

Selbst der Zweite Weltkrieg brachte vielen ihrer Völker noch nicht sogleich die Befreiung von fremder Herrschaft, im Gegenteil: Die Feldzüge der Deutschen, der Japaner und der Italiener zielten auch auf territoriale Eroberungen. In Afrika kam die große Wende erst 1960, als knapp 20 Staaten unabhängig wurden. Umgekehrt hieß das: Bis in die sechziger Jahre hinein, im Falle Portugals und Spaniens sogar bis 1975, waren viele Staaten Europas immer noch Kolonialmächte. Das galt auch für vier jener sechs Nationen, die Mitte April 1951 die Europäische Gemeinschaft für Kohle und Stahl, den Nukleus der heutigen Europäischen Union, ins Leben riefen: Belgien, Frankreich, Italien und die Niederlande waren nach wie vor Kolonialmächte oder verwalteten ihre vormaligen Kolonien im Auftrag der UNO als Mandate. Zwei von ihnen trennten sich erst im Zuge von brutalen Kriegen gegen die von ihnen unterdrückten Völker von ihrem Kolonialbesitz: Frankreich führte von 1946 bis 1954 in Vietnam und von 1954 bis 1962 in Algerien, Belgien 1960 im Kongo Krieg.

Das waren eben jene Jahre, in denen diese beiden Staaten mit ihren europäischen Nachbarn über die Intensivierung ihrer Zusammenarbeit verhandelten. Als die Franzosen Ende März 1957 den Vertrag zur Gründung der Europäischen Wirtschaftsgemeinschaft (EWG) unterzeichneten, galten für »Algerien und die überseeischen Departements« immer noch besondere Bestimmungen unter anderem über den freien Warenverkehr, die Landwirtschaft und den freien Dienstleistungsverkehr. In diesem Sinne hatte schon der NATO-Vertrag vom April des Jahres 1949 Frankreichs Departements in Algerien ausdrücklich in das Beistandsgebiet aufgenommen.

So gesehen lastete auf dem integrierten Europa von Anfang an ein historischer Schatten. Ganz verzogen hat er sich nie. Das Verhältnis Algeriens zu Frankreich ist nach wie vor durch die langjährige Kolonialherrschaft, die 1830 begann, und insbesondere durch den Krieg geprägt. Eine brisante Situation, denn das strategisch wichtige Land an der mediterranen Gegenküste Europas ist nicht nur ein relevanter Erdöl- und Erdgasexporteur, sondern es spielt auch eine wichtige Rolle im Kampf gegen den internationalen Terrorismus und das internationale Schleuserunwesen. Vergleichbares gilt für viele Staaten Westafrikas, dem Zentrum des ehemaligen französischen Kolonialreichs auf dem Schwarzen Kontinent, wie er von den Europäern genannt wurde. Heute erwarten diese Staaten unter Berufung auf jenes Kapitel der Unterdrückung und Ausbeutung von ihren ehemaligen Kolonialherren und damit von der Europäischen Union Unterstützung im Kampf gegen innere und äußere Gefahren.

Dieser Forderung hat sich auch Deutschland zu stellen. Zwar war das kurze Kapitel deutscher Kolonialherrschaft schon 1918 beendet, aber es hat dieses Kapitel gegeben. Und wenn Europa eine Solidargemeinschaft sein will, dann sind heute alle gefordert, wenn es um einen angemessenen Umgang mit diesem Erbe europäischer Kolonialherrschaft geht.

1945 waren ebenfalls alle gefordert, als es um Antworten auf die Frage ging, wie man mit einem Deutschland umgehen sollte, das gerade einen beispiellosen Eroberungs-, Beute- und Vernichtungsfeldzug gegen seine Nachbarn geführt hatte. Nach der bedingungslosen Kapitulation des Deutschen Reiches und seiner vollständigen Besetzung im Frühjahr 1945 durfte es nie mehr zu einem wie immer gearteten deutschen Wiederaufstieg kommen.

Aber dann nahm die Weltpolitik eine Entwicklung, die kaum jemand vorhergesehen hatte: Vier Jahre nach Kriegsende standen sich die Sieger über Deutschland derart unversöhnlich gegenüber, dass der Konsens zwischen den USA, Großbritannien und Frankreich auf der einen, der Sowjetunion auf der anderen Seite zerbröselte. Das Ergebnis, die Gründung zweier deutscher Staaten westlich von Oder und Neiße, brach nicht nur mit allem, was man sich vorgenommen hatte, sondern es warf auch für die drei Gründer des westdeutschen Teilstaates, insbesondere für Frankreich, eine vitale Frage auf: Wie ließ sich verhindern, dass die im Mai 1949 mit westalliierter Geburtshilfe gegründete Bundesrepublik Deutschland nicht unversehens zu einer Bedrohung für ihre Nachbarn wurde? Die Franzosen wussten, wovon sie sprachen. Dreimal innerhalb von 70 Jahren − 1870, 1914 und zuletzt 1940, also nicht einmal zehn Jahre zuvor − hatten sie einen deutschen Angriff erlebt.

Die aus der Not geborene Strategie, die Paris entwickelte, war eine couragierte Offensive: Wenn man die Bundesrepublik an ihrer eigenen Einhegung beteiligte, schlug man mehrere Fliegen mit einer Klappe. Zum einen nahm man den Deutschen ihren alten Gegner im Westen. Zum anderen stärkte ein solcher Schulterschluss die Europäer im aufziehenden militärischen und weltanschaulichen Konflikt mit dem neuen Gegner im Osten. Und schließlich stellten die Europäer in dieser Konstellation, also mit dem westdeutschen Teilstaat in ihren Reihen, sicher, dass sie als Wirtschafts- und Handelsmacht in der ersten Liga spielten und sich künftig gemeinsam gegen den dominanten amerikanischen Verbündeten behaupten konnten. Über Nacht und ursprünglich nicht gewollt, wurde der Schulterschluss gegen Deutschland zu einem Solidarpakt, der den vormaligen Kriegsgegner einschloss.

Gelingen konnte dieses Projekt nur, weil Franzosen und Deutsche sich die Hand zur Versöhnung reichten. Was heute selbstverständlich klingt, war 1950 eine revolutionäre Tat. Es war Frankreichs Außenminister Robert Schuman, der die Initiative ergriff und den Nachbarn am 9. Mai 1950 vorschlug,»dass der Jahrhunderte alte Gegensatz zwischen Frankreich und Deutschland ausgelöscht wird«, und es war Konrad Adenauer, der Kanzler und damals zugleich Außenminister der Bundesrepublik Deutschland, der die ausgestreckte Hand ergriff und sie auch in schwierigen Zeiten nicht mehr losließ. Der Vertrag über die deutsch-französische Zusammenarbeit, der sogenannte Élysée-Vertrag, den Adenauer und Charles de Gaulle, dieser bedeutende französische Staatsmann und seit 1959 erste Präsident der Fünften Französischen Republik, am 22. Januar 1963 in Paris unterzeichneten, war auch die vorläufige Krönung einer bis heute vorbildlichen Auseinandersetzung mit einer kontaminierten Vergangenheit.

Dass es den Franzosen bei alledem immer auch – wenn nicht in erster Linie – darum ging, den sich abzeichnenden Aufstieg des westdeutschen Teilstaates unter strenger Beobachtung zu halten und so gesehen in seiner Handlungsfreiheit zu beschränken, war offensichtlich. Als Schuman im Mai 1950 vorschlug, »die Gesamtheit der französisch-deutschen Kohle- und Stahlproduktion unter eine gemeinsame Oberste Aufsichtsbehörde (Haute Autorité) zu stellen«, wollte er diese natürlich auch einer strengen Kontrolle unterwerfen und damit sicherstellen, dass einer Wiederbelebung der deutschen Rüstungsindustrie von Anfang an ein schwerer Riegel vorgeschoben wurde.

Zwar erschien die Vorstellung, dass die Bundesrepublik jemals wieder eine militärische Kapazität bekommen werde, im Mai 1950 völlig abwegig. Aber dann ließ der Ausbruch des Koreakrieges, auf den wir im fünften Kapitel zurückkommen werden, nicht einmal drei Monate später den französischen Albtraum Wirklichkeit werden. Weil nämlich nicht auszuschließen war, dass es ähnlich wie im geteilten Korea auch im geteilten Deutschland zu einem massiven Vorstoß kommunistischer Truppen kommen konnte, dachten vor allem die Amerikaner darüber nach, die Bundesrepublik an der Verteidigung zu beteiligen.

Als Kanzler Adenauer die Chance erkannte, die darin steckte, als er die Bereitschaft der Bundesrepublik signalisierte, sich an der Verteidigung des Westens zu beteiligen, und als er dieses Angebot auch noch mit der Forderung verband, der Bundesrepublik im Gegenzug die ausstehende außenpolitische Souveränität zuzugestehen, blieb den Franzosen nur die Flucht nach vorn. Im Oktober 1950 schlug Frankreichs Ministerpräsident vor der Nationalversammlung die Einrichtung einer Europäischen Armee vor.

Auf dem Reißbrett ist das integrierte Europa also gewiss nicht entstanden. Zwischen Mai und Oktober 1950 wurde improvisiert, in den folgenden vier Jahren wurde dilettiert. Belgien, Italien, Luxemburg und die Niederlande nahmen Schumans Einladung an und hoben Mitte April 1951 mit Frankreich und der Bundesrepublik eine Europäische Gemeinschaft für Kohle und Stahl

(EGKS) aus der Taufe. Das war der erste, ein kontrollierter und gewollter Schritt. Die Sechs sind die eigentlichen Gründer der heutigen Europäischen Union.

Krachend gescheitert ist hingegen der Versuch dieser Sechs, eine gemeinsame Armee, die sie »Europäische Verteidigungsgemeinschaft« (EVG) nennen wollten, aufzustellen. Fast vier Jahre machten sie sich das Leben schwer, bis ausgerechnet die Franzosen, von denen diese Idee stammte, der europäischen Armee im August 1954 eine Abfuhr erteilten. Das hatte schwerwiegende Folgen – für Frankreich, für Deutschland und für Europa. Weil weder die Bewaffnung der Bonner Republik noch die Erlangung ihrer äußeren Souveränität vom Tisch waren, blieb jetzt nämlich nur noch ein Weg, auf dem sich dieser politische und eben auch militärische Aufstieg der Bundesrepublik aus den Trümmern des Weltkriegs flankieren und kontrollieren ließ: ihre Aufnahme in die NATO, mit der wir uns im folgenden Kapitel beschäftigen wollen. Damit stand die deutsche Aufrüstung nicht unter französischer, sondern unter amerikanischer Kontrolle.

Von diesem Rückschlag hat sich Europa nie mehr erholt. Was folgte, war Stückwerk. Versuche, das zu ändern, gab es viele. Erfolgreich war am Ende keiner. So regte die rot-grüne Bundesregierung 1999 die Einrichtung einer gemeinsamen »Europäischen Sicherheits- und Verteidigungspolitik« (ESVP) an. Diese wurde auch 2001 in das europäische Vertragsrecht eingefügt und firmiert seit dem Vertrag von Lissabon, der im Dezember 2007 unterzeichnet und zwei Jahre später ratifiziert wurde, als Gemeinsame Sicherheits- und Verteidigungspolitik (GSVP). Dass es dann aber im Wesentlichen dabei blieb, den Worten also keine Taten folgten, hatte einen schlichten Grund: Für einen Neuanfang fehlten schon immer die Mehrheiten.

Um diese Blockade zu durchbrechen, hatten die Staats- und Regierungschefs Belgiens, Deutschlands, Frankreichs und Luxemburgs Ende April 2003 im belgischen Tervuren einen neuen

Weg eingeschlagen: An der »Europäischen Sicherheits- und Verteidigungsunion«, die sie anregten, sollten die Staaten der EU teilnehmen, die dazu bereit und fähig waren. Obgleich damit gerade keine »Abkoppelung« Europas von den USA, sondern eine Stärkung des »europäischen Pfeilers« der NATO gemeint war, wurde die Initiative von den meisten dennoch als Absetzbewegung interpretiert und damit verworfen. Heute ist die Grundidee dieser Initiative aktueller denn je.

Gewiss, begrenzte Einsätze der European Union Force (EUFOR) seit 2003 in Nordmazedonien und in Bosnien-Herzegowina, in der Demokratischen Republik Kongo, der Zentralafrikanischen Republik oder auch am Horn von Afrika signalisierten, dass die GSVP nicht nur auf dem Papier stand. Doch diese Einsätze machten auch deutlich, was schon der Jugoslawienkrieg des ausgehenden 20. Jahrhunderts offenbart hatte und was der Libyeneinsatz mehrerer EU-Mitglieder, darunter Frankreich und Großbritannien, den Europäern im Frühjahr 2011 noch einmal drastisch vor Augen führte: Ohne die NATO-Vormacht USA war und ist die Europäische Union – mit oder ohne Großbritannien – weder willens noch in der Lage, eine militärische Operation dieser Dimension durchzuführen.

Wenn es darauf ankommt, fehlt es bis heute mehr oder weniger an allem, insbesondere an Geschlossenheit und Selbstvertrauen, aber auch an ausreichender Munition, an Kapazitäten zur Aufklärung und Zielerfassung, Luftbetankungskapazitäten, Kampfhubschraubern oder auch Transportflugzeugen. Dabei hat Europa im Prinzip alles, was eine moderne Armee braucht, um den Herausforderungen der Gegenwart und der Zukunft gewachsen zu sein, darunter eine leistungsfähige, allerdings in Teilen nicht effiziente Rüstungsindustrie und ein nukleares Abschreckungspotential.

In der Praxis scheitert jedoch auch hier vieles an nationalen Egoismen. So weigert sich Frankreich, das nach dem britischen

Auszug aus der EU die einzige Nuklearmacht der Europäer ist, schon seit den Tagen Charles de Gaulles beharrlich, den Rest der Gemeinschaft an den Planungen teilhaben zu lassen. Von Mitsprache bei einem eventuellen Einsatz der französischen Nuklearwaffen gar nicht zu reden. Das Angebot Emmanuel Macrons, mit den europäischen Partnern in einen Dialog über die französischen Nuklearwaffen zu treten, könnte zu einem Umdenken führen. Man sollte es annehmen. Was gemeinsam entwickelte Waffensysteme angeht, so hapert es an der Effizienz und Zuverlässigkeit. Weil Airbus auch ein Jahrzehnt nach dem Erstflug des Transportflugzeugs A400M nicht in der Lage war, die deutschen und die französischen Streitkräfte zeitnah mit den georderten Maschinen zu versehen, ist die deutsch-französische Lufttransportstaffel, die 2024 voll einsatzfähig sein soll, auf amerikanische C-130 J Super Hercules angewiesen. Bei anderen Ergebnissen der europäischen Rüstungsindustrie wie den Mehrzweckkampfflugzeugen der Typen Tornado oder Eurofighter waren wichtige Partner, in diesem Falle Frankreich, nicht mit an Bord. Ob und wann das von Deutschland, Frankreich und Spanien geplante Future Combat Air System (FCAS) jemals abheben wird, steht in den Sternen. Das ist eine perspektivlose Planung mit handfesten Folgen auch für die deutsche Luftwaffe.

Die Deutschen wie auch einige andere NATO-Verbündete sind nämlich verpflichtet, jene Flugzeuge zu stellen, mit denen gegebenenfalls die in Deutschland lagernden amerikanischen Atombomben zu ihren Zielen gebracht werden können. Derzeit stehen dafür noch die in die Jahre gekommenen Tornados zur Verfügung. Die Frage nach einem Nachfolger zeigt, wie einseitig abhängig die Bundesrepublik in solchen Punkten immer noch von den USA ist. Da das FCAS frühestens in zwei Jahrzehnten einsatzbereit sein dürfte, kommt auf europäischer Seite nur eine entsprechend konfigurierte Weiterentwicklung des Eurofighter infrage. Und die müsste, wann immer sie einsatzbereit ist, in den

USA zertifiziert werden. Damit hätten die Amerikaner nicht nur das letzte Wort, sondern sie bekämen auch einen tiefen Einblick in die Technik des Eurofighters und hätten es überdies in der Hand, den Zeitpunkt der Zertifizierung zu bestimmen, der kaum vor 2030 liegen dürfte.

Die einzige Alternative, nämlich der Kauf Dutzender amerikanischer F-18, ist keine. Denn damit würde die Lagerung der 20 amerikanischen Atombomben in Deutschland auf unbestimmte Zeit fortgeschrieben und legitimiert, obgleich die sogenannte nukleare Teilhabe, ein Kind des Kalten Krieges, dringend auf den Prüfstand gehört: Dass sie im Ernstfall wirklich funktioniert, war schon vor 1991 schwer zu glauben. Die Nukleare Planungsgruppe (NPG), die am 14. Dezember 1966 eingesetzt wurde und der Deutschland bis heute als Ständiges Mitglied angehört, gab den Verbündeten die Möglichkeit, in dieser vitalen Frage gehört zu werden, war aber im Kern nichts anderes als ein Versuch der Amerikaner, ihr »militärisches Protektorat über Europa« beziehungsweise ihre dortige »Atomhegemonie akzeptabel zu machen«, wie Franz Josef Strauß und Henry Kissinger klarsichtig diagnostizierten.

Anzunehmen, diese Konsultationsbereitschaft gelte auch im Ernstfall, also in einer Situation, in der Entscheidungen in wenigen Minuten zu treffen sind, war schon damals weltfremd. Wenn es darauf ankommt, ist der Einsatz der amerikanischen Atomwaffen eine Angelegenheit Washingtons. Das gilt selbstverständlich auch für die in Belgien, den Niederlanden, Italien und nicht zuletzt in Deutschland gelagerten knapp 140 taktischen Atomwaffen. Dass sich die amerikanische Regierung bis heute weigert, die deutsche offiziell davon zu unterrichten, wo die Waffen gelagert sind, spricht für sich. Die Anschaffung der F-18 dürfte sie in dieser Haltung bestärken. Und dem Aufbau einer europäischen Armee ist diese Entscheidung ganz gewiss nicht förderlich.

Sechseinhalb Jahrzehnte nach dem Scheitern der EVG ist die Europäische Union von einer schlagkräftigen Verteidigungsgemeinschaft fast so weit entfernt wie 1954. Die Folgen sind unerfreulich bis verheerend. Und je weiter die Zeit voranschreitet, je unbeweglicher Europa im intellektuellen Korsett des Kalten Krieges gefangen bleibt, je mehr – weltweit und auch in westlichen Metropolen – irrational agierende Akteure das Heft des Handelns in die Hand nehmen beziehungsweise gelegt bekommen, umso schlimmer wird es.

Die Hilflosigkeit, mit der die EU die dramatischen Zuspitzungen in der Region des Persischen Golfes mahnend und warnend verfolgt, von denen wir im achten Kapitel berichten werden, ist beschämend und erschütternd. Und sie ist eine Quittung für das wiederholte Versäumnis, außen- und verteidigungspolitisch angemessene Konsequenzen aus der Lage zu ziehen, in der sich Europa ja nicht erst befindet, seit die amerikanische Politik den Rest ihrer Glaubwürdigkeit verloren hat.

Die unbefriedigend geregelte europäische Verteidigung zeigt, welche langfristigen Folgen es haben kann, wenn Vertragsparteien nicht von Anfang an bereit oder willens sind, ihre weitreichenden Vereinbarungen mit einem tragfähigen Fundament zu versehen. Dazu gehört Mut, und dazu gehört Weitsicht. Unter den Handlungszwängen der Tagespolitik, dem Druck gegenläufiger Interessen und der nicht immer ausreichend verfügbaren Kompromissfähigkeit sind diese häufig ebenfalls nicht ausreichend vorhanden. Die Rechnung für das dementsprechend wacklige Konstrukt wird Jahre, mitunter Jahrzehnte später präsentiert.

So auch im Falle der gemeinsamen Wirtschafts- und Währungspolitik der EU. Sie war von Anfang an Stückwerk. Zwar rückten die sechs Gründungsmitglieder auf diesem Feld seit Mitte der fünfziger Jahre enger zusammen. Doch blieben die 1957 von ihnen ins Leben gerufene Europäische Wirtschaftsgemeinschaft

(EWG) und die gleichzeitig gegründete Europäische Atom-gemeinschaft (EURATOM) deutlich hinter den hehren Integra-tionszielen der Anfänge zurück. Daran änderte auch die Ver-schmelzung der Organe von EWG, EURATOM und EGKS zur »Europäischen Gemeinschaft« (EG) wenig, wie das Unternehmen seit 1967 euphemistisch genannt wurde, im Gegenteil: Je komple-xer die Organisation wurde, umso mehr Energien wurden durch ihr Management absorbiert.

Die Folge war ein bizarrer politischer Autismus, gepflegt in einem monströsen bürokratischen Apparat, der nicht minder bi-zarre Entscheidungen hervorbrachte. Die sogenannte Milch-quote, welche 1984 die Milchanlieferungsmenge des Milchwirt-schaftsjahres 1983 als Referenz festlegte, war Planwirtschaft par excellence. Als die Quote 2015, also immerhin ein Vierteljahrhun-dert nach dem Untergang des sowjetischen Modells, aufgehoben wurde, zeigte sich, dass Europa auf die Gesetze des grenzenlosen Marktes kaum vorbereitet war: Nach dem Wegfall der Subven-tionen stürzten – nicht nur – die Milchpreise in dem global über-versorgten Markt ins Bodenlose.

Dass den Europäern durch die Gesetze des grenzenlosen Marktes auch auf ihrem Binnenmarkt das Heft des Handelns über kurz oder lang aus der Hand genommen werden würde, hätte man schon sehen können und wohl auch müssen, als die Staats-und Regierungschefs am 7. Februar 1992 im niederländischen Maastricht eine Antwort auf die neue Lage formulierten. Tat-sächlich war der Vertrag in erster Linie eine Reaktion auf die atemberaubende politische Entwicklung in Europa. Noch im Herbst 1989 hatte praktisch niemand mit der politischen Insol-venz des DDR-Regimes, mit dem Fall der innerdeutschen Grenze und der Mauer in Berlin gerechnet, gar nicht zu reden von einer Vereinigung Deutschlands, die mit der Hinterlegung der letzten Ratifikationsurkunde zum sogenannten Zwei-plus-Vier-Vertrag im März 1991 völkerrechtlich abgeschlossen war.

Dieses im wahrsten Sinne des Wortes weltbewegende Ereignis, das mit dem Zusammenbruch der Sowjetunion und ihres politischen, wirtschaftlichen und militärischen Imperiums, dem Zweiten Golfkrieg oder auch der Auflösung Jugoslawiens einherging, setzte die EG unter enormen Handlungsdruck. Hinzu kam, dass sich die Zahl ihrer Mitglieder seit den fünfziger Jahren verdoppelt hatte. 1973 waren Dänemark, Irland und Großbritannien, 1981 Griechenland sowie 1986 Portugal und Spanien aufgenommen worden.

Nach dem Umsturz der alten Weltordnung und der sich abzeichnenden globalen Öffnung der Märkte zog es 1995 Finnland, Österreich und Schweden in die »Europäische Union« (EU), wie sich die Gemeinschaft seit dem Vertrag von Maastricht nennt. Lediglich die Norweger lehnten den Beitritt zweimal per Referendum ab. Bis heute haben sie ihre Entscheidung nicht bereut. Sie können sich das leisten, weil ihre Rohstoffvorkommen ihnen eine große Unabhängigkeit garantieren und weil Norwegen als Teil des Europäischen Wirtschaftsraums ein vollwertiges Mitglied des EU-Binnenmarktes ist.

Seit dem Exitus der Sowjetunion drängten dann auch noch etliche vormalige Sowjetrepubliken und Staaten ihres ehemaligen Herrschaftsbereichs in die EU: 2004 wurden Estland, Lettland, Litauen, Polen, die Slowakei, Slowenien, Tschechien und Ungarn, außerdem Malta und Zypern, 2007 Bulgarien und Rumänien, 2013 schließlich Kroatien in die EU aufgenommen.

Spätestens als sich dieser Drang 1991 abzeichnete, hätte die Gemeinschaft die Kraft zu einer grundlegenden Reform ihrer Strukturen finden und sich nicht zuletzt auf die neuen Spielregeln eines grenzenlosen Marktes einstellen müssen. Sie tat es nicht. Die Milchquote blieb. Das planwirtschaftliche Denken überlebte. Womöglich war das, Milch hin oder her, aber auch ein entscheidender Vorteil, als es darum ging, die wirtschaftlich weit abgeschlagenen, in planwirtschaftlichen Strukturen festsitzenden

Volkswirtschaften Ost- und Ostmitteleuropas an den freien Markt heranzuführen.

Das wirft die Frage auf, ob sich markt- und planwirtschaftliche Maximen grundsätzlich im Wege stehen müssen oder ob sie nicht in bestimmten Situationen eine Symbiose bilden können. Einiges spricht dafür, in kleinem Maßstab das im Kern planwirtschaftlich organisierte deutsche Gesundheitswesen, das dabei half, die Corona-Krise erst einmal in den Griff zu bekommen. Im großen Maßstab scheint das der Fall China nahezulegen, den wir uns im vierten Kapitel anschauen.

Der Vertrag von Maastricht war kein Reformvertrag im eigentlichen Sinne des Wortes. Er baute die Gemeinschaft lediglich um. Er machte die Europäischen Gemeinschaften EGKS, EWG und EURATOM zu einer von drei tragenden Säulen des Hauses EU. Die zweite Säule wurde gebildet von der besagten Gemeinsamen Außen- und Sicherheitspolitik und die dritte von der später sogenannten polizeilichen und justiziellen Zusammenarbeit in Strafsachen.

Dass diese komplexe Konstruktion durchschau- und beherrschbar war, bezweifelten selbst diejenigen, die sie geschaffen hatten. Das »Monstrum von Maastricht«, wie die Kritiker den Vertrag schon damals nannten, war ein Kompromiss. Das ist für sich genommen weder ein Makel, noch ist es ungewöhnlich. Verträge sind immer auch Kompromisse. Aber der Vertrag von Maastricht war ein fauler Kompromiss. Schon sein Umfang von 250 Seiten deutet darauf hin, dass er vor allem ein Sammelsurium partikularer Interessen und Ausnahmeregelungen ist. Heute kann man sagen, dass mit diesem Vertrag die Stagnation und mit der Stagnation die Vergreisung Europas begann.

Dass es so kam, liegt an seinem wohl entscheidenden Konstruktionsfehler: Die Architekten überließen die überfällige Bildung der Politischen wie auch der Wirtschaftlichen Union der künftigen Entwicklung. An dieser Aufgabe sind bis heute alle Bundesregierungen gescheitert, auch die rot-grüne und ihr Kanzler. In diese Amtszeit fällt allerdings der einzige aussichtsreiche Versuch, das europäische Haus doch noch mit dem überfälligen Fundament, nämlich mit einer Verfassung, zu versehen.

Im Juni 1995 hatte die SPD im Deutschen Bundestag den Vorschlag eingebracht, den ausstehenden europäischen Grundrechtekatalog durch einen Konvent erarbeiten zu lassen. Im Dezember 1999 trat dieser unter Leitung des vormaligen Bundespräsidenten Roman Herzog zusammen, ein Jahr später wurde die Grundrechtecharta der EU verkündet. Sie war der erste Schritt auf dem Weg zu einer europäischen Verfassung.

Was lange Zeit kaum ein Beobachter für möglich gehalten hätte, geschah dann doch. Ein zweiter, vom ehemaligen französischen Staatspräsidenten Valéry Giscard d'Estaing geleiteter Konvent kam zu einem Ergebnis. Nie zuvor und niemals seither war man so nahe daran, dem gemeinsamen Haus ein Fundament zu verpassen. Und man hatte in einer strittigen, wenn nicht der strittigsten Frage zu einem tragfähigen Kompromiss gefunden: Der Mehrheitsbeschluss sollte in allen Fragen möglich werden, und dafür waren 55 Prozent der Ratsstimmen und 65 Prozent der repräsentierten Bevölkerung Europas nötig. Damit wären Blockade- und Erpressungsversuche Einzelner vom Tisch gewesen.

Am 29. Oktober 2004 wurde der Verfassungsvertrag unterzeichnet. Dass er nie in Kraft trat, lag erst an den Briten, dann an den Franzosen. Schon im April 2004 hatte der britische Premier Tony Blair angekündigt, ein Referendum über den Verfassungsvertrag abhalten zu lassen. Wenn man so will, war das der erste Schritt zum Brexit. Dadurch wurden andere unter Zugzwang gesetzt, etwa Frankreichs Staatspräsident Jacques Chirac, der in seinem Land nun auch einen Volksentscheid ansetzte. Als das Referendum dort Ende Mai und in den Niederlanden Anfang Juni 2005 scheiterte, war es um die Verfassung geschehen.

War es Zufall, dass der Vertrag in dem Land scheiterte, das sich immer schon gegen Mehrheitsentscheidungen gestemmt und damit dem Wildwuchs partikularer Interessen Tür und Tor geöffnet hatte? Ein Meister dieser Politik war Charles de Gaulle. 1965 erfand er die Politik des »leeren Stuhls«, zog für ein halbes Jahr den französischen Repräsentanten aus dem Ministerrat der EWG zurück und blockierte zugleich die Planungen für ihren weiteren Ausbau.

An einer dauerhaften Sabotage oder gar Demontage konnte auch de Gaulle nicht gelegen sein. Denn zum einen brauchte der General die europäischen Gemeinschaften, um Frankreich in die ersehnte Position einer gleichrangigen Weltmacht neben den Sowjets und den Amerikanern zu bringen – im Übrigen ein Bestreben, das alle französischen Präsidenten von Format bis hin zu Emmanuel Macron mit de Gaulle teilen. Zum anderen zwang die Frontstellung des Kalten Krieges sämtliche Mitglieder der westlichen Gemeinschaften, auch die extrovertierten unter ihnen, immer wieder zum Schulterschluss.

Mit diesem Zwang ist es seit 1991 vorbei. Seit die Sowjetunion und ihr Imperium von der weltpolitischen Bühne abgetreten sind, fehlt ein entscheidendes, wenn nicht sogar das entscheidende Bindemittel. Deshalb und weil die Europäer neue Herausforderungen wie den Klimawandel, die globale Migration oder Heimsuchungen wie die Pandemie noch immer nicht als drängend genug empfinden, um die Reihen zu schließen und gemeinsam zu handeln, blühen die Partikularismen. Die daraus folgenden Risse in der Gemeinschaft sind längst nicht mehr zu »übertünchen«, wie Stefan Kornelius analysiert: Rechtsverstöße werden »begangen und wütend toleriert«, Haushaltsdefizite werden »aufgetürmt und toleriert«, militärische Defizite werden »gegeißelt, aber hingenommen«, kurzum: »Europa ist ein Amalgam aus Interessen und Besonderheiten.« Keines der Mitglieder ist dagegen gefeit.

Auch Deutschland nicht. Die Entscheidung der Bundesregierung vom September 2015, die Grenzen für Flüchtlinge und Migranten offenzuhalten, war in einer eskalierenden Situation als humanitäre Geste angemessen und wohl auch unvermeidlich. Aber sie war zugleich ebenso ein Alleingang wie die flankierende Botschaft, welche die Bundeskanzlerin mit ihrem »Wir schaffen das« der Welt zukommen ließ. Viele verstanden das als Einladung, machten sich »danach erst auf den gefährlichen Weg«, opferten ihre Ersparnisse und vertrauten »ihr Leben dubiosen Schleppern« an, sagt der Entwicklungsökonom und Migrationsforscher Paul Collier, einer der besten Kenner der Materie. Und er fügt hinzu: »Es kann nicht sein, dass ein Land anderen sagt, was sie tun müssen. Das wäre moralischer Imperialismus.« Genau so sahen das viele dieser »anderen«. Auch die Briten. Die Sorge vor einer – neuen – Welle unkontrollierter Einwanderung war maßgeblich für ihren Entschluss, dem integrierten Europa den Rücken zu kehren.

Im Übrigen ist der Brexit kein Betriebsunfall. Dass nach den Wahlen zum Europäischen Parlament im Mai 2019 in Staaten wie Belgien, Frankreich, Großbritannien oder Italien die Parteien eine Mehrheit holen, die dieses Europa auf die eine oder andere Weise demontieren wollen, ist ein Fanal. Es ist ein Indiz für den wachsenden Unmut über ein institutionelles Monster, das Zeit und Energie für ein ritualisiertes Geschacher um Posten in der EU aufbringen kann, während die drängenden Themen der Gegenwart in den Akten der Brüsseler Amtsstuben Staub ansetzen. Und dann sind die Wahlergebnisse des Frühjahrs 2019 auch ein unpolitischer, in vieler Hinsicht irrationaler Reflex auf ein politisches Vakuum. Es trat an die Stelle der bis heute ausstehenden Antwort auf die vor beinahe 30 Jahren aufgeworfene, entscheidende Frage: Wer sind wir, und wo stehen wir?

Für sich genommen ist der Austritt Großbritanniens aus der EU keine Katastrophe. Historisch gesehen ist er sogar konsequent. Denn für die Briten war die Mitgliedschaft nie eine Herzensangelegenheit wie – jedenfalls zeitweilig – für Deutsche oder Franzosen. In den fünfziger Jahren wollten sie den europäischen Gemeinschaften nicht beitreten, in den sechziger Jahren durften sie es nicht, weil Charles de Gaulle wiederholt sein Veto einlegte, und als die Briten dann 1973 aufgenommen wurden, verging kaum ein Jahr, in dem sie keine Sonderwünsche anmeldeten und deren Durchsetzung mit Forderungen oder auch Drohungen, einen möglichen Austritt inklusive, verbanden.

Im Grunde sollte nach dem Austritt schon mangels vernünftiger Alternativen alles seinen geregelten Weg gehen. Großbritannien und die Europäische Union werden Verträge, allen voran über den beiderseitigen Handel schließen, so wie das in der Weltwirtschaft üblich ist. Der Prozess mag sich hinziehen, es mag Rückschläge geben. Auch bleibt Boris Johnson wohl unberechenbar. Aber eine Rückkehr zum Protektionismus wird schon deshalb niemand wollen, weil Trumps Außenwirtschaftspolitik gezeigt hat, wohin das führen kann. So gesehen hat dieser amerikanische Präsident Europa wider Willen einen Gefallen getan.

Ob sich das in Zukunft auch von David Cameron, also jenem britischen Premier sagen lässt, mit dessen Namen sich die Abstimmung über die europäische Zukunft Großbritanniens verbindet? Auszuschließen ist es nicht. Jedenfalls sind die Forderungen nach einem Austritt anderer Länder erst einmal verstummt. Und die Corona-Pandemie hat den Mitgliedsstaaten deutlich gemacht, dass man schon deshalb die Reihen geschlossen halten sollte, weil Viren nicht an Grenzen Halt machen. Ob diese Erkenntnis in den Kraftakt einer Neugründung Europas führt, wird man sehen. Tut sie das nicht, ist Europa endgültig gescheitert. Das werden wir uns im Epilog noch einmal näher ansehen.

Ähnlichen Belastungsproben wie die politische Gemeinschaft der Europäer war auch ihre monetäre ausgesetzt. Auf den ersten Blick war die Einführung des Euro als Bargeld zum 1. Januar 2002 ein großer Erfolg und ein Beispiel für die voranschreitende Integration der alten wie der neuen Mitgliedsstaaten. Denn die Währung zählt nun einmal neben der Außen- und Sicherheitspolitik zu den herausragenden Merkmalen nationalstaatlicher Souveränität. Bringt man die nationale in eine gemeinsame Währung ein, verzichtet man auf ein wesentliches Merkmal eigenstaatlicher Souveränität. Tatsächlich war der Euro aber von Anfang an mit beträchtlichen Fehlern und Mängeln behaftet. Zwar stand die Einführung einer einheitlichen Währung seit den siebziger Jahren auf der europäischen Tagesordnung, weil sie in der Logik der politisch gewollten, umfassenden Integration lag. Auch trat die erste Stufe der Europäischen Wirtschafts- und Währungsunion (EWWU) − wie vorgesehen − 1990 in Kraft. Nicht vorgesehen waren allerdings der Fall der Mauer und die sich unerwartet rasch abzeichnende deutsche Einigung.

Um den begründeten Sorgen und Ängsten der Nachbarn den Wind aus den Segeln zu nehmen, ging Bundeskanzler Helmut Kohl im Dezember 1990 in die Offensive und schlug den europäischen Partnern, vom ursprünglichen Zeitplan abweichend, eine vorgezogene Realisierung der zweiten und dritten Stufe der EWWU vor, die dann zum 1. Januar 1999 in Kraft trat. Das erhöhte Tempo tat dem Vorhaben nicht gut, zumal ein beträchtlicher Teil der Energien in dieser atemberaubenden weltpolitischen Umbruchszeit anderweitig gebunden war.

Als die Teilnehmer der Währungsunion am 3. Mai 1998 identifiziert wurden, stand fest, dass Großbritannien, Schweden und Dänemark nicht dabei sein wollten. Italien und Belgien schafften die Mitgliedschaft nur, weil die übrigen Teilnehmer die Konvergenzkriterien und damit ein wichtiges Merkmal der Währungsstabilität sehr großzügig interpretierten. Und Griechenland wurde erst gar nicht aufgenommen. Dass die Griechen den Sprung in die Union 2001 doch schafften, lag daran, dass Athen das Haushaltsdefizit und damit die Staatsverschuldung, die tatsächlich bei über 100 Prozent des Bruttoinlandsprodukts lag, schöngerechnet hatte. Wie fragil die wirtschaftliche Lage des Landes war, zeigte sich 2010, als es mit voller Wucht von der globalen Finanz- und Wirtschaftskrise erfasst wurde.

Dass die griechische Krise die Eurozone fast ein Jahrzehnt in Atem hielt und zeitweilig an den Rand des Zusammenbruchs führte, legte die gravierenden Konstruktionsfehler des gesamten Systems offen. Als besonders folgenreich erwies sich nun das Fehlen eines gemeinsamen und tragfähigen politischen und wirtschaftlichen Fundaments. Es ist eben kein Zufall, dass es in der Geschichte bis zur Einführung des Euros niemals eine gemeinsame Währung ohne eine gemeinsame Wirtschaftspolitik gegeben hat. Ein fertiges Haus zu stabilisieren und vor dem Einsturz zu bewahren, indem man nachträglich ein Fundament einzieht, ist nun einmal ein Ding der Unmöglichkeit.

Das ist ein schwerwiegender Befund. Denn die Europäische Union im Allgemeinen und die Eurozone im Besonderen befinden sich mehr denn je in einem Konkurrenzverhältnis zum amerikanischen und zum asiatischen Raum. Jetzt zahlen die Europäer den Preis dafür, dass ihr Verhältnis zu den Vereinigten Staaten von Amerika jenseits des NATO-Bündnisses letztlich ungeklärt blieb. Tatsächlich hoben sie ja in den fünfziger Jahren ihre Gemeinschaften auch deshalb aus der Taufe, um sich perspektivisch gegen die wirtschaftliche Konkurrenz der Asiaten, damals vor allem der Japaner, und der Amerikaner behaupten zu können.

Das war eine paradoxe Situation. Denn der potentielle wirtschaftliche Konkurrent der Europäer, eben die USA, war zugleich ein entschiedener Befürworter ihrer Integration. Die Amerikaner versprachen sich davon sowohl Entlastung bei ihren enormen Ausgaben für die Verteidigung Europas als auch eine substantielle Verstärkung der antikommunistischen Front, und das heißt: Die transatlantische Solidarität war eine unmittelbare Folge des Außendrucks, dem man gemeinsam ausgesetzt war.

Auf europäischer Seite überdeckte diese Solidarität auf der einen Seite zahlreiche Bedenken gegen amerikanische Regieanweisungen auch in genuin europäischen Angelegenheiten. Auf der anderen Seite bot der transatlantische Schulterschluss den Europäern die Chance, eines ihrer wichtigsten Ziele zu erreichen: Im Windschatten des globalen Konflikts entwickelte sich die Gemeinschaft zu einem ebenbürtigen Konkurrenten der amerikanischen Wirtschaftsmacht. So gesehen hatte Donald Trump recht, als er nach seiner Wahl zum Präsidenten, aber noch vor dem Einzug ins Weiße Haus in einem Interview mit *Bild* sagte, die EU sei – jedenfalls »zum Teil« – gegründet worden, »um die Vereinigten Staaten im Handel zu schlagen«.

Es ist kein Zufall, dass die westeuropäisch-nordamerikanische Harmonie in dem Maße durch Misstöne gestört wurde, in dem der Außendruck nachließ und die Entspannungspolitik zwischen West und Ost in Europa erste Ergebnisse zeitigte. Da die deutsche Frage und mit ihr die Anerkennung des durch den Zweiten Weltkrieg geschaffenen territorialen Status quo der Dreh- und Angelpunkt dieser Detente war, fiel der Bundesregierung besondere Bedeutung zu. Es war eine sozialdemokratisch geführte Regierung, die seit 1969 die entscheidenden Schritte tat.

In den USA traf die bundesdeutsche Entspannungspolitik auf gemischte Gefühle. Auf der einen Seite kam sie gelegen, weil sie den Rückzug Amerikas aus Vietnam flankierte und in gewisser Weise erleichterte. Andererseits war man sich in Washington nicht sicher, ob die Gespräche zwischen Deutschen und Sowjets hinter der Fassade offizieller Verhandlungen nicht über kurz oder lang eine Aufweichung der transatlantischen Solidarität zur Folge haben könnten. Dem korrespondierte auf bundesdeutscher Seite ein gewisses Misstrauen hinsichtlich amerikanische Sabotageversuche.

Es blieb bei Misstönen und Meinungsverschiedenheiten. Zum Bruch kam es schon deshalb nicht, weil die Vereinigten

Staaten auf ihre strategische Position in Europa, die Europäer angesichts der anhaltenden potentiellen Bedrohung durch die Sowjetunion auf den nuklearen Schutzschild der USA und die Bundesrepublik im Besonderen auf die Kooperation Washingtons angewiesen blieben. Denn nach wie vor verfügte der westdeutsche Teilstaat nicht über die volle äußere Souveränität. Das letzte Wort in Bezug auf Deutschland als Ganzes und auf Berlin blieb den vier alliierten Siegern des Zweiten Weltkriegs vorbehalten. Und einer dieser Vier waren nun einmal die Vereinigten Staaten von Amerika.

Mit dem unerwarteten Exitus der UdSSR verabschiedete sich über Nacht ein anderer dieser Vier, nicht ohne zuvor der Vereinigung Deutschlands zugestimmt zu haben. Mit der Sowjetunion verschwand die Bedrohung in ihrer überkommenen Form, und mit ihr büßte ein transatlantisches Bindemittel an Wirkung ein. Dass sich um die Jahreswende 2002/03 anlässlich des Dritten Golfkrieges eine Gruppe europäischer Staaten um Frankreich und Deutschland gegen die USA stellte und ihnen die Gefolgschaft verweigerte, wäre in der Zeit des Kalten Krieges schwerlich vorstellbar gewesen. Dass sie es jetzt taten, hatte auch damit zu tun, dass Amerika Europa noch immer nicht aus der Vormundschaft lassen mochte.

KAPITEL 2

Ohne Rücksicht auf Verluste:
Die USA in der Welt

Den Aufstieg zur Weltmacht verdanken die Vereinigten Staaten von Amerika dem Deutschen Reich. Gewollt haben sie ihn lange nicht. Bis sie Deutschland am 6. April 1917 den Krieg erklärten, hatten sich die USA weltpolitisch auch deshalb zurückgehalten, weil sie nach der Unabhängigkeit und der Staatsgründung im ausgehenden 18. Jahrhundert voll und ganz damit beschäftigt waren, ihren jungen Staat nach innen und außen zu konsolidieren. Die Kriege gegen die vormaligen britischen Kolonialherren und den Nachbarn Mexiko in der ersten Hälfte des 19. Jahrhunderts, der traumatische Bürgerkrieg der Jahre 1861 bis 1865 und eine Serie von Kriegen gegen die Indianer banden die Kräfte und ließen den USA, selbst wenn sie es gewollt hätten, keinen Spielraum für außenpolitische Manöver, von einem Konflikt mit den Europäern außerhalb der amerikanischen Hemisphäre gar nicht zu reden.

Schon 1823 war diese Abstinenz in einer nach ihrem Präsidenten James Monroe benannten Doktrin zur Maxime erhoben worden. Darin verbaten sich die USA jedwede Intervention der Europäer in Mittel- und Südamerika, was im Gegenzug bedeutete, dass die Vereinigten Staaten sich nicht in die kolonialen Angelegenheiten der Europäer und faktisch auch nicht in deren heimische Konflikte einmischen wollten.

Nicht zufällig tat Amerika den ersten Schritt auf dem Weg zu einem globalen Akteur mit einem Krieg in der eigenen Hemisphäre: 1898 schlugen sie sich im kubanischen Unabhängigkeitskampf auf die Seite ihrer karibischen Nachbarn, eröffneten gegen die spanische Kolonialmacht auf Kuba den Krieg und besetzten in der Folge unter anderem die Philippinen und Puerto Rico. Mit diesem Krieg gegen Spanien wurde die vormalige britische Kolonie USA ihrerseits zu einer Kolonialmacht. Fast zeitgleich annektierte man am 12. August 1898 Hawaii, achtete aber darauf, die Kräfte nicht zu überfordern.

Das erklärt, warum sich die USA beim Wettlauf um einen Stützpunkt in China zurückhielten und sich dort stattdessen auf eine diplomatische Intervention verlegten: 1899 und 1900 verschickte Amerikas Außenminister zwei Noten an die europäischen Großmächte inklusive Russland sowie an Japan. Darin bestritt er nicht ihr Recht, Stützpunkte in China zu errichten, sondern forderte sie vielmehr auf, die Tür für alle am Handel mit und in China interessierten Staaten offenzuhalten, also die Handelsfreiheit zu gewährleisten. Das war der Beginn der Open Door Policy, die sich bald nicht mehr nur auf China bezog. Dass dieses Prinzip zuletzt ausgerechnet von einem amerikanischen Präsidenten massiv infrage gestellt wurde, ist mehr als eine Fußnote der Geschichte.

Kein Mensch außerhalb und schon gar nicht innerhalb der Vereinigten Staaten hätte es um die Wende vom 19. zum 20. Jahrhundert für möglich gehalten, dass Amerika in naher Zukunft militärisch in Europa intervenieren könnte. Dass die USA es von April 1917 an dann doch und mit aller Macht taten, lag an der deutschen Seestrategie während des Ersten Weltkriegs. Die Wiederaufnahme des uneingeschränkten U-Boot-Krieges, dem auch amerikanische Schiffe und amerikanische Staatsbürger zum Opfer fielen, gab endgültig den Kräften im Umfeld des amerikanischen Präsidenten Auftrieb, die das Land im Krieg gegen Deutschland und dessen Verbündete sehen wollten.

Wenn man so will, war das eine Fortschreibung der Open Door Policy mit anderen Mitteln: Eine Gefährdung seiner globalen Wirtschafts- und Handelsinteressen, so die Botschaft, werde Amerika nicht zulassen. Damit war die Parole ausgegeben. Ohne sie kann man die amerikanische Außenpolitik bis hin zu Barack Obama, Donald Trump und, wenn man seine bisherigen Aussagen zugrunde legt, auch Joe Biden nicht verstehen. Mitunter im Ton verbindlicher, in der Sache aber kompromisslos galt und gilt: Wer sich unseren Interessen in den Weg stellt, sollte sich warm anziehen.

Ein Dreh- und Angelpunkt der amerikanischen Weltmachtpolitik, denn davon muss man seit dem ausgehenden 19. Jahrhundert sprechen, blieb China. Auch in der Phase, in der sich die Vereinigten Staaten militärisch und politisch noch einmal auf sich selbst zurückzogen. Denn das taten sie nach Ende des Ersten Weltkriegs. Jedenfalls fast. Anders als in Europa, also auf ihrer atlantischen Seite, achteten sie auf der pazifischen darauf, dass das Gleichgewicht der Kräfte nicht aus der Balance geriet.

Schon dass die entsprechenden Vereinbarungen, darunter ein sogenannter Neunmächtepakt über China, Anfang Februar 1922 in Washington unterzeichnet wurden, machte das deutlich. Denn im pazifischen Raum verfolgten die Amerikaner zwei Ziele, die aufs Engste miteinander verbunden waren: Die Tür in China sollte offen- und namentlich Japan davon abgehalten werden, sie anderen vor der Nase zuzuschlagen. Die Gefahr bestand, seit sich die Japaner im Windschatten des europäischen Krieges darangemacht hatten, große Teile des zerfallenden chinesischen Reiches unter ihre Kontrolle zu bringen.

Dem sollte künftig ein Riegel vorgeschoben sein, und so mussten die Japaner sich im Februar 1922 verpflichten, »die Souveränität, die Unabhängigkeit und die territoriale und administrative Unverletztheit Chinas zu achten«. Das galt zwar auch für die anderen Vertragsparteien, doch zog die Abstinenz für diese keine unmittelbaren Konsequenzen nach sich. Japan hingegen hatte jetzt keine andere Wahl, als sich von seiner Kriegsbeute zu verabschieden und das Protektorat über China aufzugeben. Diese

Verpflichtung wurde von einer zweiten flankiert. Wie die USA und eine Reihe europäischer Staaten mussten auch die Japaner in Washington die Gesamttonnage ihrer Kriegsmarine festlegen; auf einer Folgekonferenz in London wurden sie im Frühjahr 1930 sogar gezwungen, die Zweitrangigkeit ihrer Seestreitkräfte hinter den amerikanischen anzuerkennen.

Die Japaner verwanden diese Demütigungen nie und warteten auf ihre Stunde. Sie schlug, als die Weltwirtschaft und mit ihr die internationale Politik infolge des Einbruchs der Kurse an der New Yorker Börse seit 1929 in eine schwere Krise gerieten. Im September 1931 tat Japan mit der Besetzung der Mandschurei den ersten Schritt auf dem Weg zur Eroberung nicht nur Chinas, sondern fast des gesamten südpazifischen Raums. Jetzt zeigte sich, dass den Konventionen keine Taten gefolgt waren. Jedenfalls nicht seitens der USA, die dem entschlossenen Vorgehen der Japaner in China und im Pazifik lange nichts entgegensetzen konnten und wollten.

Die Entscheidung, ob und wann man zur Tat schreiten und den Aggressoren Einhalt gebieten würde, wurde Washington am 7. Dezember 1941 abgenommen: Der Angriff Japans auf den Flottenstützpunkt Pearl Harbor zwang die USA in den Krieg und bescherte ihnen ein anhaltendes Trauma. Der Krieg im ostasiatisch-pazifischen Raum endete erst, nachdem die USA am 6. und 9. August 1945 die japanischen Städte Hiroshima und Nagasaki mit zwei Atombomben in Schutt und Asche gelegt und auf einen Schlag bis zu 100 000 Zivilisten getötet hatten. Es war ein Menetekel. Mit dem nuklearen Massenmord begann das atomare Zeitalter: Wer die Bombe besaß, konnte sich ziemlich sicher sein, nicht seinerseits zum Opfer eines Nuklearschlags zu werden. Und gegen jene, welche die Bombe nicht besaßen, verfügten die Nuklearmächte über ein äußerst wirksames militärisches Droh- und politisches Erpressungspotential.

Kein Wunder, dass immer mehr Staaten der Welt nach dem Nuklearstatus strebten und nicht akzeptieren mochten, dass andere ihnen das verwehrten. Darunter war mit den USA auch jenes Land, das diese Waffe zum ersten und bis heute zum einzigen Mal eingesetzt hat. Staaten wie Nordkorea oder der Iran sahen und sehen in der Blockadehaltung der Nuklearmächte nicht zuletzt eine Variante des überkommenen Imperialismus. Dass sie damit bei vielen Staaten der südlichen Halbkugel auf offene Ohren treffen, macht die Lage noch komplizierter, als sie ohnehin schon ist.

Als die China-Armee am 9. September 1945 als letzte japanische Einheit die Waffen streckte, war der europäische Krieg seit vier Monaten beendet. Dass es zu diesem Krieg gekommen war, hatte nicht zuletzt auch damit zu tun, dass sich die USA, also die militärisch ausschlaggebende Kraft, nach dem Ersten Weltkrieg politisch und militärisch hinter den Atlantik zurückgezogen hatten. Offensichtlich waren die Amerikaner im Rückblick überrascht, wenn nicht entsetzt, wie intensiv sie – auf einen Krieg völlig unvorbereitet – in diese erste Völkerschlacht des 20. Jahrhunderts hineingezogen worden waren.

Dabei hielt sich die Zahl der eigenen Gefallenen verglichen mit Deutschland, Russland oder Frankreich noch in gewissen Grenzen. Vor allem aber hatten die Kämpfe nicht das eigene Land erreicht. Wie überhaupt keiner der Kriege des 20. und 21. Jahrhunderts, in denen die USA eine maßgebliche Rolle gespielt haben, das amerikanische Mutterland tangiert hat – wenn man einmal von Pearl Harbor und vor allem von den Terroranschlägen des 11. September 2001 absieht. Entsprechend tief saß und sitzt dieser Schock.

1918 zogen die Vereinigten Staaten einen klaren Schlussstrich, ratifizierten nicht einmal den Friedensvertrag mit Deutschland und blieben auch dem Völkerbund fern, obgleich seine Einrichtung auf einen Vorschlag ihres Präsidenten Woodrow Wilson zurückging. Für diese politische und militärische Abstinenz zahlten

Amerika und Europa einen hohen Preis. Der Rückzug in die Isolation, eine Entscheidung, in der sich das Land durch die Weltwirtschaftskrise und deren Folgen bestätigt fühlte, erleichterte Diktatoren vom Schlage Adolf Hitlers den Aufstieg. Als Deutschland Europa unter der Regie Hitlers erneut mit Krieg überzog, hatte Amerika wieder keine Wahl. Wollte man die eigenen vitalen Interessen sichern, führte kein Weg an der Intervention vorbei. Die Verluste in diesem Krieg, der den USA am 11. Dezember 1941 durch Deutschland und Italien erklärt wurde, waren ungleich höher als im Ersten Weltkrieg, und natürlich stellten sich am Ende viele die Frage, ob das alles oder zumindest vieles davon der Welt hätte erspart werden können, wenn die Vereinigten Staaten sich nach 1918 nicht hinter dem Atlantik verkrochen hätten.

1945 zogen die Amerikaner die Konsequenzen aus ihrer Fehlentscheidung von 1918, blieben, wo sie waren, vor allem in Deutschland, und räumten ihre Position auch nicht, als sie ihre beiden wichtigsten Ziele erreicht hatten: 1955 waren die Deutschen, der Gegner zweier Kriege, gezähmt und zivilisiert. Und bis 1991 verabschiedeten sich die Sowjetunion und ihr Militärpakt, die Gegner des dritten, des Kalten Krieges, von der Weltbühne. Dass die Amerikaner selbst jetzt nicht abzogen, war eine der folgenreichsten Entscheidungen der jüngeren Geschichte.

Die North Atlantic Treaty Organization (NATO), die am 4. April 1949 durch die USA, Kanada und zehn europäische Staaten aus der Taufe gehoben wurde, zählt zu den bemerkenswertesten Allianzen der neueren Geschichte. Dass der Vertrag auf wenige Seiten passte, deutet darauf hin, dass sich die Partner über den Sinn und Zweck ihres Schulterschlusses einig waren: Gemeinsam die Freiheit und Unabhängigkeit jedes einzelnen Mitglieds in einem definierten Gebiet zu verteidigen, war eine eindeutige Festlegung. Dafür bedurfte es keiner Kompromisse. Das unterschied – und unterscheidet – diesen Vertrag von allen, welche die Europäer miteinander geschlossen haben.

Unterhalb des ausdrücklich genannten verfolgten die Mitglieder der Atlantischen Allianz drei ungenannte Ziele, die es in sich hatten und die Hastings Lionel Ismay – 1. Baron Ismay und von 1952 bis 1957 erster Generalsekretär der NATO – so auf den Punkt brachte: Die NATO hat den Zweck,»to keep the Russians out, the Americans in, and the Germans down«. Das war Sprengstoff pur. Das Ziel der Atlantischen Allianz, die Deutschen klein zu halten, war erreicht, als die Bundesrepublik am 9. Mai 1955 in das Bündnis aufgenommen wurde. Aufgegeben wurde es gleichwohl nie. Jedenfalls beschlich deutsche Bundeskanzler dieses Gefühl immer wieder. Das Ziel, die Sowjets draußen zu halten, also sicherzustellen, dass die Sowjetarmee nicht die Freiheit, Unabhängigkeit und, wie unbedingt zu ergänzen ist, den Wohlstand ihrer Mitglieder gewaltsam infrage stellte, war erreicht, als die Sowjetunion implodierte.

Als besonders explosiv erwies sich der dritte Zweck der NATO, nämlich die Amerikaner»drin« zu halten. Koste es, was es wolle. Noch bevor die Allianz das Licht der Welt erblickte, hatte sich gezeigt, dass ohne die Unterstützung der USA wenig ging. Das großangelegte Hilfsprogramm, das sie im April 1948 auflegten und das nach einem Plan des damaligen Außenministers George C. Marshall benannt ist, trug maßgeblich dazu bei, die Volkswirtschaften Europas wieder auf die Beine zu bringen. Und ohne das grandiose Projekt der sogenannten Luftbrücke der Vereinigten Staaten und ihrer Verbündeten, die Ende Juni 1948 begann, hätte West-Berlin die fast einjährige Blockade durch die Sowjets nicht überlebt.

Fortan stand auch fest, dass das westliche, das freie Europa ohne die USA im Kalten Krieg nicht überlebensfähig war. Wenn es darum ging, die politische und damit auch die wirtschaftliche Unabhängigkeit der Mitgliedsstaaten zu sichern, waren die geballte konventionelle sowie insbesondere die überlegene nukleare Macht der Vereinigten Staaten unverzichtbar. Daher nahmen die Europäer die amerikanische Überlebenshilfe, denn das war die NATO, gerne an. Diese Akzeptanz war de facto bedingungslos und galt auch, wie wir im vorigen Kapitel gesehen haben, für den Einsatz der in Europa gelagerten amerikanischen Atomwaffen. Damit hatten die Vereinigten Staaten ein einzigartiges Druckmittel in der Hand. Die tatsächliche oder gefühlte unbedingte Abhängigkeit der Europäer von den USA war geradezu eine Einladung, die Rolle der militärischen Vormacht zu nutzen, um die Partner unter politische Vormundschaft zu stellen. Dabei blieb es auch nach dem Exitus der Sowjetunion, obgleich die NATO ihr eigentliches Ziel, nämlich die Neutralisierung des weltpolitischen Gegners, erreicht hatte.

Dass sich die Allianz nach getaner Arbeit nicht, wie man hätte erwarten können, auflöste und die westliche Führungsmacht sich aus Europa verabschiedete, hatte Gründe. Zum einen zog es praktisch alle vormaligen Warschauer-Pakt-Staaten sowie eine Reihe ehemaliger Sowjetrepubliken in die Allianz. Und zum anderen machten die etablierten NATO-Mitglieder, allen voran Frankreich und Großbritannien, ihre Zustimmung zur Vereinigung Deutschlands davon abhängig, dass die amerikanischen Streitkräfte in Europa präsent blieben.

Eine bizarre Situation: Weil Deutschland unter Beobachtung bleiben musste, hatte die NATO weiterzuleben, obgleich sie 1991 ihr Ziel erreicht und so gesehen spektakulär triumphiert hatte; weil die NATO bestehen bleiben musste, hatte Russland weiter den Gegner abzugeben, der die Sowjetunion einmal gewesen war; und damit Deutschland beobachtet und Russland kontrolliert werden konnten, mussten die USA in Europa bleiben. Dass die Amerikaner diese Bitte als Einladung verstanden, ihre Rolle als Vormund beizubehalten, und ausnahmslos alle Präsidenten von Bill Clinton bis Donald Trump diese Einladung annahmen, kann man ihnen nicht verdenken.

Es gab allerdings auch Amerikaner, die das ganz anders sahen. Es waren wenige. Zu ihnen gehörte George F. Kennan, der nach dem Zweiten Weltkrieg unter anderem als amerikanischer Botschafter in Moskau entschieden und mit Erfolg auf eine harte Linie gegenüber den Sowjets gedrängt hatte und nach dem Ende des Kalten Krieges ein ebenso radikales Umdenken forderte. Kennan, der nach einer glänzenden Karriere als Diplomat und Historiker in Princeton lehrte, plädierte 1993 dafür, die amerikanischen Truppen aus Europa abzuziehen, die NATO auf eine reine Militärorganisation zu reduzieren und ihr den Charakter einer Allianz zu nehmen, die sich »gegen irgend ein anderes Land« richtet. Dass die NATO diesen Schritt nicht tat, sondern ganz im Gegenteil nach Osten expandierte, bezeichnete Kennan wenige Jahre später als den »verhängnisvollsten Fehler der amerikanischen Politik« seit Ende des Kalten Krieges.

Daran knüpfte, vermutlich ohne es zu wissen, Frankreichs Staatspräsident Emmanuel Macron an, als er im Herbst 2019 dem *Economist* erklärte: »Die NATO wurde als Antwort auf einen Feind entwickelt: den Warschauer Pakt. Als unser anfänglicher Feind 1990 verschwand, haben wir dieses geopolitische Projekt nicht einmal ansatzweise neu bewertet. Die unausgesprochene Annahme ist nach wie vor, dass Russland der Feind ist.«

Allerdings muss man in Rechnung stellen, dass sich 1991 auch die Vereinigten Staaten über Nacht mit einer grundsätzlich anderen Situation auseinanderzusetzen hatten. Dass die bipolare Ordnung der Welt mit einem Schlag Geschichte wurde, war gewöhnungsbedürftig. Seit 1945 hatte Washington nämlich im Wesentlichen einen ernstzunehmenden Gegner: die Sowjetunion beziehungsweise den Kommunismus. Dass es so kommen würde, hatte sich schon in der Endphase des Zweiten Weltkriegs abgezeichnet. Der Schulterschluss zwischen Amerikanern und Sowjets war aus der Not geboren. Der deutsche Überfall auf die Sowjetunion und die deutsche Kriegserklärung an die USA am 22. Juni beziehungsweise 11. Dezember 1941 hatten zwei Staaten gemeinsam in ein Boot geholt, das sie schon wegen ihrer gegenläufigen Weltanschauungen unter anderen Umständen kaum bestiegen hätten. Nicht zufällig hieß ihre Allianz »Anti-Hitler-Koalition«: Der Kampf gegen das von Hitler geführte Deutschland war das gemeinsame und zugleich einzige Ziel, das sie verband.

Kaum war dieses Ziel im Mai 1945 erreicht, zeigte die Koalition erste Risse. Das lag vor allem an der politischen und militärischen Strategie der Sowjets, die wir im nächsten Kapitel näher beleuchten wollen. Für Josef Stalin und seine sämtlichen Nachfolger bis hin zu Michail Gorbatschow war die Besetzung und dauerhafte Kontrolle des strategischen Vorfeldes der UdSSR unverzichtbar: Polen und die DDR, Rumänien und Bulgarien, Ungarn und die Tschechoslowakei, von den westlichen Sowjetrepubliken gar nicht zu reden, waren aus Sicht des Kreml geostrategische Garanten des sowjetischen Überlebens: Niemals durfte sich wiederholen, was in den Jahren 1941 bis 1945 um ein Haar zum Untergang geführt hätte.

Für die Vereinigten Staaten stellte sich dieses Vorgehen des vormaligen Partners naturgemäß anders dar. In Washington sah man in der dauerhaften Stationierung der Roten Armee in diesem neu definierten Cordon sanitaire mit gutem Grund den Auftakt einer offensiven Strategie mit dem Ziel, den Kommunismus selbst jenseits dieses Einflussbereichs durchzusetzen und zu etablieren. Dafür sprach neben den militärischen Fakten auch die sowjetische Weltanschauung: Solange die Sowjets keine Anstalten machten, sich aus ihrem neuen Herrschaftsbereich zurückzuziehen, musste man davon ausgehen, dass sie am offensiven Programm der Weltrevolution festhielten.

Überlegungen oder gar Pläne, sich der tatsächlichen oder vermeintlichen Offensive der Sowjets in Europa entgegenzustellen, die Sowjetarmee gar aus ihren neuen Räumen zu verdrängen, wurden spätestens Ende September 1949 zu den Akten gelegt, als der amerikanische Präsident den ersten erfolgreichen Test einer sowjetischen Atombombe bekannt machte und damit zugleich bestätigte. Fortan war klar, dass sich beide Seiten militärisch neutralisierten: Die Vereinigten Staaten von Amerika und die Union der Sozialistischen Sowjetrepubliken mussten davon ausgehen, dass ein Angriff auf den anderen durch diesen anderen mit einem Nuklearschlag beantwortet werden würde.

Diese Erkenntnis verdichtete sich im Laufe der Jahre zu einer Logik, die als »Mutual Assured Destruction« (MAD) in die Geschichte eingegangen ist. Das Prinzip sollte sicherstellen, dass angesichts rasant wachsender Arsenale und immer neuer Techniken keine der beiden Seiten in Versuchung geriet, doch den Erstschlag zu wagen und eine Atomwaffe gegen die andere einzusetzen. Darauf verständigten sich Washington und Moskau, als sie im Mai 1972 zeitgleich mit einem ersten Vertrag über eine Begrenzung der strategischen Atomwaffen (SALT) eine Vereinbarung über die Abwehr dieser Raketen (ABM) unterzeichneten. Der ABM-Vertrag garantierte, dass die nukleare Zweitschlagsfähigkeit nicht beeinträchtigt wurde.

Diese Verträge trugen maßgeblich dazu bei, dass die Beziehung zwischen den beiden Weltmächten berechenbar blieb. Dass es Amerikanern und Sowjets wirklich ernst war, zeigte sich im Dezember 1987: In den Dämmerstunden des Kalten Krieges, von denen wir allerdings erst heute wissen, dass es die Dämmerstunden waren, verständigten sie sich sogar vertraglich darauf, die landgestützten nuklearen Marschflugkörper und Mittelstreckenraketen zu vernichten. Dieser INF-Vertrag war der erste seiner Art in der Geschichte überhaupt.

Mit dem Ende der Sowjetunion stand auch diese Berechenbarkeit zur Disposition. Um zu retten, was sich retten ließ, nahmen die USA und die Sowjetunion beziehungsweise Russland die Gespräche über ihre strategischen Arsenale zwar wieder auf und vereinbarten im Juli 1991 und im Januar 1993 einen substantiellen Abbau (START). Doch stand dieser Schritt schon im Schatten gegenläufiger politischer und strategischer Entwicklungen. Inzwischen lassen sogenannte Hyperschallwaffen, deren Entwicklung vor allem Russland vorantreibt, so gut wie keine Möglichkeit mehr, im Falle einer Eskalation über eine Reaktion nachzudenken.

Vor diesem Hintergrund kann man die Serie von Rückzügen der USA von bilateralen Abkommen mit Russland in seiner Tragweite schwerlich überschätzen. Es begann mit der Ankündigung George W. Bushs am 13. Dezember 2001, vom ABM-Vertrag zurückzutreten. Donald Trump schrieb diese Linie fort, als er am 20. Oktober 2018 erklärte, dass sich die USA nicht mehr an den INF-Vertrag gebunden fühlten, und am 21. Mai 2020 öffentlich ankündigen ließ, dass die Vereinigten Staaten aus dem Open-Sky-Abkommen – einer multilateralen vertrauensbildenden Maßnahme der frühen 1990er Jahre – austreten würden.

Selbst wenn es zutreffen sollte, dass Washington in allen Fällen auf einseitige Vertragsbrüche Moskaus reagierte, ist nicht nachzuvollziehen, warum die USA sehenden Auges die letzten Reste an Vertrauen und Berechenbarkeit aus den amerikanisch-russischen Beziehungen nahmen. Heute sind vertragliche Vereinbarungen im nuklearen Bereich kaum noch das Papier wert, auf dem sie geschrieben sind. Dass die Amerikaner mit ihren Entscheidungen ihre Verbündeten vor vollendete Tatsachen und damit die Atlantische Allianz grundsätzlich infrage stellten, kam erschwerend hinzu, überraschte allerdings kaum noch jemanden. Vor allem aber zerstörten die Alleingänge die schwache Hoffnung, dass der globale Trend zu einer atomwaffenstarrenden Welt verlangsamt werden könne.

Die Zahl der Atomwaffen nimmt zwar seit Ende des Kalten Krieges beständig ab, beträgt aber immer noch rund 13 400. Bei den nuklearfähigen Staaten verläuft die Entwicklung umgekehrt: Ihre Zahl steigt. Zu ihnen zählen neben den USA, Russland, Großbritannien, Frankreich und China – also den legitimen Atommächten – Indien, Pakistan, Israel und Nordkorea. Was das bedeuten kann, brachte im April 2009 Amerikas damaliger Präsident Barack Obama so auf den Punkt:»Durch eine merkwürdige Wendung der Geschichte hat die Bedrohung eines Nuklearkrieges ab-, aber die Gefahr eines Angriffs mit Atomwaffen zugenommen. Mehr Länder sind nun im Besitz dieser Waffen. Es werden weiterhin Tests durchgeführt. Auf den Schwarzmärkten wird mit nuklearen Geheimnissen und Materialien gehandelt … Terroristen sind entschlossen, eine Bombe zu kaufen, herzustellen oder zu stehlen.«

Die Berechenbarkeit, die bis zum Ende des Kalten Krieges ein auskömmliches Miteinander der weltpolitischen Kontrahenten ermöglichte, hatte ihren Preis. Zahlen mussten ihn diejenigen, zu deren Lasten das Arrangement Moskaus und Washingtons ging. Das waren auf der einen Seite die Mitglieder des Warschauer Paktes, also jener Militärorganisation, welche die Sowjets in Reaktion auf den bundesdeutschen Beitritt zur NATO Mitte Mai 1955 ins Leben riefen.

Spätestens nachdem die Sowjetarmee am 17. Juni 1953 den Volksaufstand in der DDR niedergeschlagen hatte, war jedermann bewusst, dass der Kreml in seinem Machtbereich kompromisslos durchgreifen würde, sollte dieser infrage gestellt werden – wo und durch wen auch immer. Und die Sowjets wussten, dass sich die USA und mit ihnen der Westen insgesamt an die Spielregeln halten und eine Intervention in ihrem eigenen, also dem sowjetischen Machtbereich hinnehmen würden. Ganz gleich, mit welchem Mittel und mit welchem Ziel sie erfolgte. Das bekamen im November 1956 die Ungarn und im August 1968 die Menschen in der Tschechoslowakei zu spüren, als die Sowjetarmee beziehungsweise der Warschauer Pakt ihre Aufstände blutig niederschlugen.

Wenn es darauf ankam, signalisierte der Westen sogar vorab seine Zurückhaltung. Als sich im Sommer 1961 abzeichnete, dass die Sowjets der Massenflucht von DDR-Bürgern einen Riegel vorschieben würden, nannte Amerikas Präsident John F. Kennedy in einer Rundfunk- und Fernsehansprache die Bedingungen, welche diese bei der bevorstehenden Aktion einzuhalten hatten. Drei Wochen später begannen Volkspolizei und Nationale Volksarmee der DDR mit der Schließung der Sektorengrenze in Berlin; wenig später wurden die Grenzanlagen in Berlin wie auch die übrige deutsch-deutsche Grenze mit Minenfeldern und seit 1971 sogar mit Schussanlagen fluchtsicher gemacht.

An sich widersprach all das fundamental den Werten, die der Westen und seine Führungsmacht rhetorisch offensiv vor sich hertrugen. Mit den Werten ging das missionarische Versprechen einher, alle zu unterstützen, die gegen Unfreiheit und Diktatur aufbegehrten. Doch den Worten folgten keine Taten. Jedenfalls nicht in Europa, und zwar aus den genannten Gründen. Beim Einmarsch der Warschauer-Pakt-Staaten in die Tschechoslowakei, immerhin eine groß angelegte militärische Operation vor der Haustür des Westens, kam hinzu, dass Amerika 1968 auf das Stillhalten der Sowjets in einer anderen Weltgegend angewiesen war.

In Vietnam marschierten die USA in jenem Jahr in eines der größten Debakel ihrer Geschichte. Dazu kam es nicht zuletzt, weil man beweispflichtig war. Washington musste den eigenen Gefolgsleuten demonstrieren, dass man dem Kommunismus tatsächlich den Kampf angesagt hatte. Und weil das in Europa nicht möglich war, sollte der kommunistische Norden Vietnams daran glauben. So gesehen war der Vietnamkrieg einer jener klassischen Stellvertreterkriege, von denen der Kalte Krieg Dutzende gesehen hat.

Im März 1965 gingen in Da Nang die ersten Marineinfanteristen an Land. 1969 stand mehr als eine halbe Million amerikanische Soldaten in Südostasien, ohne dass sich eine Entscheidung abzeichnete. Dabei setzten die USA – von der Atomwaffe abgesehen – auch gegen die Zivilbevölkerung praktisch jedes Mittel ein, vom massiven Bombardement großer Städte über den intensiven Einsatz von Napalm bis hin zur Verseuchung weiter Landstriche mit Herbiziden. Insgesamt wurden bis Anfang 1973 über Vietnam mehr als 14 Millionen Tonnen Kampfstoffe abgeworfen – siebenmal mehr als während des Zweiten Weltkriegs an allen Fronten. Wenn die eigenen Interessen tatsächlich oder auch nur vermeintlich auf dem Spiel standen, gingen die USA, die Vorhut von Freiheit, Demokratie und Menschenrechten, ohne Rücksicht auf Verluste vor.

Während des Kalten Krieges waren Einsätze wie diese in das Korsett des Ost-West-Gegensatzes gebunden, und das hieß: Die USA beschränkten sich auf die ihnen zugestandene Hemisphäre, zu der vor allem auch Mittel- und Südamerika sowie die Karibik gehörten. Dort gab es nur wenige Länder, die es über kurz oder lang nicht mit der CIA zu tun bekamen. Die Infrastruktur für derartige Operationen besaßen die Amerikaner, seit sie 1946 in Panama die Militärakademie »School of the Americas« gegründet hatten. Hier wurden Zehntausende Offiziere aus beinahe zwei Dutzend lateinamerikanischen Ländern ausgebildet, darunter etliche nachmalige Putschisten, Diktatoren und Massenmörder.

Starken Aufwind bekamen diese Kreise, nachdem Fidel Castro und seine Guerilleros Mitte Februar 1959 die Macht auf Kuba übernommen hatten und gut zwei Jahre später ein von der CIA unterstützter, dilettantisch geplanter Umsturzversuch von Exilkubanern schon beim Landungsversuch in der Schweinebucht gescheitert war. Fortan ging in Washington das Gespenst eines linken Flächenbrandes in Mittel- und Südamerika um. Selbst nachdem im September 1973 der demokratisch gewählte linkssozialistische Präsident Chiles, Salvador Allende, gestürzt worden war, hielten die USA diese Gefahr für noch nicht gebannt. Wiederholt trafen sich 1975 und 1976 ranghohe Militärs aus Argentinien, Bolivien, Brasilien, Chile, Paraguay und Uruguay, um sich mit Vertretern Washingtons über entsprechende Gegenmaßnahmen, die »Operación Cóndor«, zu beraten. 1977 wurden die Staaten Mittel- und Südamerikas bis auf vier von Militärs regiert.

In den folgenden Jahres schien es, als habe die Herrschaft der Offiziere in Mittel- und Südamerika ihren Zenit überschritten. Bis zum Ende der 1980er Jahre setzte sich mit der Ausnahme Kubas überall die Demokratie durch. Jedenfalls auf dem Papier. Denn als sich die Militärs wieder in ihre Kasernen zurückzogen und frei gewählten Regierungen die politische Arena überließen, behielten sie ihre im Laufe der Jahrzehnte erworbenen Privilegien, etwa ihre Verbindungen in die staatlichen Bürokratien und nicht zuletzt ihre wirtschaftliche Machtbasis zum Beispiel in Form eigener Firmen. Auch deswegen bekamen die zivilen Regierungen in vielen Staaten Korruption und andauernde Ungerechtigkeit, Gewalt und staatliche Ineffizienz nicht in den Griff. Mit dem Ende des Kalten Krieges traten der Drogenhandel und die organisierte Kriminalität hinzu. Ob die Regierungen die Situation unter Kontrolle halten oder bekommen konnten, hing auch von der Loyalität der Streitkräfte ab.

In einigen Fällen wie dem bolivianischen griffen die Militärs stabilisierend ein und sorgten 2019 dafür, dass das von schweren Unruhen erschütterte und in eine Diktatur abgleitende Land nicht unter die Räder kam. In vielen anderen Staaten geschah das nicht. In Venezuela zum Beispiel, dem wohl ölreichsten Land der Erde, trug das Militär eine entscheidende Mitverantwortung für den Abstieg des einmal blühenden Landes ins Armenhaus der Welt. Nach Einschätzung der Vereinten Nationen droht den Menschen dort infolge der Pandemie eine »biblische Hungersnot«.

So oder so stehen dem Halbkontinent schwere Zeiten bevor. Die massenhafte Migration, die weite Teile Mittel- und Südamerikas erfasst hat und die man bislang in dieser Form nicht kannte, zeigt, wer die Zeche zahlt. Und der anachronistische Plan Donald Trumps, entlang der Grenze zu Mexiko eine Mauer zu errichten, deutete darauf hin, dass die Vereinigten Staaten von ihrer Vergangenheit eingeholt werden: Das ausschließlich an den eigenen Interessen orientierte, von außen nicht infrage gestellte Agieren in einer Hemisphäre, die Washington auch in der geteilten Welt als die eigene reklamierte, fordert ihren Preis.

Zur eigenen Hemisphäre der USA gehörten stets und ganz selbstverständlich die ostasiatischen und westeuropäischen Partner und Verbündeten. Weil diese von den amerikanischen Sicherheitsgarantien abhängig waren, ließ Washington erst gar keinen Zweifel aufkommen, wer der Vormund war und wer das Mündel. Das bekam insbesondere die Bundesrepublik immer wieder zu spüren.

Dass die Bonner Republik – auf amerikanischen Druck hin und bis in die achtziger Jahre hinein – das einzige NATO-Mitglied war, auf dessen Territorium chemische Waffen stationiert gewesen sind, war lange kaum bekannt. Wenn die USA irgendwo auf der Welt Krieg führten oder einen kriegführenden Staat unterstützten, benutzten sie dafür auch ihre Basen in Deutschland, wann und wie immer sie es für richtig hielten und ganz gleich, welche Konsequenzen das für die deutsche Politik haben konnte. Bis heute hat es, wie im ersten Kapitel dargelegt, keine Bundesregierung geschafft, Washington zu einer offiziellen Auskunft über den Umfang der in Deutschland verbliebenen Nuklearwaffen zu bewegen.

Immer wieder und lange vor Donald Trump wurden die Verbündeten durch amerikanische Präsidenten vor vollendete Tatsachen gestellt. So auch am 15. August 1971, als Richard Nixon einseitig sowohl eine Importsteuer von zehn Prozent einführte als auch die Umtauschverpflichtung von Dollar in Gold und mit dieser das 1944 installierte Währungssystem von Bretton Woods außer Kraft setzte. Zwar lag etwas in der Luft, aber dass die Bundesregierung erst zeitgleich mit der Weltöffentlichkeit von dieser einschneidenden Maßnahme unterrichtet wurde, empfand nicht nur der damalige Bundeskanzler Willy Brandt als starkes Stück.

Dass Amerika gegenüber seinen Partnern und Verbündeten nicht noch weiter ging, hatte einen einfachen Grund: Washington brauchte sie. Europa war das unentbehrliche Stationierungs- und Aufmarschgebiet der amerikanischen Streitkräfte, sollte es zu einem konventionell geführten Krieg zwischen NATO und Warschauer Pakt kommen. Dieser Krieg konnte aus geostrategischen Gründen nur in Europa geführt werden. Aus diesem und anderen Gründen waren dem Recht des Stärkeren Grenzen gesetzt.

Mit dem Ende des Kalten Krieges entfielen sie. Fortan wurde die Rücksichtslosigkeit zur Signatur amerikanischer Interessenpolitik, und auch hier gilt: Donald Trump machte nicht den Anfang, sondern setzte in dieser Hinsicht die Politik seiner Vorgänger, auch Barack Obamas, fort. Die meisten, sogar die eigenen Verbündeten übersahen oder ignorierten das lange Zeit, weil sie gerade in der unübersichtlichen Umbruchphase der Weltpolitik auf die Amerikaner angewiesen waren beziehungsweise sich auf sie verließen.

Dass die Europäer nicht willens und in der Lage waren, die Kriege und Völkermorde zu beenden, die sich im Zuge der Auflösung Jugoslawiens vor der eigenen Haustür abspielten, war eine Bankrotterklärung ohnegleichen; dass die Vereinigten Staaten militärisch und diplomatisch einsprangen und den Job der Europäer erledigten, verstärkte die Abhängigkeit von der alten Führungs-macht und verschaffte dieser damit noch mehr Handlungsfreiheit gegenüber Europa.

Hinzu kam, dass Amerika zu jener Zeit erstmals seit 60 Jahren direkt angegriffen wurde. Und dieses Mal nicht im entfernten pazifischen Pearl Harbor, sondern daheim. Die Angriffe islamis-tischer Terroristen auf das Pentagon in Washington und auf das World Trade Center in New York, denen am 11. September 2001 beinahe 3000 Menschen aus mehr als 90 Ländern zum Opfer fielen, sind ein bleibendes Trauma. Und sie waren eine Demüti-gung, denn sie spielten sich vor den Augen der Welt ab.

Klar, dass die Verbündeten, selbstverständlich auch die Bun-desregierung, jetzt, wo die langjährige Schutzmacht angegriffen worden war, fest an ihrer Seite standen. Am 4. Oktober 2001 beschloss die NATO – erstmals in ihrer fünfzigjährigen Ge-schichte – den Bündnisfall. Und auch die Politik und Kriegfüh-rung der USA gegen Afghanistan, wo man die Hintermänner der Attentäter ausfindig machte, fanden die Unterstützung der Part-ner. Das änderte sich, als Amerikas Präsident George W. Bush mit ähnlichen Argumenten den Irak ins Visier nahm.

Alle Bundeskanzler seit Konrad Adenauer haben gewusst, was die Bundesrepublik Amerika verdankt. Keinem sind mehr oder weniger heftige Zumutungen durch die Amerikaner erspart geblieben. Alle haben sich während ihrer Amtszeit schon ein-mal ähnlich geäußert wie der Christdemokrat Kurt-Georg Kiesinger, wahrlich kein Gegner des Bündnisses und seiner Füh-rungsmacht, der Ende Februar 1967 sagte: »Wir reden ja über-haupt nur noch über Streitfragen miteinander. Wir reden ja gar nicht mehr über gemeinsame Politik … Es gibt manchmal Deutsche, die glauben, es gäbe da so eine Freundschaft oder Freundschaftsdienste. Das gibt dann hinterher immer sehr böse Enttäuschungen. In der Politik herrschen Interessen zwischen den Völkern.«

Keine Bundesregierung hat es gewagt, daraus die Konsequenz zu ziehen und einem amerikanischen Präsidenten während ihrer Amtszeit öffentlich zu widersprechen oder ihm gar die Gefolgschaft zu verweigern. Erst die rot-grüne Bundesregierung tat diesen Schritt, als sie es Anfang 2003 ablehnte, am Feldzug gegen den irakischen Diktator Saddam Hussein teilzunehmen. Denn sie war weder von den Belegen überzeugt, mit denen Washington eine Unterstützung der Attentäter des 11. Septembers 2001 durch den Irak nachzuweisen suchte, noch hielt sie es für sinnvoll, einen zweiten Krieg zu eröffnen, bevor der erste in Afghanistan beendet war.

Vor allem aber hielt es die Bundesregierung für nicht akzeptabel, dass sich der amerikanische Präsident mit seiner Entscheidung zum Krieg gegen den Irak ausdrücklich gegen ein anderslautendes Votum des Sicherheitsrates der Vereinten Nationen stellte. Heute muss man sagen, dass George W. Bush damit eine Entwicklung konsequent fortschrieb, die sein Vorgänger Bill Clinton nach seinem Amtsantritt 1993 eingeleitet hatte: In Zukunft, so Clinton, müsse jede militärische Operation, an der sich die Vereinigten Staaten beteiligen, auch unter deren Führung stehen – und nicht unter der der Vereinten Nationen. Sollten die eigenen Interessen es erfordern, müssten die Vereinigten Staaten auch »willens und in der Lage« sein, Kriege gegebenenfalls alleine »zu führen und zu gewinnen«.

Anlass für diese folgenreiche Kurskorrektur waren die UN-Friedensmissionen der Jahre 1992 und 1993 in Somalia, bei denen im Oktober 1993 vor laufenden Kameras 18 amerikanische Soldaten durch einen gewalttätigen Mob ermordet und mehr als 80 verwundet worden waren. Die Folgen dieses Debakels lassen sich schwerlich überschätzen. Einerseits überließen die USA – und mit ihnen der Rest der handlungsfähigen Weltgemeinschaft – Länder wie Somalia ihrem Schicksal und schauten nur lethargisch zu, wenn sich Massaker ereigneten wie etwa während des ruandischen Völkermordes oder in den Kongokriegen. Darüber werden wir im neunten Kapitel berichten. Andererseits setzten sich die USA, wenn ihre Interessen eine Intervention nahelegten, kompromisslos über anderslautende Entscheidungslagen der Weltgemeinschaft hinweg. So auch im Frühjahr 2003 mit dem Krieg gegen den Irak.

Dass sich die Bundesregierung gegen diese Entscheidung stellte und den USA eine unmittelbare Unterstützung verweigerte, wäre während des Kalten Krieges undenkbar gewesen; wahrscheinlich hätte man die Bundesrepublik nicht einmal gefragt. Und auch jetzt erteilte die Bundesregierung den USA keine glatte Absage, sondern unterstützte sie hinter den Kulissen, soweit das innenpolitisch zu vermitteln war. Und doch war es eine klare Positionierung, ein angemessen selbstbewusster Auftritt, der auch signalisierte, dass Deutschland mit der Vereinigung über die volle außenpolitische Souveränität verfügte und davon – selbst gegenüber Amerika – Gebrauch zu machen gedachte.

Es blieb nicht dabei. Nach dem Regierungswechsel vom Herbst 2005 fielen Amerikaner wie Deutsche in alte Verhaltensmuster zurück. Donald Trump forcierte diese Entwicklung, aber das Ruder hatten – auch hier – schon seine Vorgänger umgelegt. Der geplante Abzug von bis zu 12 000 amerikanischen Soldaten aus Deutschland, von dem die Bundesrepublik und die NATO Anfang Juni 2020 aus dem *Wall Street Journal* erfuhren, lag ganz auf der Linie Barack Obamas, der – ohne die Verbündeten vorzuwarnen – Ende Mai 2014 angekündigt hatte, den kompletten Truppenabzug aus Afghanistan vorzuziehen. Davon werden wir im fünften Kapitel berichten.

Der Alleingang in Afghanistan kam für die Bundesregierung nicht überraschend. Schon im Frühjahr 2009 hatte der Sicherheitsberater von Barack Obama einen Einsatz der Antiterroreinheit GSG 9 unterbunden. Ihr wurde es nicht gestattet, ein vor der somalischen Küste kreuzendes amerikanisches Kriegsschiff als Basis zu nutzen und von dort aus mit ihren Hubschraubern die Besatzung eines von somalischen Piraten gekaperten deutschen Frachters zu befreien. Auch wenn die Absage an die deutsche Kommandoaktion lediglich einen Schlussstrich unter ein Unternehmen zog, das ohnehin bereits an Kompetenzstreitigkeiten zwischen verschiedenen deutschen Behörden, an unzureichender Bewaffnung und anderen Faktoren mehr gescheitert war, blieb ein schaler Nachgeschmack.

Und so ging das in einem fort. Besonders gravierend war das Verhalten in der noch zu erläuternden Libyenkrise des Frühjahrs 2011: Als im Sicherheitsrat der Vereinten Nationen, dem Deutschland damals als nichtständiges Mitglied angehörte, über eine Intervention abgestimmt wurde, erfuhr die düpierte Bundesregierung, dass der amerikanische Präsident sich – in letzter Minute und anders als signalisiert – doch für einen Einsatz entschieden hatte. Das trug zur weiteren Isolierung Deutschlands in dieser Krise bei, das sich bei der Abstimmung der Resolution der Stimme enthielt.

Immerhin befand sich Deutschland in prominenter Gesellschaft, enthielten sich doch auch Brasilien, China, Indien und nicht zuletzt Russland der Stimme. Viele nahmen das als Indiz, dass die Bundesrepublik wieder einmal auf der falschen Seite gestanden habe. Andere fanden es konsequent, dass Deutschland und Russland nach gemeinsamen Wegen suchten. Denn so viel ist gewiss: Ohne ein belastbares Verhältnis zu Russland hat Europa keine Zukunft. Das ist eine Herausforderung, denn der große Nachbar steht am Scheideweg.

KAPITEL 3

Der wankende Riese:
Russland am Scheideweg

Russland ist riesig. Mit einer Fläche von gut 17 Millionen Quadratkilometern, die sich über elf Zeitzonen erstrecken, ist es das größte, zudem vermutlich das rohstoffreichste Land der Erde. Mit seinen 144 Millionen Einwohnern ist es zugleich eines der am dünnsten besiedelten. Mit 14 Staaten hat Russland eine gemeinsame Landgrenze, die Grenzen zu den USA und Japan, zwei schwierigen Nachbarn, verlaufen durch Meere.

Diese Dimensionen bilden ein unvergleichliches Kapital. Und sie sind eine Gefahr. Vor allem nachdem Zar Peter I., der Große, an der Wende zum 18. Jahrhundert damit begonnen hatte, das Land zu öffnen und im Kreis der europäischen Großmächte zu etablieren, richteten sich die begehrlichen Blicke anderer auf das Riesenreich, obgleich oder eben weil es in weiten Teilen nicht einmal erschlossen war.

Sicher bot die Tiefe des Raums in Verbindung mit den strengen Wintern einen gewissen Schutz vor einer Zerschlagung oder gar vollständigen Besetzung. Doch sämtliche Heere, die aus dem Westen kommend tief nach Russland eindrangen, richteten beim Rückzug beträchtliche Schäden und Verwüstungen an. Das galt schon für den Russlandfeldzug Napoleons 1812, und es galt für den Krieg, den das Deutsche Reich von 1914 bis 1918 gegen seinen damals noch unmittelbaren Nachbarn führte.

Man kann diese bis 1918 zweimal gemachte Erfahrung, lebensgefährlich verletzt zu werden, nicht überschätzen. Denn sie dokumentierte die Schwäche, die in der Größe des Landes gründet und der eine zweite korrespondiert: Die Wirtschaftskraft Russlands beziehungsweise der Sowjetunion war immer deutlich geringer als die der Konkurrenten. Die Kombination dieser Faktoren machte das Land angreifbar. Zu den wenigen Gegenmitteln, über welche die jeweilige Führung verfügte, gehörte die Kaschierung der eigenen Schwäche, und das heißt: Die Geschichte der Sowjetunion von ihrer Gründung, die Ende 1922 abgeschlossen war, bis zu den Stunden ihres Untergangs am Jahresende 1991 war die Geschichte ihrer Schwäche und des Versuchs, sie zu verbergen. Im Westen hat man das nie verstanden. Wahrscheinlich konnte man es auch nicht, weil zu dieser in der Schwäche begründeten Defensive im Innern wie nach außen immer auch die Offensive zählte, die meistens eine Flucht nach vorn war.

Das Reich, das die Sowjets von den Zaren übernommen hatten, war infolge der Ergebnisse des Ersten Weltkriegs territorial stark reduziert, wirtschaftlich endgültig ruiniert und militärisch kaum noch handlungsfähig. Um dem gegenzusteuern, war Josef Stalin jedes Mittel recht. Bis zu 19 Millionen Menschen dürften mittelbar oder direkt an den Folgen der Hungerkatastrophe der zwanziger und dreißiger Jahre gestorben sein, die auch eine Folge des Verkaufs ukrainischen Getreides in den Westen gewesen ist. Stalin brauchte das Geld, um die Rote Armee auf Vordermann zu bringen.

Dazu wiederum gab es keine Alternative, weil die Sowjetunion sich unmittelbar bedroht fühlte. Diese Wahrnehmung war keine Einbildung, sondern sie spiegelte die Realität: Im Osten rückten seit 1931 die Japaner – mit der Eroberung der Mandschurei beginnend und vom Westen nicht gehindert – auf die sowjetische Grenze vor. Und im Westen baute Deutschland – vom Westen nicht nur nicht gehindert, sondern auf der Münchener Konferenz im Herbst 1938 sogar ausdrücklich unterstützt – seine territoriale Ausgangsbasis für den Angriff auf die Sowjetunion aus. Dass dort sein eigentliches Ziel lag, hatte Hitler deutlich gesagt.

Stalin nahm ihn wörtlich. Er verstand die Hofierung Hitlers durch die Westmächte nicht zu Unrecht als Einladung an Deutschland, sich bei der Sowjetunion zu bedienen, und er wusste auch, dass auf dem Weg dorthin ein pragmatisches Zusammengehen Deutschlands mit Polen nicht auszuschließen war. In Moskau hatten sie nicht vergessen, dass der polnische Staat im Frühjahr 1919 Sowjetrussland angegriffen und 1934 mit Deutschland einen Nichtangriffsvertrag geschlossen hatte. Also ließ Stalin Polen zunächst einmal außen vor, ging auf seinen gefährlichsten Gegner zu und schloss mit Hitler am 23. August 1939 einen Pakt.

Das festzustellen heißt nicht, zu übersehen oder gar in Abrede zu stellen, dass sich der sowjetische Diktator, am 17. September 1939 mit dem Einmarsch nach Polen beginnend, an den Völkern Polens und des Baltikums, Finnlands und Moldawiens verging. Aber richtig ist auch, dass Stalin mit dem Pakt nicht zuletzt Zeit gewinnen wollte und wohl auch musste. Tatsächlich näherte sich Deutschland Schritt für Schritt der sowjetischen Grenze; und im mandschurisch-mongolischen Grenzgebiet, also im Osten des fragilen sowjetischen Imperiums, führten die Japaner seit dem 11. Mai 1939 einen nicht erklärten Krieg gegen die Rote Armee.

Daran erinnerte Russlands Präsident Wladimir Putin, als er im Mai 2015 ausgerechnet anlässlich eines Besuchs der Bundeskanzlerin zu Protokoll gab: Stalins Pakt mit Hitler habe angesichts der Isolierung der Sowjetunion durch die Westmächte und der drohenden »direkten Konfrontation« durch Deutschland im Hinblick auf die sowjetischen »Sicherheitsinteressen« einen »Sinn« ergeben. Das kann man so sehen. Man kann es auch bestreiten. Nicht bestreiten lässt sich allerdings, dass Stalin richtig lag, wenn er Hitler von Anfang an beim Wort nahm und alles versuchte, um Zeit zu gewinnen und den Beginn des deutschen Angriffs hinauszuzögern.

Was diesem dann seit dem 22. Juni 1941 folgte, war nicht nur einer jener Eroberungs- und Beutefeldzüge, die man kannte und die auch Russland beziehungsweise die Sowjetunion ihrerseits schon geführt hatte, sondern noch dazu ein rassenideologisch motivierter Vernichtungsfeldzug, wie ihn die jüngere Geschichte noch nicht gesehen hatte. 70 000 Dörfer und 1700 Städte, fast 100 000 größere und große landwirtschaftliche Betriebe, 2900 Maschinen- und Traktorenstationen und 65 000 Kilometer Eisenbahntrassen wurden zerstört. Vor allem aber zählte man bis zu 30 Millionen Tote. Auch wenn nicht alle auf das Konto des deutschen Eroberungs-, Beute- und Vernichtungsfeldzuges gingen, bleibt das deutsche Wüten präzedenzlos.

Man versteht, warum Stalin und seine Entourage danach alles taten und alles tun mussten, um zu verhindern, dass die ein weiteres Mal bis in die Grundfesten erschütterte Union der Sozialistischen Sowjetrepubliken erneut in eine derart lebensbedrohliche Lage geriet. Zu den Maßnahmen, die er jetzt ergriff, gehörten die Installierung eines Cordon sanitaire aus europäischen Sowjetrepubliken und Satellitenstaaten, eine forcierte konventionelle und nukleare Hochrüstung und nicht zuletzt eine offensive Rhetorik.

Dass dahinter ein genuin defensives Motiv steckte, erschloss sich dem Westen nicht. Dabei konnte man das sowjetische Vorgehen in Europa auch als eine Serie von Reaktionen auf eine Serie offensiver Maßnahmen des Westens verstehen. Wenn man in Rechnung stellt, dass ein wesentliches, wenn nicht das eigentliche Ziel des Kreml nach dem Zweiten Weltkrieg darin bestand, einen wie auch immer gearteten Wiederaufstieg Deutschlands zu verhindern, dann konnte man in den deutschlandpolitischen Maßnahmen des Westens – Währungsreform in den drei Westzonen, Gründung der Bundesrepublik Deutschland und ihre Aufnahme in die europäischen Gemeinschaften sowie insbesondere in die NATO – eine gefährliche Offensive sehen. Jedenfalls tat die Sowjetunion in allen Fällen nicht den ersten, sondern – mit der

Einführung einer Währung in der eigenen Zone, der Gründung der DDR sowie der Gründung des Warschauer Paktes – jeweils den zweiten Schritt.

Im Rückblick muss man beiden Seiten konzedieren, dass sie davon ausgingen, jeweils nur auf eine Vorgabe der anderen zu reagieren. Politik wie menschliches Handeln überhaupt ist ja eine Folge der Wahrnehmung. Wir reagieren auf das, was wir als handlungsleitendes Motiv eines Gegenübers identifizieren. Damit sind Fehlperzeptionen programmiert. Im Falle der Sowjetunion beziehungsweise Russlands scheinen sie die Regel zu sein. Warum das so ist, lässt sich schwer sagen. Gut möglich, dass die Gewohnheit hier eine maßgebliche Rolle spielt. Außerdem ist die distanzierte Analyse ein Privileg des Historikers. Die in aller Regel unter Zugzwang stehende Politik kann sich die Vogelperspektive – wenn überhaupt – nur selten leisten.

Ein folgenreicher Fall solcher Fehlperzeption war die sowjetische Intervention in Afghanistan. Mit dem Einmarsch, der zu Weihnachten 1979 begann, reagierte der Kreml nicht zuletzt auf die Proklamation der Islamischen Republik im Nachbarland Iran. Die Sowjets sahen im militanten Islam eine Herausforderung für ihre angrenzenden südlichen Republiken. Immerhin lebten damals in der UdSSR rund 50 Millionen Muslime, in sechs Republiken stellten sie sogar die Mehrheit. Überdies bestand der Verdacht, die chaotischen inneren Verhältnisse in Afghanistan könnten dazu führen, dass sich die Amerikaner dort festsetzten und damit den Verlust des Iran kompensierten. Diese Wahrnehmung war falsch, aber sie beeinflusste die sowjetische Entscheidung zur Intervention maßgeblich.

Die mittel- und langfristigen Folgen waren verheerend. Für Afghanistan, für die gesamte Region und für die Sowjetunion. Als deren letzter Soldat Mitte Februar 1989, also knapp zehn Jahre nach dem Einmarsch, das Land verließ, hatten 40 000 Mann ihr

Leben verloren. Die Materialverluste waren immens: Allein im Jahr 1987 wurden, nicht zuletzt mit amerikanischen Stinger-Raketen, 270 sowjetische Flugzeuge abgeschossen. Vor allem aber trug der kräfte- und ressourcenzehrende Krieg erheblich dazu bei, das ohnehin zerbröselnde Gebäude des sowjetischen Imperiums endgültig zum Einsturz zu bringen.

Als das passiert war, als sich die Sowjetunion aufgelöst hatte und der Kalte Krieg damit beendet war, stand die Russische Föderation da, wo Russland nach Ende des Ersten Weltkriegs gestanden hatte. Genau genommen war die Lage am Ende des Kalten Krieges insofern noch finsterer als nach dem Ersten Weltkrieg, als die Verluste deutlich größer waren als nach 1918. Um welche Dimensionen es sich handelte, erläuterte Wladimir Putin im März 2018, also knapp 30 Jahre später, in seiner Rede an die Nation. Danach verlor Russland »in Bezug auf unsere Landesgrenzen 23,8 Prozent des Territoriums, 48,5 Prozent der Bevölkerung und 41 Prozent des Bruttosozialprodukts, 39,4 Prozent des industriellen Potenzials …, 44,6 Prozent des militärischen Potenzials im Zusammenhang mit der Aufteilung der Streitkräfte der UdSSR«.

Die Zahlen mögen im Einzelnen interpretationsfähig sein, aber an dem Befund kann es keinen Zweifel geben: Territorial erheblich amputiert, durch Sezessionsbewegungen im Innern zeitweilig stark geschwächt, mit einem enormen Reformbedarf konfrontiert und wirtschaftlich nach wie vor nicht in der ersten Liga spielend, befand sich die Führung des Landes gegenüber dem Westen von Anfang an in der Defensive.

Dass zahlreiche vormalige Sowjetrepubliken, allen voran die baltischen, sämtliche ehemaligen Warschauer-Pakt-Verbündeten sowie einige Nachfolgestaaten Jugoslawiens Aufnahme in die Europäische Union und insbesondere in die NATO suchten und fanden, verschlechterte die Lage aus russischer Sicht dramatisch. Selbstverständlich machten alle diese Staaten von einem unbestreitbaren Recht Gebrauch. Wie auch die Gemeinschaften das

Recht hatten und haben, einem Staat die Aufnahme zu verweigern. So sprachen sich alle deutschen Bundeskanzler seit 1991 konsequent gegen eine Aufnahme Georgiens und der Ukraine in die NATO aus. Denn sie sahen natürlich, dass die serielle Aufnahme vormaliger Sowjetrepubliken und Warschauer-Pakt-Staaten im Kreml für Irritation und Beunruhigung sorgte und dass es eine rote Linie gab, die es zu respektieren galt.

Allerdings suchten und fanden NATO wie EU Wege, um Georgien, der Ukraine und anderen eine Annäherung oder Anbindung auch jenseits einer förmlichen Mitgliedschaft zu ermöglichen. So hob die EU im Frühjahr 2009 mit sechs vormaligen Sowjetrepubliken eine sogenannte Östliche Partnerschaft aus der Taufe und zwang sie damit faktisch, für den Westen oder für Russland zu optieren. Aus russischer Sicht besonders folgenreich war die Entscheidung der NATO, die Ukraine, die nicht einmal Mitglied der NATO war, seit Unterzeichnung der NATO-Ukraine-Charta im Juli 1997 Schritt für Schritt in ihre Strukturen und Operationen einzubeziehen. Seither hat das Land an mehreren NATO-geführten Militäroperationen teilgenommen, war als erster »Partner-Staat« an einer NATO Response Force beteiligt und nahm – wie im Übrigen auch Georgien – im Juni 2016 an einem Großmanöver der NATO in Polen teil.

Aus Sicht der NATO ist das konsequent: Wo soll man gemeinsame Manöver abhalten, wenn nicht an der Grenze zum vormaligen Gegner, der damit zwangsläufig immer noch beziehungsweise wieder der alte ist? Also plante die Allianz für das Frühjahr 2020 unter anderem im Baltikum das größte Verlegungsmanöver seit Ende des Kalten Krieges, musste es aber wegen der Corona-Pandemie in einem frühen Stadium auf ein Minimum reduzieren. Hauptzweck der Übung war die Selbstvergewisserung. Dass sich diese nur über das alte Feindbild Russland herstellen lässt, zeugt von der Perspektivlosigkeit des Bündnisses.

Aus russischer Sicht ist das irrelevant. Für den Kreml sind diese und andere Aktivitäten die jeweils letzten Schritte auf einem in den neunziger Jahren eingeschlagenen Expansionskurs, und das heißt im Ergebnis: Die NATO steht 200 Kilometer vor Sankt Petersburg. Man mochte das als Paranoia abtun, auch mit gutem Grund darauf verweisen, dass Russland seinerseits an der Westgrenze inklusive Kaliningrads erhebliche Kapazitäten aufgebaut hatte – für Moskau blieben die Schritte der Allianz inakzeptabel. Zumal die radikale Osterweiterung der Allianz, der erwähnte Rückzug der USA vom ABM-Vertrag und der Aufbau des amerikanischen Raketenabwehrschildes – nach heutigem Stand nicht zuletzt in Polen und Rumänien, also in vormaligen Warschauer-Pakt-Staaten – aus Sicht des Kreml Elemente einer Eskalationskette waren.

Für Wladimir Putin war das Grund genug zu reagieren. Als er zum Jahresbeginn 2000 von Boris Jelzin das Amt des russischen Präsidenten übernahm, galt er vielen Beobachtern im Westen als Reformer und Modernisierer. Immerhin räumte er mehr oder weniger gründlich mit der Hinterlassenschaft seines Vorgängers auf, in dessen knapp zehnjähriger Amtszeit Russland zu einem Eldorado der Glücksritter und Raubkapitalisten verkommen war. Die westliche Wahrnehmung Putins änderte sich in dem Maße, in dem dieser die Konsequenzen aus dem geschilderten westlichen Vorgehen vor Russlands Haustür zog. So ließ er russische Streitkräfte in Gebiete vorstoßen, die wie die Krim mitunter seit Jahrhunderten zur Russland gehört hatten und im Zuge der Auflösung der Sowjetunion verloren gegangen waren. Dass die Halbinsel 1954 durch Nikita Chruschtschow aus ökonomischen und administrativen Erwägungen der Ukraine zugeschlagen worden war, zählte für Putin und seine Leute nicht, weil damals weder Chruschtschow noch sonst jemand an eine Auflösung der Sowjetunion gedacht und damit ernsthaft in Erwägung gezogen hatten, dass Sewastopol einmal nicht mehr unter der Kontrolle des Kreml stehen könnte. Ohne die Kontrolle dieses Hafens aber lag die russische Schwarzmeerflotte gewissermaßen auf dem Trockenen.

Eine Zeitlang sah es so aus, als könnten sich Russland und die Ukraine auf einen pragmatischen Ausgleich der jeweiligen Interessen verständigen. Jedenfalls kamen sie im April 2010 überein, dass die russische Schwarzmeerflotte über 2017 hinaus für weitere 25 Jahre in Sewastopol verbleiben durfte. Im Gegenzug gestand Russland der Ukraine im Gashandel bis 2019 Vergünstigungen im Wert von rund 40 Milliarden US-Dollar zu. Vor dem Hintergrund der »Gaskriege« der Jahre 2005/06 und vor allem 2008/09 zwischen den beiden Nachbarn war das nicht selbstverständlich. Glaubte man dem russischen Präsidenten, dann zweigte die Ukraine mehr oder weniger konsequent einiges von dem für den Transit bestimmten Gas ab. Kiew bestritt das vehement. Schwer zu sagen, welche Seite es mit der Wahrheit nicht so genau nahm. Vermutlich beide. Leidtragende waren nicht zuletzt die Abnehmer und Verbraucher in Europa.

Natürlich war es kein Zufall, dass seit Februar 2010 mit Wiktor Janukowitsch in Kiew ein Präsident die Regie führte, der auf die Zusammenarbeit mit Moskau setzte und Ende 2013 unter anderem auch das Assoziierungsabkommen mit der Europäischen Union auf Eis legte. Dieser Alleingang wie überhaupt seine Nähe zum Kreml, aber auch sein autokratisches, auf Selbstbereicherung angelegtes Regiment sowie sein brutaler Einsatz gegen die Opposition trugen wenige Wochen später maßgeblich zu seinem Sturz bei. Als sich Janukowitsch in der Nacht vom 21. auf den 22. Februar 2014 aus Kiew absetzte und dann vom ukrainischen Parlament abgesetzt wurde, zog Putin die Reißleine. Janukowitsch war gewiss nicht Putins favorisierter Partner. Getraut hat er ihm nie, schon weil das Misstrauen zu den Prinzipien des vormaligen Geheimdienstmannes Putin zählt. Aber Janukowitsch stand dafür, dass die Ukraine nicht vom Westen vereinnahmt wurde – und dass die Vereinbarungen bezüglich der Krim hielten. Sechs Tage nach dem Kiewer Umsturz besetzten prorussische Militärs den Flughafen Simferopol auf der Krim, am 1. März 2014 genehmigte das russische Parlament die Entsendung von Truppen in die Ukraine, am 6. März stimmten die Abgeordneten des Parlaments der »Autonomen Republik Krim« für den Anschluss an Russland, am folgenden Tag bekundeten auch beide Kammern des russischen Parlaments die Bereitschaft zu einem Anschluss der Krim, und am 16. März sprach sich die große Mehrheit der wahlberechtigten Krimbewohner in einem Referendum für den Anschluss an Russland aus. Seit dem 21. März 2014 gehört die Halbinsel demnach zur Russischen Föderation. Zu dieser Zeit kämpften im Osten der Ukraine bereits von Russland unterstützte Separatisten und eingeschleuste russische Soldaten für die »Unabhängigkeit« der »Volksrepubliken« von Donezk und Lugansk.

Zwar fielen die Interventionen auf der Krim und in der Ostukraine zeitlich zusammen, doch gibt es zwischen beiden einen signifikanten Unterschied. Der Konflikt in der Ostukraine hat auch für den Kreml ein gewisses Verhandlungspotential und ist so gesehen grundsätzlich lösbar. Für die Krim gilt das nicht. Aus heutiger Sicht ist es schwer vorstellbar, dass ein russischer Präsident sie jemals wieder abtreten will oder kann. Das zu fordern wäre ähnlich weltfremd, wie von Israel eine Aufgabe seiner Siedlungen in den besetzten und damit faktisch annektierten Gebieten zu verlangen.

Völkerrechtswidrig ist das eine wie das andere. Im Fall der Krim kommt hinzu, dass die USA, Großbritannien und nicht zuletzt Russland der Ukraine im Dezember 1994 unter anderem ihre territoriale Integrität garantiert hatten. Im Gegenzug hatte sich die Ukraine verpflichtet, die auf ihrem Territorium gelagerten beziehungsweise stationierten sowjetischen Atomwaffen, immerhin rund 15 Prozent des Arsenals, an Russland abzugeben.

Für Putin und seine Entourage waren die Annexion der Krim und die Eröffnung des Krieges in der Ostukraine eine Reaktion auf die westlichen Offensiven vor der russischen Haustür. Die Maßnahmen, mit denen der Westen seinerseits auf die Annexion der Krim reagierte, mussten den Kreml in dieser Auffassung bestärken. Das gilt für politische und wirtschaftliche Entscheidungen wie die seit März 2014 in Serie verhängten Sanktionen gegen Russland, und es gilt vor allem für militärische Operationen. Dass die NATO seither in Polen und im Baltikum vier Bataillone rotieren lässt, dass die USA und Polen Mitte August 2020 vereinbarten, im Rahmen dieses Rotationsmodus nicht nur die Zahl ihrer Soldaten auf nunmehr 5500 zu erhöhen, sondern auch einen Teil des Kommandos ihres reaktivierten V. Armeekorps von Fort Knox dorthin zu verlegen, mag zwar bei großzügiger Interpretation mit der NATO-Russland-Grundakte von 1997 vereinbar sein, aber an der russischen Wahrnehmung ändert das nichts.

Diese Wahrnehmung spielt auch für Moskaus Einschätzung der Lage in Belarus eine große Rolle. Natürlich steht es den Belarussen frei, die Verfassung und Verfasstheit ihres Landes zu bestimmen und einen Autokraten nach einem Vierteljahrhundert mit dem Stimmzettel vom Hof zu jagen. Kein anderes Land hat ein Recht, diese Entscheidung mit Gewalt infrage zu stellen oder gar zu revidieren, auch nicht Russland. Aber Moskau hat ein vitales Interesse daran, dass der Nachbar Belarus nicht im Chaos versinkt und die unübersichtliche Lage zu einer potentiellen Bedrohung seiner äußeren Sicherheit wird. Diese wäre gegeben, falls NATO und EU die Situation nutzen und sich dort dauerhaft festsetzen würden. Eine Situation wie im Herbst 2003, als der Kreml in Georgien den Machtwechsel moderierte, aber dann mit ansehen musste, wie der neue Präsident das Land in die NATO und die EU zu führen suchte, wird es in Belarus nicht geben.

Entscheidend ist in diesem Falle nicht, welche aus seiner Sicht legitimen Interessen der Westen dort verfolgt, sondern wie ein westliches Engagement in Belarus durch den Kreml wahrgenommen wird – nämlich als Beleg der eigenen Schwäche. Das können Russland und sein Präsident nicht zulassen, denn Putin weiß: Wer Schwäche zeigt, ist angreifbar. Das galt für die Sowjetunion, und es gilt auch für die Russische Föderation. Und Russland ist ziemlich schwach. Im direkten Vergleich sind die Vereinigten Staaten in nahezu allen Bereichen drückend überlegen.

Mithalten kann Russland insbesondere bei einigen hochmodernen Waffensystemen sowie nicht zuletzt bei den nuklearen Arsenalen, wo Moskau quantitativ und vor allem qualitativ zügig hochrüstet. Allerdings sind diese hohen Investitionen in das Militär nicht ohne Risiko, denn sie haben ihren Preis. So bleibt die Pro-Kopf-Wirtschaftsleistung in Russland nach wie vor weit hinter der seiner Konkurrenten zurück. Bei den Exporten kam das Land von 2003 bis 2012 nicht einmal auf 30 Prozent der Werte, welche die drei führenden Exportnationen der Erde – China, Deutschland und die USA – jeweils vorzuweisen hatten.

Zudem bestehen die russischen Exporte zum größten Teil aus Rohstoffen, die erheblichen Preisschwankungen unterliegen. Die Karriere, die der Goldpreis 2019 und 2020 nicht zuletzt infolge der Großkrise im Nahen Osten beziehungsweise der Corona-Pandemie hinlegte, kann jederzeit enden. Der Verfall der Ölpreise seit 2014 und erneut, wenn auch von Russland mitinitiiert, seit dem Frühjahr 2020 zeigt, wie schnell das geht. Solche Entwicklungen zehren an der Substanz. In einem unmittelbaren Sinne an die Substanz geht auch die ungünstige demographische Entwicklung. Kein zweites Land der Erde, von Japan abgesehen, hat mit diesem Problem so zu kämpfen wie Russland.

Die russische Offensive – vor allem, aber eben nicht nur – in der Ukraine sagt mithin wenig über die Kräfte aus, die dem Kreml tatsächlich zur Verfügung stehen. So gesehen lag Amerikas Präsident Barack Obama richtig, als er Russland Ende März 2014, also in Reaktion auf die Annexion der Krim, in einer provozierend polemischen Wendung als eine Macht bezeichnete, deren offensive Strategie gerade nicht auf ihre Stärke, sondern auf ihre »Schwäche« verweise. Weil Putin diese Analyse teilte, gab es aus seiner Sicht keine Alternative, als in die Offensive zu gehen, und das auf allen Ebenen. Selbstbewusst präsentiert Russland die Erfolge, die es seit dem Georgienkrieg, also seit 2008, bei der Rekonstruierung und Modernisierung seiner Streitkräfte erzielt hat. Ohne dieses Motiv lässt sich das russische Eingreifen in den syrischen Bürgerkrieg nicht verstehen. Dass Russland damit zugleich im Nahen Osten eine Position wieder besetzt, welche die Sowjetunion zu Beginn der siebziger Jahre verloren hatte, ist für Putin mehr als ein willkommener Nebeneffekt; dass die russische Luftwaffe dafür Teile des Landes wie Aleppo in ein Inferno verwandelt hat, nimmt er in Kauf. Davon wollen wir im sechsten Kapitel berichten.

Bei alledem ist Putin kein Hasardeur. Er demonstriert, proviziert, überschreitet auch Grenzen, die nicht überschritten werden sollten, aber den Verstand verloren hat er nicht. Zu den Provokationen gehören Nadelstiche, mit denen Russland dem Westen seine Verwundbarkeit vor Augen führt. So in der Grauzone des Cyberkrieges, wo Moskau einerseits die NATO gezwungen hat, den Weltraum neben Land, Wasser und Luft als eigenständigen militärischen Einsatzraum zu definieren, andererseits aber mit Hackerangriffen unter anderem auf den Deutschen Bundestag eindeutig Grenzen überschritten. Die Antwort auf die Frage, ob und gegebenenfalls wie man auf solche und andere Übergriffe wie Mordanschläge auf Regimegegner reagiert, hängt von den Antworten auf eine Reihe vorgelagerter Fragen ab: Ist die Beweislage eindeutig? Sind die Verantwortlichen zweifelsfrei identifiziert? Betrifft der Vorfall die bilateralen beziehungsweise multilateralen Beziehungen? Stehen die Reaktionen in einem nachvollziehbaren Verhältnis zum Anlass?

Der Versuch, Russland durch wirtschaftliche Sanktionen und Boykotte weiter zu schwächen, ist keine sinnvolle Option. Nicht nur treffen Sanktionen in der Regel die Falschen, nämlich die Bevölkerung, sondern sie verursachen meistens auch beträchtliche Kollateralschäden. So würde ein Boykott des vor der Vollendung stehenden zweiten Doppelstrangs von Nord Stream, also jener russisch-deutschen Pipeline durch die Ostsee, welche die sibirischen Gasfelder Russlands am Nordpolarmeer mit den Abnehmern in Europa verbindet, nicht zuletzt deutsche, österreichische, französische und niederländische Firmen treffen. Vor allem aber wäre die Maßnahme eine Steilvorlage für jene Akteure, die schon seit Jahrzehnten immer wieder versuchen, den Bau und / oder die Vollendung einer deutsch-sowjetischen beziehungsweise deutsch-russischen Erdöl- respektive Gaspipeline zu unterbinden oder, wenn das nicht mehr möglich ist, eine zumindest indirekte Kontrolle über den Gasfluss zu erlangen.

Im Falle der USA ist es nach 1962 und 1981 das dritte Mal. An der Motivation Washingtons hat sich dabei wenig geändert. Es ging und geht um die Frage, ob man Geschäfte dieser Art mit den Sowjets beziehungsweise den Russen machen darf oder nicht. Die Bundesrepublik war und ist dafür, die USA waren und sind dagegen. Damals wie heute spielt der Vorwurf, dass sich die Deutschen beziehungsweise die Europäer damit in eine zu große Abhängigkeit von Russland begeben, eine entscheidende Rolle. Außerdem wollte und will Washington verhindern, dass der Kreml dank sprudelnder Deviseneinnahmen die Hochrüstung weiter forcieren kann.

1962 zwangen die Vereinigten Staaten und in ihrem Gefolge die NATO bundesdeutsche Firmen und die Regierung in Bonn, einen Vertrag mit Moskau über sowjetische Öl- und bundesdeutsche Rohrlieferungen zu brechen. 1981 versuchten sie es wieder. Aber dieses Mal gab Präsident Ronald Reagan schließlich dem Druck der Bundesrepublik, Frankreichs und Großbritanniens nach und hob die Boykottmaßnahmen gegen das damals jüngste sowjetisch-deutsche Erdgas-Röhren-Geschäft auf.

Der Anlass, nicht der Grund für die amerikanischen Interventionen waren in beiden Fällen weltpolitische Verwerfungen. Die deutsch-sowjetischen Pipelinegeschäfte blieben bezeichnenderweise davon nicht nur unberührt, sondern wurden im Windschatten des Ost-West-Konflikts kontinuierlich vorangetrieben. Die vier sogenannten Erdgas-Röhren-Geschäfte, die 1970, 1972, 1974 und 1981 abgeschlossen wurden, sahen vor, dass deutsche Firmen Gasrohre in definiertem Umfang an die Sowjetunion und die Sowjets im Gegenzug definierte jährliche Gasmengen an die Bundesrepublik lieferten. In dieser Tradition steht auch Nord Stream. Das Projekt wurde am 8. September 2005 auf den Weg gebracht, als die beteiligten Firmen im Beisein des Bundeskanzlers und des russischen Präsidenten in Berlin den Vorvertrag unterzeichneten.

Alle diese Verträge wurden während der Amtszeiten sozialdemokratischer Kanzler geschlossen. In keinem Fall ging die Initiative von ihnen aus. Sie unterzeichneten die Rahmenvereinbarungen. Der Anstoß kam immer von den Firmen. Im Falle der ersten vier Verträge waren es deutsche, im Falle von Nord Stream waren es ursprünglich schwedische und finnische Unternehmen, bevor die Initiative 1997 vom Ostseerat aufgegriffen wurde. Das war kein Zufall, denn das Gas kommt zwar in Deutschland an, wird aber von dort auch an etliche europäische Abnehmer weitergeleitet.

Die weltpolitischen Rahmenbedingungen ähneln sich ebenfalls. Fast immer hatten es die Bundesregierungen und die beteiligten Firmen mit einem Partner zu tun, dessen außenpolitische Aktivitäten sie nicht akzeptieren konnten. Das erste Erdgas-Röhren-Geschäft wurde Anfang Februar 1970, also gerade einmal anderthalb Jahre nach dem Einmarsch des Warschauer Paktes in die Tschechoslowakei, unterzeichnet. Und als im November 1981 das vierte Abkommen geschlossen wurde, führte die Sowjetarmee seit zwei Jahren in Afghanistan einen brutalen Krieg, der vor allem die Zivilbevölkerung traf.

Davon ausgehend, dass man die Sowjets mit einer Sistierung der Erdgas-Röhren-Geschäfte gewiss nicht zu einem Rückzug aus der Tschechoslowakei oder Afghanistan bewegen könne, sondern die Beziehungen durch einen solchen Schritt eher noch weiter belasten würde, verwarf man derartige Überlegungen. Anzunehmen, die Russen könnten heute – ein Scheitern von Nord Stream 2 oder verschärfte Sanktionen vor Augen – die okkupierte Krim räumen, ihren Krieg in der Ostukraine einstellen oder sich aus Syrien zurückziehen, ist weltfremd. Auch deshalb setzen die Amerikaner den Hebel bei den Europäern an.

Schon Barack Obama war ein entschiedener Gegner der Pipeline. Auch hier brach Donald Trump nicht mit der Politik seines Vorgängers, sondern schrieb sie fort, und Joe Biden wird gewiss keine Kurskorrektur vornehmen. Neu ist allerdings die kompromisslose Wucht, mit der die Amerikaner – und zwar sowohl ihr Präsident als auch beide Häuser des Kongresses – seit 2017 in den europäischen Gasmarkt drängen.

Denn das ist unter dem Strich der entscheidende Grund der jüngsten Kampagne Washingtons: Der Export von amerikanischem Flüssigerdgas (LNG) nach Europa hat hohe Priorität, obwohl oder eben weil es derzeit noch deutlich teurer ist als das von den europäischen und russischen Quellen direkt angelieferte Gas. Heute hat LNG bei den Gasimporten nach Europa einen Anteil von bis zu 30 Prozent. Dutzende LNG-Terminals sind betriebsbereit. Dass Russland mit den USA und Katar zu den größten LNG-Importeuren in Europa zählt, ist bemerkenswert und zeigt, wie flexibel der Kreml auf Sanktionen und Boykotte zu reagieren vermag.

Natürlich ist es legitim, wenn die USA den Export von Flüssigerdgas forcieren wollen. So funktioniert Marktwirtschaft. Aber dass Amerika die Durchsetzung seiner wirtschaftlichen Interessen mit Sanktionsdrohungen unter anderem gegen die Firmen verbindet, welche die Rohre verlegen, widerspricht den Spielregeln jenes freien Marktes. Damit stehen die USA nicht allein. Denn auch die EU-Kommission tut alles, um im Nachhinein ein in den eigenen Reihen entwickeltes, nach geltendem Recht genehmigtes und gebautes Projekt zu torpedieren. Die europäische Empörung über die amerikanische Gaspolitik ist so gesehen scheinheilig.

Tatsächlich verlaufen die Fronten zwischen den Befürwortern und den Gegnern von Nord Stream 2 nicht nur zwischen Amerika und den russischen wie europäischen Pipelinebauern und -betreibern, sondern auch quer durch die Reihen der Europäischen Union. Wer hätte es zu Jahresbeginn 2019 für möglich gehalten, dass sich das deutsch-französische Verhältnis wegen einer Gaspipeline über Nacht verschlechtern könnte? Inzwischen zieht sich die Bruchlinie zwischen Polen, den baltischen Staaten, zeitweilig auch Frankreich und Dänemark sowie nicht zuletzt der EU-Kommission auf der einen, Deutschland und einigen Mitstreitern auf der anderen Seite.

So gesehen trugen Amerikas Präsident und Kongress mit ihrer kompromisslosen Sanktionspolitik zwar einiges zum Zerbröseln der verbliebenen europäischen Solidarität bei, aber sie waren nicht die Verursacher. Vielmehr luden die Kommission und einige Mitgliedsstaaten der EU mit ihrem Widerstand gegen Nord Stream 2 den Präsidenten und den Kongress der USA geradezu ein, auf Konfrontationskurs zu gehen – und spielten damit Donald Trumps nationaler Interessenpolitik in die Hände.

Europa sitzt gegenüber Moskau an einem sehr langen Hebel. Denn Russland ist angesichts seiner gravierenden wirtschaftlichen Defizite auf die Deviseneinnahmen angewiesen. Europa wiederum verfügt nicht zuletzt dank zunehmender LNG-Importe oder auch des Reverse Flow, also der Möglichkeit, Gas in beide Richtungen fließen zu lassen, über nennenswerte Alternativen. Und schließlich sollte man nicht vergessen, dass es Deutschland war, das 1962 einen Vertrag brach und 1981 einen weiteren beinahe hätte brechen müssen. Die Sowjetunion beziehungsweise Russland tat das gegenüber Deutschland nie.

Dass die zwischen 1970 und 1981 vereinbarten Pipelines unter anderem Belarus und die Ukraine, damals Sowjetrepubliken, und Polen, damals ein sowjetischer Satellit, querten, hatten diese Staaten hinzunehmen; dass sie seit dem Zusammenbruch der Sowjetunion und des Warschauer Paktes davon profitieren und die Transitgebühren kassieren, ist ihr gutes Recht; dass sie jenseits bestehender Verträge einen Anspruch auf die Einnahmen aus diesem Gastransport haben, gehört zu den vielen falschen Annahmen, die derzeit die Diskussion um Nord Stream wie im Übrigen ebenso um Turkstream bestimmen und die auch in der amerikanischen Argumentation eine erhebliche Rolle spielen. Wie Nord Stream relativiert Turkstream die Bedeutung der ukrainischen Pipelines und die Ambitionen Kiews, das Land zu einer Gasdrehscheibe der Region zu machen. Der erste und größere Teil der Leitung, durch die russisches Gas unter dem Schwarzen Meer hindurch in die Türkei und von dort weiter nach Bulgarien, Serbien, Ungarn und bald auch in andere Staaten transportiert wird, ist 2020 in Betrieb genommen worden.

Die eingegangenen Verpflichtungen gegenüber der Ukraine zu erfüllen und sie bei der Sicherung ihrer politischen und wirtschaftlichen Unabhängigkeit zu unterstützen, ist eine Sache. Ihren Widerstand gegen Nord Stream 2 zu fördern, ist eine andere. Denn wer das wie der Präsident und der Kongress der Vereinigten Staaten, die Kommission und eine Reihe von Mitgliedsstaaten der EU tut, bestärkt die Ukraine unter anderem auch darin, überfällige Wirtschaftsreformen auf die lange Bank zu schieben und ihre Infrastruktur weiter verkommen zu lassen. Dass Kiews marodes

Pipelinenetz dringend modernisiert werden muss, zählt zu den berechtigten und schon seit den neunziger Jahren erhobenen Forderungen Moskaus.

Es wird Zeit, dass die Akteure insbesondere auf dieser Seite des Atlantiks wieder zur Besinnung kommen. Gas ist auf absehbare Zeit als Energieträger alternativlos. Der Bedarf wächst in dem Maße, in dem Kohle- und Atomkraftwerke vom Netz genommen werden. Die westeuropäischen Gasvorräte in Großbritannien, Norwegen und insbesondere in den Niederlanden schrumpfen kontinuierlich. Russisches Gas steht in ausreichendem Maße zur Verfügung, Transportkapazitäten sind spätestens mit Inbetriebnahme von Nord Stream 2 zur Genüge vorhanden. Eine inzwischen fünfzigjährige Erfahrung spricht dafür, dass sie nicht aus politischen oder anderen Gründen kurzfristig dicht gemacht werden.

Statt in den Schützengräben des Kalten Krieges hocken zu bleiben oder sich dorthin zurückzuziehen, sollte man nüchtern fragen, welche Alternativen in einer überschaubaren Zeit und zu welchen Kosten realisierbar wären. Denn zum einen geht das Hydraulic Fracturing oder auch Fracking, also die Methode, mit der in diesem Falle das Gas aus Gestein gepresst wird, mit erheblichen Kosten für die Umwelt einher. Zum anderen sind viele potentielle Förderer und Lieferanten von Gas, aber auch von Öl und anderen Rohstoffen in ausgesprochen unsicheren Weltgegenden beheimatet. Und schließlich sollte man nicht übersehen, dass auch Russland alternative Optionen hat. Die Annäherung Moskaus an Peking hat nicht zuletzt eine energiepolitische Dimension.

KAPITEL 4
Dynamik pur:
China auf dem Weg an die Weltspitze

Im Oktober 1911 begann in China eine neue Zeit. Jedenfalls sah
es danach aus, als der in Japan gegründete Chinesische Revolu-
tionsbund die degenerierte Qingdynastie stürzte und am 1. Januar
1912 die Republik ins Leben rief. Führender Kopf der Bewegung war Sun Yat-sen, der bis heute von chinesischen Kommunisten, National- und Auslandschinesen als Vater des neuen China
betrachtet wird.

Tatsächlich blieb aber vieles beim Alten. Vor allem an der be-
herrschenden Stellung der Fremden im Reich der Mitte änderte
sich nichts. Erst an der Jahrhundertwende hatten Europäer, Japaner
und Amerikaner, so wenig sie auch sonst dort verband, in einer
konzertierten militärischen Operation den sogenannten Boxer-
aufstand, eine Erhebung gegen die Überfremdung des Landes,
niedergeschlagen und unter der Zivilbevölkerung Pekings ein
Massaker angerichtet. Und weil sie keine Anstalten machten, der
jungen Republik das Land zu überlassen, sondern ganz im Gegenteil ihre Positionen festigten oder, ganz besonders die Japaner, weiter ausbauten, fand China auch nach Ende des Ersten Weltkriegs
nicht wirklich zu innerer Ruhe, im Gegenteil: Der Bürgerkrieg,
von dem das Land 1927 erfasst wurde, gehört mit einer Dauer von
mehr als zwei Jahrzehnten und der Zahl an Opfern zu den mo-
numentalsten Kriegen des 20. Jahrhunderts. Er begann mit der
Erosion des Zweckbündnisses zwischen den chinesischen Kommunisten und der nationalchinesischen Volkspartei Kuomintang.
Strategischer und ideologischer Kopf der chinesischen Kommunisten war Mao Tse-tung, der sie endgültig seit 1935 führte. Schon
seit 1925 stand Chiang Kai-shek an der Spitze der Kuomintang.

Der Bürgerkrieg endete 1949 mit dem Rückzug Chiang Kaisheks, seiner Getreuen, des Parlaments und der Staatskasse nach Taiwan auf der einen und der Ausrufung der Volksrepublik China durch Mao Tse-tung auf der anderen Seite. Auch wenn zweimal ein gemeinsamer Feind – von 1924 bis 1927 die chinesischen Warlords, von 1937 bis 1945 die japanischen Invasoren – die beiden Parteien zu Zweckbündnissen zwang, blieben sie Gegner. Jahrzehntelang. Erst 70 Jahre nach dem letzten Treffen Mao Tsetungs und Chiang Kai-sheks kam es im November 2015 wieder zu einer Begegnung der Präsidenten beider Staaten – in Singapur, also auf neutralem Boden.

Mit Mao Tse-tung verbinden sich Höhen und Tiefen der jüngeren Geschichte Chinas wie mit keinem Zweiten. Ursprünglich gehörte er jener Garde junger Revolutionäre in der damals sogenannten Dritten Welt an, die sich keinesfalls mit einer wie immer gearteten Herrschaft einer auswärtigen Macht abfinden, sondern sicherstellen wollten, dass ihr Land auch nach dem Rückzug der Usurpatoren nicht im Schatten anderer stand, sondern in der ersten Liga spielte.

»Dominant und von übermächtigem Einfluss, rücksichtslos und unnahbar, Dichter und Kriegsmann, Prophet und Geißel zugleich«, wie Henry Kissinger ihn einmal charakterisiert hat, entwickelte Mao während des Koreakrieges eine »neue Dimension der Machtpolitik«. Im diametralen Gegensatz zur überkommenen Theorie des Kräftegleichgewichts suchte er nicht die Unterstützung einer der beiden Supermächte, die nur gegen nicht akzeptable Konzessionen zu haben gewesen wäre, sondern nutzte deren Gegensatz und bot ihnen die Stirn. Damit nicht genug, suchte Mao China, ein Land der Bauern, durch eine grundlegende Modernisierung innerhalb kürzester Zeit in die Rolle einer industriellen Weltmacht zu katapultieren, die es mit den führenden Industrienationen der Erde, die USA und die Sowjetunion eingeschlossen, aufnehmen sollte.

Das konnte nicht gutgehen. Der »Große Sprung nach vorn«, zu dem Mao Tse-tung im Frühjahr 1958 ansetzte, um dieses Ziel zu erreichen, stürzte die Volksrepublik in die drei »bitteren Jahre« der großen Hungersnot und hinterließ bis Ende 1963 eine in der Geschichte nicht nur dieses Landes beispiellos verheerende Bilanz: Mindestens 40 Millionen Chinesen überlebten diese Katastrophe nicht. China war ruiniert und international weitgehend isoliert. Und Maos Position war gefährlich geschwächt. Wie andere in vergleichbaren Situationen trat auch er die Flucht nach vorn an. Mitte Mai 1966 bliesen Mao und seine radikalen Weggefährten, darunter seine Frau Jiang Qing, zum Angriff auf die »Monster und Dämonen«. Diese »Große Proletarische Kulturrevolution« richtete sich vor allem gegen Schulen und Universitäten, Wissenschaftler und Publizisten, tatsächlich oder vermeintlich abtrünnige Parteikader. Mit der Agitation der Mao ergebenen Jugendorganisation der Roten Garden überrollte eine Welle von Demütigungen und Denunziationen, Misshandlungen und Morden die Volksrepublik. Offiziell wurde die Kampagne im April 1969 eingestellt. Tatsächlich endete die Kulturrevolution erst mit Maos Tod am 9. September 1976.

Heute verbinden sich mit Maos Namen in China weniger die dunklen Jahre des »Großen Sprungs nach vorn« und der Kulturrevolution, als vielmehr die Befreiung Chinas vom japanischen Joch, die Gründung eines territorial geschlossenen Nationalstaates und die Selbstbehauptung Chinas als eigenständiger Akteur im Zeitalter des Ost-West-Gegensatzes. Diese Stellung zwischen den USA und der Sowjetunion machte die Volksrepublik, nachdem sie die selbst gewählte Isolierung weitgehend hinter sich gelassen hatte, zu einem attraktiven Adressaten auch der Vereinigten Staaten von Amerika. Maos dortiger Partner war Präsident Richard Nixon, der bei seinem Einzug ins Weiße Haus Anfang 1969 eine beträchtliche außenpolitische Erfahrung mitbrachte.

Gewonnen hatte er den Wahlkampf nicht zuletzt mit dem Versprechen eines »ehrenvollen« Abzugs von den Schlachtfeldern Vietnams. Realisierbar war der nur, wenn die beiden wichtigsten Stützen Nordvietnams und des Vietcong, die Sowjetunion und China, zumindest stillhielten und den abziehenden Amerikanern nicht in den Rücken fielen. Das erreichten Nixon und sein Sicherheitsberater Henry Kissinger, indem sie das taten, was Mao Tse-tung Jahre zuvor mit den Sowjets und den Amerikanern gemacht hatte: Sie spielten die beiden kommunistischen Vormächte gegeneinander aus und kamen sowohl mit Peking als auch mit Moskau ins Geschäft.

Besonders spektakulär, weil auch von den eigenen Partnern nicht erwartet, war die Anbahnung von Beziehungen zur Volksrepublik China, die Ende Februar 1972 in einen einwöchigen Besuch Nixons in Peking und ein Treffen mit dem greisen Mao mündete. Den Preis für diesen Kurswechsel hatte Taiwan zu zahlen, das seinen ständigen Sitz im Sicherheitsrat der Vereinten Nationen verlor, die UNO verließ und mit ansehen musste, wie ein Staat nach dem anderen die Seite wechselte und diplomatische Beziehungen zur Volksrepublik China aufnahm.

Der Mann, mit dem sich diese Karriere der Volksrepublik China aufs Engste verbindet, war Deng Xiaoping. Trotz tiefer Demütigungen während der Kulturrevolution ungebrochen, führte er das durch Mao bis in die Grundfesten erschütterte Land auf einen Weg, der China binnen drei Jahrzehnten zu einem der in jeder Hinsicht führenden Akteure der Weltpolitik machte.

Auch dafür war kurz- und mittelfristig ein Preis zu zahlen, in diesem Fall von den Festlandschinesen selbst. Die brutale Niederschlagung der inneren Opposition war ein Teil der zu entrichtenden Summe. Als Anfang Juni 1989 auf dem schon seit Wochen besetzten Platz des Himmlischen Friedens in Peking Zehntausende vorwiegend junge Demonstranten eine demokratische Öffnung des Systems forderten, setzte die chinesische Führung

die Armee ein, und die richtete in der Nacht vom 3. zum 4. Juni
ein Blutbad an. Die Zahl der Toten und Verwundeten ging wohl
in die Tausende.

Gut möglich, dass diese bis heute tief sitzende Erfahrung
einer der Gründe ist, warum die Volksbefreiungsarmee bislang
nicht gegen die Massenbewegung in Hongkong eingesetzt wurde.
Hongkong ist die einzige Stadt auf chinesischem Boden, in der
jährlich der Opfer des 4. Juni 1989 gedacht wird. Seit 2019 kämpft
die Bewegung – zunächst friedlich, dann zeitweilig von radikalen
Kräften gekapert – dafür, dass die Zentralregierung in Peking
nicht die Rechte der Sonderverwaltungszone antastet. Diese waren der Stadt und ihren Bewohnern garantiert worden, als die
britische Regierung das Territorium 1997 an China zurückgab.
Dass Peking sie dann doch infrage stellte und Ende Juni 2020 ein
neues Sicherheitsgesetz für Hongkong in Kraft setzte, zeigt, wie
kompromisslos die Führung jede tatsächliche oder vermeintliche
Autonomiebewegung im Keim zu ersticken versucht.

Diese Erfahrung hatten zuvor schon Tibet und das im Westen des
riesigen Landes gelegene muslimisch geprägte Xinjiang gemacht.
Das »Autonome Gebiet«, wie es seit 1955 in Peking heißt, lag
immer schon in einem Spannungsfeld, dessen Pole durch China
und Russland beziehungsweise die Sowjetunion – genauer gesagt
durch deren südliche, islamisch geprägte Republiken – definiert
wurden.

Mit dem Erfolg der Revolution im Iran und der Proklamation
der Islamischen Republik durch Ruhollah Chomeini am 1. April
1979 stellte sich nicht nur für Moskau, sondern zeitversetzt auch
für Peking die Frage, welche Auswirkungen der militante Islam auf
die mehrheitlich von Muslimen bewohnten Republiken beziehungsweise Regionen ihrer Staaten haben könnte. Im Sommer
1990 schrieb der deutsche Botschafter in Peking nach Berlin, dass
die Muslime in Xinjiang ihre »Inspiration« unter anderem aus dem

Iran bezögen und dass dieses Problem die chinesische Führung dereinst vor »schwerwiegende Fragen« stellen werde. Vor der Weltöffentlichkeit lange Zeit weitgehend verborgen, setzte Peking zwei Hebel gleichzeitig an. Zum einen wurden, freiwillig oder auch nicht, Han-Chinesen, welche die Mehrheit der heute rund 1,4 Milliarden Einwohner der Volksrepublik ausmachen, nach Xinjiang umgesiedelt. Zum anderen ging die Zentralregierung gegen die zumeist muslimischen Uiguren vor, überzog die Provinz mit einem dichten Netz von Überwachungssystemen und internierte eine nicht genau zu beziffernde Zahl von ihnen – nach einem Lagebericht des Auswärtigen Amtes bis zu eine Million – in sogenannten Umerziehungslagern, die Peking, nachdem die Weltöffentlichkeit seit dem Herbst 2017 darauf aufmerksam geworden war, als »Bildungs- und Trainingszentren« deklarierte.

Für Außenstehende sind Motive und Umfang dieses Vorgehens schwer zu beurteilen. Dass der Kampf gegen den »religiösen Extremismus« – seinerseits auch eine Reaktion auf das Vorgehen der Zentralregierung – inzwischen eine Rolle spielt, ist nicht auszuschließen: Warum sollte der radikale Islamismus vor den Toren Chinas Halt machen? Der rasante Wandel der chinesischen Gesellschaft seit Maos Tod, aber auch die Chinesifizierung Xinjiangs laden den religiös aufgeladenen Fundamentalismus geradezu ein.

Entwicklungen wie in Xinjiang oder Hongkong bergen für die chinesische Führung das Risiko eines Gesichtsverlusts, dem sie nach eigener Auffassung entschieden entgegentreten muss. Ein probates Mittel sind dabei Ablenkungsmanöver, namentlich Vorstöße jenseits der Landesgrenzen. Aus Sicht der Akteure schließen sie im Idealfall die Reihen im Innern, aber natürlich erhöhen sie auch das Risiko eines eskalierenden Konflikts mit dem einen oder anderen der näheren und ferneren Nachbarn beträchtlich.

Und diese Konflikte sind zahlreich. Einige von ihnen sind so alt wie die Volksrepublik, andere entstanden, als die Nachfolger Deng Xiaopings nach dessen Tod im Februar 1997 das Ruder der chinesischen Außenpolitik umlegten. Der älteste und zugleich einer der gefährlichsten Konfliktherde bleibt der Streit um Taiwan, jene Insel, auf die sich die Nationalchinesen im Herbst 1949 nach ihrer Niederlage im Bürgerkrieg zurückzogen. Dass die Republik China, wie sich Taiwan seither nennt, bis heute ihre Unabhängigkeit bewahren konnte, lag und liegt an den Vereinigten Staaten von Amerika.

Deren Verhältnis zu Taiwan war und ist gespalten. Dass Washington sich für die Unabhängigkeit Taiwans stark machte, hatte, wenn man so will, auch mit schlechtem Gewissen zu tun. Immerhin hatten die USA nichts unternommen beziehungsweise unternehmen können, als die verbündeten chinesischen Nationalchinesen im Bürgerkrieg mit dem Rücken zur Wand standen. Dabei waren die Kommunisten, ganz gleich ob sowjetischer oder chinesischer Couleur, im Kalten Krieg der erklärte Gegner Amerikas. Allerdings beließ es die Regierung in Washington, als sie sich nach Ende des Bürgerkrieges zu Taiwan bekannte, bei demonstrativen politischen und militärischen Gesten. Direkt griffen die USA selbst dann nicht ein, wenn die Volksrepublik – wie im September 1954 und im August 1958 – militärisch gegen Inseln in der Straße von Taiwan in die Offensive ging. Hier spielten offenkundig auch die in Korea gesammelten Erfahrungen eine Rolle.

Mit dem Besuch Richard Nixons in Peking und Taiwans Verlust des ständigen Sitzes im Sicherheitsrat der Vereinten Nationen wurden die Karten seit 1972 zugunsten der Volksrepublik neu gemischt. Fortan galt die sogenannte Mao-Doktrin auch für die westliche Welt: Danach vertrat nur die Volksrepublik das »Eine China«. Ein Staat nach dem anderen brach die diplomatischen Beziehungen zu Taiwan ab und nahm sie stattdessen zur Volksrepublik auf. Für Peking ausgesprochen symbolträchtig und für

Taipeh entsprechend schmerzlich war die Aufnahme diplomatischer Beziehungen durch Japan und Südkorea im September 1972 beziehungsweise August 1992. Ende 2019 unterhielten offiziell gerade noch 15 Verbündete Beziehungen zu Taiwan. Kein Wunder, dass Peking keinerlei Anlass für einen Rückzug von seiner Position sieht. Das 2019 durch Staatspräsident Xi Jinping unterbreitete Angebot »Ein Land – zwei Systeme«, wurde von den meisten Taiwanesen als Danaergeschenk interpretiert. Die Vorgänge in Hongkong taten ein Übriges.

Für Washington war der Anfang der siebziger Jahre eingeschlagene neue Kurs nicht ohne Risiko. Denn die unerwartete Annäherung an China ging ja mit dem Rückzug aus Vietnam einher. Hier wie dort – in Taiwan wie in Südvietnam – ließen die Vereinigten Staaten also innerhalb weniger Monate einen langjährigen Verbündeten fallen. Da fragte sich mancher andere Partner, ob es ihm nicht über kurz oder lang ebenso ergehen könne.

Um dem gegenzusteuern, aber auch weil das boomende Taiwan ein wichtiger Wirtschafts- und Handelspartner war, gab Washington die Insel nicht auf, sondern erneuerte – wie 1979 im Taiwan Relations Act oder zuletzt 2018 im Taiwan Travel Act – von Zeit zu Zeit das Garantieversprechen, rüstete Taiwan militärisch massiv auf und trainierte seit 2016 auch das taiwanesische Militär. Das führte wiederholt zu Konflikten, die seit einigen Jahren zu eskalieren drohen. Mit ihren Kurskorrekturen reagierten Barack Obama und Donald Trump aus ihrer Sicht nicht nur auf die härtere Gangart Chinas gegenüber Taiwan, sondern auch auf die noch zu erläuternde Offensive der Volksrepublik im Südchinesischen Meer, und das bedeutet auch: Die amerikanische Taiwanpolitik der letzten Jahre diente weniger der Stärkung des Inselstaates als vielmehr der Schwächung der Volksrepublik.

Es war eben kein Zufall, dass sich seit Trumps Amtsübernahme auch die Konflikte in den Handelsbeziehungen zwischen den beiden führenden Wirtschaftsnationen deutlich zuspitzten. Außer Frage steht, dass Trump das eine oder andere überzeugende Argument zur Hand hatte, darunter eine durch China verzerrte Wettbewerbspolitik und dessen fragwürdigen Umgang mit dem geistigen Eigentum anderer. Die Warnungen, dass man potentiellen politischen und wirtschaftlichen Wettbewerbern und Gegnern ohne Not den Hintereingang öffne, wenn man ihnen den Aufbau des neuen Mobilfunknetzes überlasse, sind nicht von der Hand zu weisen. Das sehen Joe Biden und die Demokraten ganz ähnlich. Auch für diesen Präsidenten ist und bleibt China die größte wirtschaftliche und strategische Herausforderung.

Damit wächst die Gefahr, dass tatsächliche oder vermeintliche Interessenkonflikte nicht auf den amerikanisch-chinesischen Wettbewerb beschränkt bleiben. Seit Donald Trump – beginnend Ende Januar 2018 mit Schutzzöllen auf den Import von Solarmodulen und Waschmaschinen – die Schrauben anzog und auch sonst gegenüber China Flagge zeigen ließ, kam es immer wieder zu gefährlichen Situationen. Auch um Taiwan. Anfang April 2019 überflogen erstmals seit Jahren wieder zwei chinesische Kampfflugzeuge die sogenannte Mittellinie zwischen Taiwan und dem Festland. Damit wurde eine stillschweigende Vereinbarung, diese Linie weder mit Kampfflugzeugen noch mit Kriegsschiffen zu passieren, faktisch aufgekündigt.

Wie explosiv die Lage ist, zeigen die demonstrativen Antworten der Volksrepublik auf amerikanische Waffenverkäufe an Taiwan. So reagierte Peking im Juli 2019 auf die angekündigte Lieferung unter anderem von 250 Luftabwehrraketen an Taipeh mit zwei großen Militärmanövern unweit der taiwanesischen Küste, und als im August 2020 durchsickerte, dass Washington nach längerem Zögern doch dem Verkauf von 66 F-16-Kampfflugzeugen an die Insel zugestimmt hatte, überquerten zwei chinesische Bomber, flankiert von 16 Kampfflugzeugen, die Mittellinie. Wohin das führen wird, weiß niemand. Sicher ist, dass die Kommunistische

Partei der Volksrepublik den Anspruch auf eine Wiedervereinigung der Insel mit dem Festland schon deshalb nicht aufgeben wird, weil ihre Identität und ihre Legitimation aufs Engste mit diesem Ziel verbunden sind.

Taiwan ist nicht der einzige Konfliktherd. Ähnlich wie Russland in der Ukraine antwortet China in dem riesigen Seegebiet östlich und südlich seiner Küsten auf tatsächliche oder vermeintliche Provokationen mit massiven Gegenmaßnahmen und verändert so den Status quo zu seinen Gunsten. Und weil der Westen gegenüber China und Russland ähnlich reagiert, trägt er ungewollt dazu bei, dass sich die beiden großen Nachbarn, die 1969 am gemeinsamen Grenzfluss Ussuri auch schon einmal militärisch aneinandergeraten waren, pragmatisch annähern.

Seit 2010 haben China und Russland ihre »strategische Partnerschaft« konsequent ausgebaut. Seit Ende 2019 ist eine Pipeline in Betrieb, die jährlich 38 Milliarden Kubikmeter Gas nach Süden transportiert; seit 2009 führen die beiden gemeinsame Seemanöver durch; seit Jahren liefert Russland dem Nachbarn moderne Militärtechnologie, darunter seit 2018 auch das Flugabwehrsystem S-400; und China gehört zu den Staaten, welche die russische Militärintervention in Syrien politisch unterstützen.

Ähnlich wie Russlands kontinentale Offensive führt auch Chinas maritimer Kurs »reaktiver Geltendmachung« von Ansprüchen in eine direkte Konfrontation mit einer Reihe naher und ferner Nachbarn, darunter Japan. Das ist auch deshalb gefährlich, weil das Verhältnis wegen der Gräueltaten der japanischen Besatzer während der ersten Hälfte des 20. Jahrhunderts vorbelastet ist. Bis heute hat sich Japan dafür offiziell weder bei China noch bei Korea oder anderen Opfern seiner Besatzungsherrschaft entschuldigt.

Im aktuellen Konflikt geht es zum einen um üppige Öl- und Gasvorkommen im Ostchinesischen Meer. Zwar hatten sich

Peking und Tokio 2008 auf eine gemeinsame Erschließung geeinigt. Tatsächlich errichtete China in den kommenden Jahren aber im Alleingang eine Bohrinsel nach der anderen und installierte auf zumindest einer auch eine Radaranlage. Unmittelbar brisanter ist der Streit um eine kleine Gruppe von Inseln, die von den Japanern »Senkaku« und von den Chinesen »Diaoyu« genannt wird. Die nordöstlich von Taiwan gelegenen Eilande waren 1895 als Folge des Chinesisch-Japanischen Krieges an Japan gefallen, wurden nach dem Zweiten Weltkrieg nicht an China zurückgegeben, sondern unter amerikanische Verwaltung gestellt und 1970 wieder Japan übertragen. Als Japan und die Volksrepublik China im Sommer 1978 Frieden schlossen, verständigten sie sich darauf, die Sache ruhen zu lassen. Offenbar waren die Inseln als Konfliktursache zu unbedeutend.

2012 kündigte die japanische Regierung mit Zustimmung der USA das Stillhalteabkommen faktisch auf: Erst erklärte sie, dass die Inseln zu Japan gehörten, dann nationalisierte Tokio drei von ihnen, die sich zuvor in Privatbesitz befunden hatten. China reagierte im November 2013, richtete eine sogenannte Luftverteidigungszone ein und schickte in zunehmender Taktzahl Schiffe in die Gewässer nahe der Inselgruppe. Mal war es ein Kriegsschiff, mal waren es Boote der sogenannten Meeresmiliz, eine Einheit, die sich unter anderem auch auf Fischerbooten fortbewegt.

Für Peking geht es um die vorherrschende Position im Ost- und im Südchinesischen Meer, von dem China mehr als 80 Prozent beansprucht. Begründet wird dieser Anspruch mit der sogenannten Neun-Striche-Linie, die 1947 von der Kuomintang veröffentlicht, 1949 von den Kommunisten übernommen und 1953 in ihrer heutigen Form festgelegt wurde. Natürlich geht es hier nicht nur um historische Ansprüche, sondern um einige der weltweit reichsten Fischgründe, um beträchtliche Öl- und Gasvorkommen und um die Kontrolle einiger der wichtigsten See-handelsrouten der Welt.

Ein Mittel der Einflusssicherung in dem riesigen Gebiet sind künstliche Inseln, von denen China allein 2014 sieben neu auf-geschüttet hat. Das tun zwar außer Brunei auch die anderen An-rainer. Allerdings bewegen sich Malaysia, die Philippinen, Taiwan und Vietnam mit ihren Maßnahmen innerhalb der jeweiligen ausschließlichen Wirtschaftszone, die jedem Land bis zu 200 See-meilen vor seiner Küste zusteht. So hat es das Seerechtsüberein-kommen der Vereinten Nationen von 1982 festgelegt. Peking dagegen handelt in anderer Reihenfolge: Erst baut es Inseln, um dann dort ausschließliche Wirtschaftszonen zu etablieren. Dabei sind die Basen, auf denen die künstlichen Inseln errichtet werden, nach der Seerechtskonvention gar keine Inseln, sondern Felsen beziehungsweise »trockenfallende Erhebungen«. Sie haben weder Wasservorkommen noch natürliche Vegetation, was bedeutet: Für diese Inseln lässt sich besagte ausschließliche Wirtschaftszone nicht reklamieren.

Ganz abgesehen davon, liegen viele der von China be-anspruchten Inseln und Riffe, Felsen oder trockenfallenden Er-hebungen weit mehr als 200 Seemeilen vor Chinas Küste. Im Falle des zu den Spratly-Inseln gehörenden Fiery-Atolls sind es zum Beispiel über 1000 Kilometer. Seit 1988 hält China dieses Atoll und andere Teile der heftig umstrittenen Spratly-Inseln be-setzt. Einmal okkupiert oder aufgeschüttet, werden einige der natürlichen oder künstlichen Inseln mit Landebahnen, Kontroll- und Radaranlagen zu veritablen militärischen Stützpunkten, zum »unversenkbaren Flugzeugträger« ausgebaut.

Peking unterwirft sich weder der Rechtsprechung des Inter-nationalen Seegerichtshofs in Hamburg, noch akzeptiert es den Schiedsspruch des Ständigen Schiedshofs in Den Haag vom 12. Juli 2016. Darin erklärten die Richter unter anderem die aus der Neun-Striche-Linie hergeleiteten historischen Ansprüche für grundsätzlich unrechtmäßig. Auch bestätigte der Schiedshof in Den Haag, dass sich aus der Kontrolle eines Felsens beziehungsweise einer trockenfallenden Erhebung kein Anspruch auf eine ausschließliche Wirtschaftszone von bis zu 200 Seemeilen herleiten lässt, ganz gleich ob der Felsen oder die Erhebung nun zu China gehören oder nicht.

Gegenstand des Verfahrens war der Konflikt um besagte Spratly-Inseln, die seit geraumer Zeit die internationale Aufmerksamkeit beanspruchen. 1988 war es wegen dieser Inselgruppe sogar zu Seegefechten zwischen China und Vietnam gekommen, und in jüngster Zeit haben diese beiden Kontrahenten ihre Ansprüche dort mit der Stationierung von Waffensystemen unterstrichen. Das sind keine Quisquilien; immerhin hat China 1979 einen Krieg gegen Vietnam geführt. Als Peking 2014 rund 200 Kilometer vor der Küste Vietnams eine Ölplattform installierte, eskalierte der Konflikt zwischen den beiden Nachbarn kurzzeitig, und es kam zu schweren antichinesischen Ausschreitungen mit Toten und Verletzten, was Tausende Chinesen veranlasste, Vietnam zu verlassen.

Inzwischen hat der chinesische Expansions- und Annexionsdrang im Südchinesischen Meer die Dimension eines Seebebens, dessen Wellen bis an die Küsten der USA anbranden. Denn China rüstet konsequent auf, auch seine Raketenarsenale. Das Programm »Dongfeng« umfasst Raketentypen sämtlicher Reichweiten – inklusive strategischer Systeme mit einer Reichweite von mindestens 5000 Kilometern. Mit den zur Verfügung stehenden und den in Planung befindlichen Systemen lassen sich nicht nur amerikanische Stützpunkte im Pazifik wie Guam, sondern wohl auch die Vereinigten Staaten selbst problemlos erreichen. Die chinesische Führung weiß, dass eine militärische Konfrontation mit den USA auf absehbare Zeit nicht und ein Nuklearkrieg nie zu gewinnen ist. Letzteres weiß man auch in Washington.

Aber jenseits dieses einstweilen wenig wahrscheinlichen Szenarios ist die strategische Expansion der Volksrepublik im pazifischen Raum für die USA aus politischen, wirtschaftlichen und militärischen Gründen durchaus besorgniserregend. Wenn China auf den Paracel-Inseln Boden-Luft-Raketen stationiert oder, wie es Mitte Mai 2018 geschah, bekannt gibt, dass dort erstmals einer seiner atomwaffenfähigen H-6K-Bomber gelandet sei, muss Washington reagieren, auch militärisch. Zu den entsprechenden Maßnahmen gehört mittelbar die Stationierung eines Raketenabwehrsystems in Südkorea, selbst wenn dieses in erster Linie gegen den Raketen testenden Norden des geteilten Landes gerichtet ist. Vor allem unternehmen die US-amerikanische Marine und Luftwaffe in den umstrittenen Zonen des Ost- und des Südchinesischen Meeres regelmäßig Patrouillenfahrten beziehungsweise -flüge. Dass diese »Freedom of Navigation«-Missionen nicht eingestellt oder auch nur reduziert wurden, als die USA vollauf mit dem Wahlkampf und der Bewältigung der Corona-Pandemie beschäftigt waren, spricht für sich.

China kann sich seine kontrollierte Offensive leisten, weil es zweigleisig fährt. Den Konflikten infolge der Landnahme auf der einen steht ein Netz guter Beziehungen auf der anderen Seite gegenüber. China ist ein gefragter Handelspartner, Investor und Entwicklungshelfer, baut zuverlässig und schnell Häfen und Wasserkraftwerke, Eisenbahnstrecken und Schnellstraßen. Peking folgt damit einer seit einem halben Jahrhundert bewährten Strategie. Den Anfang machten Entwicklungshilfeprojekte in Afrika, dem bis heute das besondere Augenmerk der chinesischen Kommunisten gilt: Im September 1967, also noch in der Zeit Mao Tse-tungs, schloss China mit Tansania und Sambia ein Abkommen über den Bau einer 1800 Kilometer langen, in Daressalam beginnenden Eisenbahnstrecke. Dieses bis dahin größte chinesische Entwicklungshilfeprojekt wurde 1975 fertiggestellt.

Kurz zuvor, im April 1974, hatte Deng Xiaoping vor der UNO die chinesische Version der »Drei-Welten-Theorie« erläutert. Danach formten die beiden Vormächte USA und UdSSR die Erste, die hochentwickelten Staaten in West und Ost die Zweite und die unterentwickelten Länder die Dritte Welt. Dieser Dritten Welt rechnete sich China selbst zu. Bis heute hält das Land grundsätzlich an dieser Position fest und bezieht unter anderem – nach wie vor und aus früheren Zusagen – deutsche Entwicklungshilfe. 2017 addierte sich diese auf immerhin 628 Millionen Euro.

Dahinter steckt eine langfristig und global angelegte Strategie. Auch im Südchinesischen Meer. Dort wie in anderen Gegenden Asiens, in weiten Teilen Afrikas und inzwischen auch in Mitgliedsstaaten der EU etabliert die Volksrepublik ein gigantisches Infrastrukturprojekt, das sich für die eigenen Interessen nutzen lässt: Der Brückenbau, den China unweit von Dubrovnik realisiert, ist nicht nur eines der teuersten Infrastrukturvorhaben Kroatiens, sondern er wird auch zu über 80 Prozent aus EU-Mitteln finanziert.

Als Peking seine Strategie 2013 unter dem Namen »One Belt, One Road« (OBOR) oder auch »Neue Seidenstraße« offiziell ins Leben rief, wurde es vor allem von den Europäern belächelt. Dabei hatte der erste Container aus Xiangtang schon am 6. Oktober 2008 Hamburg auf dem Landweg erreicht. Zu einem Hauptziel der Bahntransporte entwickelt sich Duisburg. 2019 verkehrten jede Woche rund 35 Züge zwischen dem dortigen Rheinhafen und verschiedenen Destinationen in China. Zwar liegen die Kosten deutlich über dem Seetransport. Doch ist die Bahn mehr als doppelt so schnell, obgleich sie auf 12 000 Kilometern zweimal auf andere Spurweiten umgesetzt werden muss. Einer ersten Bewährungsprobe war die Bahnverbindung während der Corona-Pandemie ausgesetzt: Als im Februar 2020 in chinesischen Häfen keine Schiffe mehr gelöscht wurden, stellten einige Unternehmen Teile der Lieferkette per Bahn sicher.

Straßen und Eisenbahnen, Flug- und Seehäfen beflügeln den Handel und sind bei der Realisierung der geostrategischen Ziele Pekings hilfreich. Die davon mittelbar oder direkt betroffenen Staaten der Region nehmen die Hilfe an, weil sie wissen, dass sie den Aufstieg Chinas zur Hegemonialmacht aus eigener Kraft nicht aufhalten können. Außerdem schafft Peking attraktive Rahmenbedingungen für die nationalen Volkswirtschaften. Der Mitte November 2020 auf maßgebliches Betreiben Chinas von 15 Staaten geschlossene Regional Comprehensive Economic Partnership (RCEP) gehören nicht nur die meisten Staaten Südostasiens an, sondern auch Japan und Südkorea, Australien und Neuseeland. Die Mitglieder dieses Freihandelsabkommens stehen immerhin für knapp ein Drittel der globalen Wirtschaftsleistung. Acht Jahre wurde verhandelt. Das verlangte viel Geschick und Geduld. Und Chinas Diplomaten sind sehr geduldig.

Im Westen, auch in Deutschland, hat man lange nicht wahrhaben wollen und ignoriert, dass China schon seit den Tagen Deng Xiaopings eine großräumige politische, militärische und natürlich auch wirtschaftliche Strategie verfolgt. Spätestens als Ministerpräsident Li Keqiang im Mai 2015 den strategischen Plan »Made in China 2025« vorstellte, waren die Ziele der chinesischen Wirtschaftspolitik nicht nur offensichtlich, sondern auch offiziell und öffentlich. Pünktlich zum hundertsten Jubiläum der Volksrepublik im Herbst 2049 soll China die führende Industrienation der Erde sein.

Der Plan umfasst sowohl Zukäufe in zukunftsträchtigen Branchen wie dem Maschinen- und Anlagenbau und ebenso der Medizin- und Umwelttechnik als auch eine konsequente Einflussnahme auf Schlüsselindustrien weltweit. Zwischen 2006 und 2016 verzehnfachte das Land seine Direktinvestitionen im Ausland. Die wichtigsten Ziele in Europa waren Italien, Großbritannien und nicht zuletzt Deutschland, das in vielerlei Hinsicht als Vorbild dient. Nicht zufällig stiegen die chinesischen Investitionen und Übernahmen hierzulande seit 2016 noch einmal sprunghaft an. Allein in diesem Jahr standen die Sparte Wassertechnologie von Bilfinger, die frühere E.ON-Tochter EEW Energy from Waste sowie die Maschinenbauer KraussMaffei, Kuka und Manz auf der Einkaufsliste. Das ist auch dann noch beachtlich, wenn es, wie im letztgenannten Fall, bei einer Minderheitsbeteiligung blieb.

Als die Einkaufstour 2017 ihren vorläufigen Höhepunkt erreichte, legten chinesische Investoren in Deutschland rund 13,7 Milliarden US-Dollar auf den Tisch. Und dass der chinesische Automobilproduzent Geely inzwischen zehn Prozent von Daimler und der Mischkonzern HNA zeitweise fast zehn Prozent der Deutschen Bank besaß, erfuhren sie in Stuttgart beziehungsweise Frankfurt am Main 2018 sozusagen aus der Zeitung.

Natürlich spricht grundsätzlich nichts gegen Investitionen, im Gegenteil: Sie zeugen von der Attraktivität und der Wirtschaftskraft des Standorts. Die Frage ist, ob es eine Grenze gibt, und wenn ja, wo sie liegt und wer sie zieht. Die Bundesregierung zog sie jedenfalls. Um den Einstieg des chinesischen Staatsunternehmens State Grid Corporation of China, des 2018 nach Umsatz zweitgrößten Konzerns der Welt, zu verhindern, kaufte der Bund Ende Juli 2018 über die Kreditanstalt für Wiederaufbau (KfW) ein Fünftel des Stromnetzbetreibers 50Hertz. Genau genommen kaufte er diesen Anteil dem belgischen Versorger Elia ab. Wenige Tage später legte die Bundesregierung ihr vorsorgliches Veto gegen die Übernahme des Ahlener Werkzeugmaschinenherstellers Leifeld Metal Spinning durch die allerdings dubiose Yantai Taihai Group ein. Zwar setzt das Unternehmen lediglich 40 Millionen Euro jährlich um, doch finden seine Produkte unter anderem im Nuklearbereich Verwendung.

40 Jahre, nachdem Deng Xiaoping das Ruder auch der Wirtschaftspolitik umgelegt hat, ist die Volksrepublik einer der dominanten Akteure der Weltwirtschaft. Das war kein Selbstläufer.

Was 1979 mit der Einrichtung von Sonderwirtschaftszonen in den Provinzen Fujian, Guangdong und dann auch Hainan begann, hätte auch scheitern können. Denn die radikalen Reformen bedeuteten ja nicht weniger als die schrittweise, aber eben doch konsequente Einführung marktwirtschaftlicher Prinzipien und ihre Verbindung mit den überkommenen Maximen der Planwirtschaft. Die wiederum konnte und durfte die Partei schon deshalb nicht aufgeben, weil der Kontrollverlust über das politische, soziale sowie wirtschaftliche Leben Chinas ein Tabu war und ist.

Stärken und Grenzen eines solchen Modells, das unter dem Motto »Ein Land – zwei Systeme« Karriere machte, zeigen sich in Krisenzeiten wie denen des Jahres 2020, als das Auftauchen des neuen Coronavirus Sars-CoV-2 in Wuhan binnen wenigen Wochen eine bis dahin in dieser Form ungeahnte Kettenreaktion auslöste.

Zu den strukturellen Defiziten des Systems, die in dieser Krise offenkundig wurden, gehört der administrative Apparat, der in weiten Teilen des Landes offensichtlich ein Eigenleben führt und schnelle Reaktionen erheblich erschwert. Die Intransparenz des Systems tut ein Übriges. Außerdem leistet sie Mutmaßungen und Spekulationen Vorschub, unter anderem der, das Virus könne aus dem Institute of Virology entwichen sein. Dieses Institut wurde gegen erhebliche amerikanische Bedenken und mit französischer Unterstützung in Wuhan aufgebaut. Peking bestritt dieses Szenario vehement, auch Virologen halten diese Variante für unwahrscheinlich.

Sicher ist, dass die Paralyse der Lokalbehörden und der Lokalregierung dazu beitrug, dass nach der ersten Registrierung eines Patienten Anfang Dezember 2019 die notwendigen Maßnahmen, darunter auch die erforderliche Mitteilung an die WHO, erst mit Verzögerung eingeleitet wurden. So konnte sich das Virus in der entscheidenden frühen Phase rasant ausbreiten und in der Folge global nicht nur Millionen Menschen infizieren, sondern auch die Weltwirtschaft in eine tiefe Rezession stürzen.

Allerdings muss den chinesischen Behörden zugutegehalten werden, dass man später immer klüger ist, oder anders gewendet: Wann müssen Hinweise – in diesem Fall auf ein neuartiges Virus – so ernst genommen werden, dass man 11 Millionen Menschen unter Quarantäne stellt? In Deutschland sah man selbst Anfang März 2020 noch keine Notwendigkeit, Bundesligaspiele mit Zehntausenden von Zuschauern abzusagen.

Nicht unter Quarantäne stellen ließ sich die öffentliche Meinung. Die Viruskrise offenbarte mit voller Wucht, welche Grenzen der Zentralregierung in China auf Dauer gesetzt sein könnten. Als der Arzt, der Ende Dezember 2019 erstmals auf die Gefahren des neuen Virus aufmerksam gemacht hatte und dafür von der Polizei verhört worden war, einige Wochen später an eben diesem Virus verstarb, brach im Netz ein Sturm der Entrüstung los. Adressaten waren nicht nur die Lokal-, sondern auch die Zentralregierung in Peking.

Die tat, was sie am besten kann: Sie ging in die Offensive. Zunächst blockierte sie umgehend einen 180 Millionen Mal angesehenen Hashtag. Dann begann sie damit, »SARS-CoV-2«, wie der neue Virus genannt wurde, als ein »globales Phänomen unbekannten Ursprungs« zu beschreiben und damit von den eigenen Defiziten abzulenken. Vor allem aber erkannte die chinesische Führung die große Chance, die in der Pandemie lag, und bot den von Corona besonders heimgesuchten Staaten Hilfe und Unterstützung an. Zu diesen zählten die USA, deren Gesundheitssystem binnen wenigen Wochen vor dem totalen Kollaps stand, oder auch zahlreiche Staaten Europas, darunter Serbien, die EU-Mitglieder Italien, Spanien und andere mehr. Geschickt ließ Peking dabei unter den Tisch fallen, dass die EU ihrerseits nach Ausbruch der Epidemie 50 Tonnen Hilfsgüter nach China geflogen hatte, die wenig später in Europa fehlten. Auch blieb unerwähnt, dass es sich bei einem Großteil der chinesischen Lieferungen in alle Welt nicht um Hilfsgüter, sondern um ordnungsgemäß in Rechnung gestellte Lieferungen handelte.

Damit zeichnete sich schon Ende März 2020 ab, dass Chinas Präsident das internationale Machtvakuum infolge der Viruskrise als »geopolitische Chance der Führerschaft« nutzte, wie Lea Deuber vor Ort klarsichtig analysierte: Wenn man so will, ging es um ein »zweites globales Investitionsprogramm neben Xis Neuer Seidenstraße, eine Art Neue Seidenstraße der Gesundheit«. Dass dabei die geostrategische Offensive nicht vergessen wurde, versteht sich von selbst. Auch hier nutzte China die pandemiebedingte globale Paralyse, setzte die Expansion im Südchinesischen Meer »im Windschatten des Virus«, so Lea Deuber, ungebremst fort und schuf Mitte April 2020 unter anderem mit der Gründung neuer Verwaltungsbezirke in den Seegebieten um die Spratly- sowie die Paracel-Inseln vollendete Tatsachen.

China konnte in diese Offensive gehen, weil es die Pandemie im April 2020 selbst erst einmal unter Kontrolle gebracht hatte. Die Maßnahmen, welche die Behörden nach anfänglichem Zögern ergriffen, waren beispiellos. Nirgends sonst ist vorstellbar, dass von jetzt auf gleich eine ganze Metropolregion mit insgesamt fast 11 Millionen Einwohnern hermetisch abgeriegelt und innerhalb von 14 Tagen drei einsatzfähige Behelfskrankenhäuser mit bis zu 3400 Betten aus dem Boden gestampft werden.

Das änderte im Übrigen wenig daran, dass die überhebliche Attitüde namentlich der Europäer und Amerikaner zumindest subkutan weiterbestand. »Die Chinesen sind sehr interessiert an Experten, die ergänzen können, was sie versuchen zu tun«, sagte der amerikanische Virologe Ian Lipkin, der Peking schon 2003 bei der Eindämmung der ersten Sars-Pandemie beraten hatte, »aber du musst als Partner kommen, nicht als Kolonialist.«

Von außen betrachtet, hatte man auch in dieser Situation das Gefühl, als laufe der chinesischen Führung die Zeit davon. Das tut sie tatsächlich. Denn die atemberaubende Modernisierung des Landes, die durch Deng Xiaoping entschlossen, aber Schritt für Schritt auf den Weg gebracht wurde, hat unter seinen Nachfolgern eine solche Eigendynamik entwickelt, dass sie Teile der chinesischen Gesellschaft offenkundig überfordert. Drosseln lässt sich das Tempo kaum, weil der versprochene wirtschaftliche Wohlstand eine Voraussetzung für die Akzeptanz der Partei durch die Bevölkerung ist.

In solchen Situationen suchen Gesellschaften Halt. Finden können sie ihn in Traditionen – sofern es sie gibt. Im Falle der Volksrepublik China gibt es sie nicht beziehungsweise nicht mehr, weil in der Ära Mao Tse-tungs mit ihnen gebrochen wurde. Wenn die chinesische Führung, allen voran Staats- und Parteichef Xi Jinping, jetzt Anleihen bei dieser Ära macht, deutet das auf eine gewisse Verlegenheit hin: Wo soll, wo kann man anknüpfen? Die dem Mao-Regime vorangegangenen Jahrzehnte der Fremdherrschaft, von Krieg und Bürgerkrieg kommen ganz sicher nicht in Betracht.

Mao Tse-tung hingegen hat immerhin das Verdienst, das Land von fremder Herrschaft befreit, den Bürgerkrieg beendet und das Land geeint zu haben. Zu welchem Preis, sei dahingestellt. Hinzu kommt, dass Xi Jinping und seine Entourage überzeugt sind, dass die Abkehr vom revolutionären Impetus einer der entscheidenden Gründe für den Untergang der Sowjetunion gewesen ist. So gesehen wird Mao vorsichtig, aber gezielt wieder in die Position eines Vorbilds gerückt. Wohin das führt, wird man sehen. Maos Machtanspruch erstreckte sich auf seine Lebenszeit. Im März 2018 hat Chinas Nationaler Volkskongress die Amtszeitbegrenzung des Präsidenten aufgehoben. Darauf müssen sich Chinas nähere und fernere Nachbarn jetzt einstellen.

KAPITEL 5

Ein Riese wird wach:
Der asiatische Halbmond

Das Volumen ist gewaltig. Die Staatengruppe, die sich von Korea und Japan über die Staaten Südostasiens, Bangladesch, Indien und Pakistan bis nach Afghanistan wie ein Halbmond um China legt, hat eine enorm rasch wachsende Bevölkerung, deckt ein wirtschaftliches Spektrum ab, das von schreiender Armut bis hin zu sattem Wohlstand reicht, und verfügt über ein brisantes militärisches Arsenal. Drei dieser Staaten sind Atomwaffenmächte: Indien, Pakistan und Nordkorea haben das Potential, weite Gebiete ihrer jeweiligen Region zu vernichten.

Der jüngste Kandidat dieses Klubs ist Nordkorea, ein Staat, den es in dieser Form erst seit dem Ende des Zweiten Weltkriegs gibt. Wie Deutschland, China, Vietnam oder der Jemen stand auch Korea für die geteilte Welt des Kalten Krieges. Am 25. Juni 1950 überfielen Truppen Nordkoreas den Süden des Landes. Damit rückte die Halbinsel ein weiteres Mal in den Fokus der internationalen Politik. 1894 hatte Japan das zuletzt zum Einflussbereich Chinas gehörende Land besetzt und 1910 annektiert. Am Ende des Zweiten Weltkriegs war Korea von den Alliierten allerdings nicht an China zurückgegeben worden, sondern Amerikaner und Sowjets hatten das Land entlang einer Demarkationslinie südlich beziehungsweise nördlich des 38. Breitengrades besetzt.

Mit der Überschreitung dieser Linie und der Einnahme der südkoreanischen Hauptstadt Seoul wenige Tage später eröffnete der Norden im Juni 1950 einen Krieg, in den bald darauf 17 weitere Staaten involviert waren, darunter die Volksrepublik China und die Vereinigten Staaten von Amerika. Auf dem Höhepunkt ihres Einsatzes kämpften gut 1,3 Millionen Angehörige der chinesischen Volksbefreiungsarmee aufseiten des Nordens. Und die USA stellten das Gros und den Oberbefehlshaber der Truppe, die mit Ermächtigung der Vereinten Nationen auf der Seite des Südens die Eindringlinge zurückschlugen. Von den immensen Verlusten auf beiden Seiten abgesehen, bestätigte der Waffenstillstand vom 27. Juli 1953 nach drei Jahren die vormalige Demarkationslinie, die jetzt zur Grenze wurde.

Mit dem Krieg bildete sich in Korea jene Konstellation heraus, die bis heute die Welt immer wieder einmal in Atem hält. Zum einen entsprang das Eingreifen der Volksrepublik China keiner momentanen Laune; dafür war das Land nach jahrzehntelangem Krieg und Bürgerkrieg viel zu erschöpft. Vielmehr war Korea, das ja bis 1894 faktisch unter chinesischer Kontrolle gestanden hatte, für dessen Sicherheit von herausragender Bedeutung. In diesem Sinne begründete Chou En-lai, Ministerpräsident und geschmeidiger Außenminister der Volksrepublik, intern deren Eingreifen so: »China und Korea sind füreinander wie Lippen und Zähne: Wenn man der Lippen beraubt ist, frieren die Zähne.«

Zum anderen spielte schon in diesem Krieg jene Waffe eine Rolle, um die sich heute das amerikanisch-nordkoreanische Verhältnis dreht. Denn trotz oder wegen der in Hiroshima und Nagasaki gemachten Erfahrung forderte General Douglas MacArthur, der Oberkommandierende der alliierten Streitmacht, den Einsatz der Atomwaffe. Präsident Harry S. Truman stand schon kurz davor, MacArthur nachzugeben, schloss sich dann aber doch der Auffassung von Generalstabschef Omar Bradley an, wonach ein Krieg gegen China »der falsche Krieg am falschen Ort zur falschen Zeit gegen den falschen Feind« sei, und entließ MacArthur.

In den folgenden Jahrzehnten baute Südkoreas Schutzmacht Amerika seine Position in Korea systematisch zu einem der wichtigsten Stützpunkte in Ostasien aus. Südkorea wiederum ergriff in etwa zeitgleich mit der in einer ähnlichen Lage befindlichen Bundesrepublik Deutschland die Chance und entwickelte sich zu einer der prosperierendsten Wirtschaftsnationen der Welt. Ganz anders der kommunistische Norden des geteilten Landes. Im Wesentlichen von der Volksrepublik abhängig, litt auch der Schutzbefohlene unter den Lähmungen, die China während der Ära Mao Tse-tungs fest im Griff hatten.

Und auch die zweite potentielle Stütze Nordkoreas, die Sowjetunion, trug bald nicht mehr, weil die Beziehungen Moskaus zu Pjöngjang in dem Maße einschliefen, in dem sich während der fünfziger Jahre das Verhältnis Moskaus zu Peking verschlechterte. Allerdings hatten die Sowjets sowohl China als auch Nordkorea Starthilfe zum Aufbau eines eigenen Atomprogramms gegeben. Und je mehr die beiden in die Isolation gerieten, umso entschiedener setzten sie, unabhängig voneinander, auf die Entwicklung einsatzfähiger Nuklearwaffen. In der Logik des Kalten Krieges, die auch heute noch gilt, war die Atombombe eine Lebensversicherung vor einem Angriff namentlich der USA.

1972 erklärte Kim Il-sung, der Großvater Kim Jong-uns, offiziell, dass sein Land den Status einer Atommacht anstrebe. Weil der Versuch, das aus eigener Kraft zu schaffen, bald scheiterte, sprang Abdul Kadir Khan, dem schon Pakistan die Bombe verdankte, ein und besorgte das, was noch fehlte. Khan nutzte dabei einige Lücken, die der Treaty on the Non-Proliferation of Nuclear Weapons (NPT), auch »Atomwaffensperrvertrag« genannt, gelassen hatte. Der Vertrag, der am 1. Juli 1968 zunächst von den USA, der Sowjetunion und Großbritannien unterzeichnet worden war, sollte die Nicht-Nuklearmächte vom Bau und Besitz einer Atomwaffe abhalten oder, anders gewendet, er sollte sicherstellen, dass die fünf legitimen Atommächte, die auch die ständigen Sitze im Sicherheitsrat der Vereinten Nationen besetzten und ihre Legitimität daraus ableiteten, unter sich blieben.

Heute kann man sagen, dass Nordkoreas Nuklearprogramm – also die Sprengköpfe wie die Raketen, ohne welche diese nutzlos sind – auf zugekauften Technologien basiert. Fraglich ist, ob Nordkorea über einsatzfähige Sprengköpfe und über Raketen verfügt, welche nicht nur den Sprengkopf, sondern auch das Wiedereintrittsvehikel transportieren können. Unklar ist auch, ob es sich bei Systemen wie der Mitte Oktober 2020 gezeigten weltweit größten mobilen Interkontinentalrakete um Attrappen oder funktionstüchtige Systeme handelt. Sicher ist, dass Nordkorea am 4. Juli 2017, also am Nationalfeiertag der USA, den ersten erfolgreichen Test einer Interkontinentalrakete bekannt gab und dass Kim Jong-un in seiner Neujahrsansprache vom 1. Januar 2018 erklärte: »Die gesamten Vereinigten Staaten liegen in Reichweite unserer Kernwaffen, und auf meinem Schreibtisch steht immer ein Atomwaffenknopf.«

Konnte man diese Drohung ernst nehmen oder, besser, kann man die Drohung eines Landes ignorieren, das erklärtermaßen seit Jahrzehnten den Status einer Nuklearmacht anstrebt? Donald Trump, seit Anfang 2017 im Amt, tat das offenbar nicht. Jedenfalls reagierte er am 8. August 2017 auf die Meldung eines ersten erfolgreichen Raketentests mit »Feuer und Zorn, wie sie die Welt noch nicht gesehen hat«, und drohte sechs Wochen später ausgerechnet vor der UN-Vollversammlung mit der »totalen Zerstörung« Nordkoreas.

Damit war der Showdown zwischen einem unberechenbaren Präsidenten und einem offenbar kühl kalkulierenden Diktator eröffnet. Mit dem, was folgte, hatte niemand gerechnet: Kim lud Trump zu einem persönlichen Treffen ein. Und der nahm die Einladung an. Darüber, was den Präsidenten zu diesem Schritt bewogen hat, lässt sich nur spekulieren. Da kam wohl einiges zusammen – vom ausgeprägten Geltungsbedürfnis dieses Mannes bis hin zu seiner Überzeugung, dass er – und nur er – Nordkorea zur Aufgabe seines Nuklearprogramms bewegen könne.

Wie zu erwarten, hakte es dann bei der Umsetzung dessen, was die beiden sich zugesagt hatten beziehungsweise meinten zugesagt zu haben. War Nordkorea zum Abbau von Atomanlagen bereit, und wenn ja, von welchen und zu welchen Bedingungen? Waren die USA bereit, ihre Sanktionen zu lockern oder abzubauen, und wenn ja, welche und zu welchen Bedingungen? Dass Trump das zweite Treffen Ende Februar 2019 vorzeitig und ohne »Deal« verließ, dann aber vier Monate später spontan ein Treffen mit Kim arrangierte, ließ vieles offen. Auch für den nordkoreanischen Diktator. Der konnte aus den Gesprächen den Schluss ziehen, dass es Trump vor allem darum ging, ihn von weiteren Tests strategischer, also solcher Raketen abzuhalten, die Amerika erreichen konnten. Umgekehrt hieß das, dass Amerika keine Einwände gegen den Test von Kurz- und Mittelstreckenraketen erhob. Dass Kim Jong-un diese Lücke nutzte, sorgte begreiflicherweise in Südkorea und Japan, also zwei engen Verbündeten der USA, für erhebliche Irritationen.

Was immer man über diesen amerikanischen Präsidenten denken mag und sagen muss: Sinn für Theatralik und Symbolik hat er. So fand das letzte, spontan arrangierte Treffen nicht nur an der innerkoreanischen Grenze statt, sondern Trump überschritt sie auch symbolisch für einen Augenblick. Die zweite Begegnung mit Kim wiederum hatte in Hanoi stattgefunden, einer Stadt, die in den späten sechziger und frühen siebziger Jahren von den USA wiederholt schwer bombardiert worden war und die heute Hauptstadt der Sozialistischen Republik Vietnam ist.

Bis zur Vereinigung Süd- und Nordvietnams Anfang Juli 1976 war Hanoi die Hauptstadt des kommunistischen Nordens gewesen. Zwei westliche Kolonialmächte hatten vergeblich versucht, diesen Gegner in die Knie zu zwingen: von 1946 bis 1954 die Franzosen, von 1964 bis 1973 die Amerikaner. Letztere, wie berichtet, mit einem regelrechten Vernichtungskrieg gegen die

Menschen und gegen die Natur. Es dauerte seine Zeit, bis sich beide Seiten aufeinander zubewegen konnten. Dass – im November 2000 mit Bill Clinton beginnend – amerikanische Präsidenten Vietnam besuchten und die USA im Mai 2016 sogar das Waffenembargo gegen das Land aufhoben, lag am expansiven Kurs der Volksrepublik China auch in dieser Region. Und man darf davon ausgehen, dass Trumps Hinwendung zu Kim auch mit seinem gestörten Verhältnis zu China zu tun hatte.

Überhaupt hat Chinas wirtschaftliche, politische und militärische Offensive das Potential, die latenten Konflikte zwischen den kriegs- und krisengeschüttelten Staaten Südostasiens wach zu halten. Ursprünglich allesamt direkt oder mittelbar von der Kriegführung der Amerikaner in Vietnam betroffen, bildete sich nach deren Rückzug eine neue Front zwischen Vietnam und Kambodscha. Dass die vietnamesische Armee Ende 1978 in Kambodscha einmarschierte, hatte vordergründig mit dem Terrorregime der Roten Khmer zu tun, dem binnen wenigen Jahren ein Viertel der kambodschanischen Bevölkerung zum Opfer gefallen war.

Tatsächlich aber ging es den Machthabern in Hanoi auch darum, die Volksrepublik China, einen alten Verbündeten der Roten Khmer, in die Schranken zu weisen. Mit dem Sieg über die USA sahen die Vietnamesen nämlich die Chance, ihr Land als nicht zu übergehenden Machtfaktor in Südostasien zu etablieren. Weil das auch Peking nicht verborgen blieb, rückte die chinesische Volksbefreiungsarmee Mitte Februar 1979, also nur wenige Wochen nach der vietnamesischen Invasion in Kambodscha, in Vietnam ein. Initiator dieser Aktion, die nach wenigen Wochen in einem Debakel für China endete, war Deng Xiaoping. Der konnte den Feldzug riskieren, weil die USA kurz zuvor, am 1. Januar 1979, volle diplomatische Beziehungen zu China aufgenommen hatten.

In diesem Spannungsfeld sind heute die amerikanisch-chinesischen und in ihrem Windschatten die amerikanisch-koreanischen Beziehungen angesiedelt. Munitioniert werden sie durch Chinas geostrategische Expansion, von der wir im vorangegangenen Kapitel berichtet haben. Denn die trifft auf der einen Seite auf den entschiedenen Widerstand namentlich Vietnams, findet aber, wie gesehen, bei dessen Nachbarn Kambodscha, Laos und Myanmar – dem vormaligen Burma – durchaus auch Zustimmung.

Zu den Staaten, die Pekings Offerten gerne annehmen, gehören Bangladesch und Pakistan. Dort sind nicht nur die chinesischen Investitionen in Straßen und Eisenbahnen, Flug- und Seehäfen, Pipelines und Netzinfrastrukturen willkommen, sondern man weiß natürlich auch, dass China und Indien, der große Nachbar Bangladeschs und Pakistans, noch einige historische Rechnungen offen haben. Eine brisante Konstellation, die nicht diese Staaten, sondern die vormaligen Kolonialherren zu verantworten haben. Das gilt für diese Gebiete wie für viele andere insbesondere in Afrika, Asien und im pazifischen Raum.

Der Rückzug von Engländern, Franzosen und Italienern, Belgiern und Niederländern, Spaniern und Portugiesen, Japanern und Amerikanern aus ihren kolonialen Domänen war ein vielschichtiger, konfliktträchtiger, in manchen Fällen blutiger Prozess. Freiwillig wollten die meisten nicht gehen. Wenn sie dann aber gehen mussten, hinterließen sie in vielen Fällen staatliche Gebilde, die in ihrer Infrastruktur wie in ihren Außengrenzen auf die Möglichkeiten und Bedürfnisse der Kolonialmächte, nicht aber auf die der kolonisierten und häufig willkürlich zusammengepferchten Völker zugeschnitten waren.

So räumten die Briten am 15. August 1947 Indien, ihre mit Abstand wichtigste Kolonie, zwar ohne Blutvergießen, aber eben auch Hals über Kopf. Es blieben die Verwaltungsstrukturen, die man sich in Londoner Ministerien ausgedacht hatte, und vor allem eine Grenzziehung, die unhaltbar war: Die Teilung der geräumten Kolonie in Indien, Ost- und Westpakistan schuf einen

Krisenherd, der bis heute nicht zur Ruhe gekommen ist. Im Gegenteil.

Zusätzlich belastet wurde die Situation durch den latenten Konflikt zwischen Indien und China, der nicht zufällig auflebte, nachdem die Japaner als letzte Kolonialherren aus China vertrieben worden waren. Anfänglich war das Verhältnis der beiden jungen Nachbarn nicht schlecht. So spielten China und Indien bei der politischen Formierung der sogenannten Blockfreien eine bedeutende Rolle. Erste Spannungen traten dann auf, als China 1950 damit begann, Tibet vom »britischen Joch« zu befreien und sich einzuverleiben. Das Thema beschäftigt die Welt bis heute.

Gravierender war und ist der Konflikt um Aksai Chin, ein westlich von Tibet gelegenes Hochplateau, das eine wichtige Landverbindung nach Xinjiang darstellt, Chinas alter und neuer Problemprovinz. Am 20. Oktober 1962 eröffnete China an der knapp 3500 Kilometer langen Grenze den Krieg gegen Indien. Der Zeitpunkt war kein Zufall, denn die Welt starrte gebannt auf das, was auf und um Kuba passierte. Auch deshalb konnte die chinesische Volksbefreiungsarmee ihren Feldzug nach nur vier Wochen erfolgreich beenden. Erst im September 1993 verständigten sich China und Indien auf eine Respektierung der Kontrolllinie, deren Grundzüge noch auf die britische Kolonialmacht zurückgehen.

Seither war das Thema zwar nicht mehr auf der Tagesordnung. Aber vom Tisch war es nicht, wie die Handgreiflichkeiten seit dem Frühjahr 2020 im Galwan-Tal und am Pangong-See zeigten. Zum ersten Mal seit 1975 gab es in diesem Grenzkonflikt wieder Tote und, anders als seinerzeit vereinbart, auch wieder einen Einsatz von Schusswaffen. Mittelbar befeuert wird dieser Konflikt zwischen China und Indien um Aksai Chin durch den Konflikt zwischen Indien und Pakistan in Kaschmir. Denn die seit geraumer Zeit zu beobachtende Hinwendung Pakistans zu China ist auch eine unmittelbare Folge der mangelnden Unterstützung Pakistans durch die islamischen Staaten – allen voran Saudi-Arabien – in der Kaschmir-Frage.

Seit 1949 faktisch in eine indische und eine pakistanische Hälfte geteilt, ist Kaschmir zwischen den Nachbarn bis heute umstritten. Aufgeladen wird dieser Konflikt durch einen zweiten, in dem viele Beobachter die eigentliche Ursache des offenbar unüberbrückbaren Zerwürfnisses sehen: Die Muslime Indiens, die in diesem hinduistisch geprägten Land in der Minderheit sind, suchen und finden im islamisch geprägten Pakistan die Unterstützung, die ihnen ein angemessenes Überleben sichert. Es überrascht also nicht, dass es in dem von Indien kontrollierten, aber überwiegend von Muslimen bewohnten und auch deshalb von Pakistan beanspruchten Teil Kaschmirs immer wieder zu Spannungen und Konflikten zwischen den beiden Kontrahenten kommt.

Vier Kriege haben Indien und Pakistan seit 1947 gegeneinander geführt. In dreien – von 1947 bis 1949, 1965 und zuletzt 1999 – ging es ausschließlich oder vornehmlich um dieses zunächst unabhängige Fürstentum. Ein vierter Krieg löste 1971, jedenfalls vordergründig, ein weiteres Problem, das die britische Kolonialverwaltung den beiden Nachbarn hinterlassen hatte: Ursprünglich war Pakistan in Ost- und Westpakistan geteilt. Zwischen diesen beiden Hälften lag Indien, das mithin Pakistan physisch teilte. Ein unhaltbarer Zustand. Mit der von Indien militärisch unterstützten Lösung des östlichen Teils »Bangladesch« aus dem pakistanischen Staatsverband wurde dieser Krisenherd 1971 beseitigt.

Von Kaschmir lässt sich solches nicht sagen. Immer wieder eskalieren die Beziehungen zwischen den beiden Nachbarn. Auch militärisch. In der zweiten Februarhälfte 2019 spitzten sie sich – ausgelöst durch einen verheerenden Anschlag einer von Pakistan aus operierenden islamistischen Terrorgruppe – im indischen Teil Kaschmirs dramatisch zu: Zunächst drangen indische

Kampfflugzeuge, angeblich um ein Lager der Terroristen zu treffen, erstmals seit 1971 auch wieder in den pakistanischen Luftraum außerhalb Kaschmirs ein, dann schossen pakistanische Kampfflugzeuge ein indisches ab.

Kaum war dieser Konflikt beigelegt, tat die von Premierminister Narendra Modi geführte indische Regierung einen Schritt, dessen Folgen noch gar nicht absehbar sind. Modi, ein erklärter Hindunationalist, war 2014 auch deshalb mit breiter Mehrheit gewählt worden, weil er den Indern durchgreifende, vor allem wirtschaftliche Reformen versprochen hatte. Je stärker dieses Programm ins Stottern geriet, umso unverhohlener spielte Modi die nationale Karte.

Anfang August 2019 gab seine Regierung bekannt, dass sie den Sonderstatus des Bundesstaats »Jammu und Kaschmir« aufgehoben habe. Das bedeutete eine Änderung der Anfang 1950 in Kraft getretenen Verfassung. Darin hatte Indien den beiden – wie gesagt mehrheitlich von Muslimen bewohnten – Regionen eine Reihe von Sonderrechten zugesagt, darunter eine eigene Gesetzgebung und eine eigene Flagge. Außen- und Verteidigungspolitik blieben in der Hand der Zentralregierung. Und Modi drehte weiter an der Eskalationsschraube. Das im Dezember 2019 in Kraft getretene Staatsbürgerschaftsgesetz ermöglicht illegalen Einwanderern aus Afghanistan, Bangladesch und Pakistan die Einbürgerung, sofern sie in ihrer Heimat einer religiösen Minderheit angehören, und das heißt im Klartext: sofern sie keine Muslime sind.

Der Dauerkonflikt zwischen Indien und Pakistan findet seine besondere Brisanz darin, dass beide Länder seit 1974 beziehungsweise 1998 Atommächte sind und heute bis zu 150 beziehungsweise bis zu 160 Sprengköpfe besitzen. Das reicht, um nicht nur den jeweiligen Nachbarn, sondern auch Teile der Nachbarschaft zu verwüsten. Dass der Fall eintritt, ist schon deshalb nicht auszuschließen, weil Pakistan Indien militärisch im konventionellen Bereich deutlich unterlegen ist.

Daher hat Islamabad vor einigen Jahren die Doktrin der Full Spectrum Deterrence (FSD), also der umfassenden Abschreckung, entwickelt. In der nuklearen Logik des Kalten Krieges, die jedenfalls für Akteure wie diese beiden weiter gilt, schließt das die Drohung eines atomaren Erstschlags für den Fall ein, dass sich Pakistan einem existenzbedrohenden Angriff durch Indien ausgesetzt sieht. Weil Pakistan aber nicht damit rechnen kann, mit einem nuklearen Erstschlag die Zweitschlagsfähigkeit Indiens zu eliminieren, dürfte dieses nukleare Patt den Einsatz konventioneller Waffensysteme oder auch asymmetrischer Kriegsmittel wahrscheinlicher machen.

Damit nicht genug, haben sich hinter den beiden Duellanten mächtige Verbündete positioniert. Aufseiten Pakistans ist das, wenig überraschend, die Volksrepublik China, also jene Macht, die ihre eigenen Konflikte mit Indien hat. Auf die Seite Indiens schlugen sich, im Lichte der Geschichte durchaus nicht selbstverständlich, die Vereinigten Staaten von Amerika. Hatten sie weit über das Ende des Kalten Krieges hinaus Pakistan umfassende militärische Hilfe zuteilwerden lassen, kommt ihre Unterstützung nun Indien zugute. Inzwischen hat die Zusammenarbeit auch eine militärische Dimension – amerikanische Waffenlieferungen oder auch den Austausch von Satellitenbildern zur militärischen Nutzung inklusive. Diese Abwendung von Pakistan ist zum einen der sehr späten Erkenntnis Washingtons geschuldet, dass Pakistan nicht zuletzt mit amerikanischer Hilfe zu einem Drehkreuz des internationalen Terrorismus geworden ist. Zum anderen stärkt Amerika so seine Position im globalen Wettstreit mit China. Jedenfalls geht man in Washington davon aus.

Indien und Pakistan gehören zwar zum immer noch kleinen und damit exklusiven Kreis der Nuklearwaffenmächte, und sie haben mächtige Verbündete im Hintergrund. Aber an den immensen inneren Problemen, mit denen die beiden verfeindeten Nachbarn auch jenseits ihrer gemeinsamen Konflikte zu kämpfen haben, ändert das nichts. Zwar steht Indien nur knapp hinter China als bevölkerungsreichstem Land der Erde, ist die drittgrößte Volkswirtschaft Asiens, verfügt über reiche und gut ausgebildete Eliten, ist aber auch ein riesiges Armenhaus. Die Bilder von Millionen Wanderarbeitern und Tagelöhnern, die im Zuge der Corona-Pandemie die indischen Metropolen verlassen mussten, sprachen für sich.

Ob die ambitionierten Programme der Regierung Modi diesem Problem zu Leibe rücken können, ist fraglich. Der Slogan »Make in India«, im September 2014 proklamiert, war und ist in erster Linie eine Einladung und eine Aufforderung für ausländische Investoren. Immerhin will Indien bis 2024 rund 1,4 Billionen US-Dollar in den Aufbau einer funktionierenden Infrastruktur investieren, um so die Voraussetzungen dafür zu schaffen, dass es den Weg zum modernen Industrieland erfolgreich beschreiten kann. Smart Citys, Urban Mobility oder auch der sogenannte Delhi-Mumbai Industrial Corridor, eines der weltweit größten Infrastrukturprojekte, sind Elemente dieses ambitionierten Programms.

An einem der gravierendsten Probleme Indiens ändert das nichts: Das Land stellt 18 Prozent der Weltbevölkerung, verfügt aber nur über vier Prozent der Süßwasserreserven. So gesehen ist es kein Zufall, dass die beiden feindseligen Nachbarn Indien und Pakistan ausgerechnet in dieser Frage früh einen Schulterschluss gesucht, 1954 Verhandlungen aufgenommen, sich im September 1960 vertraglich auf eine »zufriedenstellende Nutzung des Wassers des Indus-Flüsse-Systems« verständigt und eine »Permanente Indus Kommission« eingerichtet haben.

Das Problem selbst, die Wasserknappheit, hat Indien damit nicht in den Griff bekommen. Hier haben drei katastrophale Dürren innerhalb von nur zehn Jahren in Verbindung mit einem nicht minder katastrophalen Wassermanagement dazu geführt, dass man von heraufziehenden »Wasserkriegen« spricht. Und zwar vorerst nicht zwischen Indien und dem einen oder anderen seiner Nachbarn, sondern zwischen einzelnen Bundesstaaten wie Punjab und Haryana, der Kornkammer Indiens. Welche Rolle Wasser als globale Herausforderung in der Zukunft spielen wird, sehen wir uns im zehnten Kapitel näher an.

Ganz anderen, aber nicht minder schwerwiegenden Problemen sieht sich Pakistan gegenüber. 2018 war es nach der Türkei und vor Uganda das Land, das weltweit die meisten Flüchtlinge aufgenommen hatte. Die überwiegende Mehrheit von ihnen kam aus Afghanistan, also jenem nordwestlichen Nachbarland, das seit der sowjetischen Invasion, von der wir im dritten Kapitel berichtet haben, nicht mehr zur Ruhe gekommen ist. Allein im Jahrzehnt der sowjetischen Besetzung Afghanistans, also zwischen 1979 und 1989, kamen dort schätzungsweise 1,2 Millionen Menschen ums Leben. Etwa 8 Millionen machten sich auf die Flucht, mehr als die Hälfte von ihnen in Richtung Pakistan.

Zu den Dingen, die ein Teil der Flüchtlinge mit sich führte, gehörte das Rüstzeug des Terrors. In Pakistan betraten sie in dieser Hinsicht kein Neuland. Denn inzwischen hatte sich Osama bin Laden, Kopf der im Aufbau befindlichen Terrororganisation al-Qaida, hier etabliert. In Peschawar betrieb er ein sogenanntes Dienstleistungsbüro. Dort verwaltete er die üppigen Finanzmittel, die er dank seiner exzellenten Kontakte zu potenten Geldgebern am Persischen Golf eingesammelt hatte, und leitete sie an die in Afghanistan gegen die Sowjets kämpfenden Mudschaheddin weiter.

Das war nicht die einzige Geldquelle dieser Dschihadisten. Auf die eine oder andere Weise, direkt oder mittelbar unterstützt wurden die Mudschaheddin auch durch Saudi-Arabien, die USA – und durch Pakistan. Die Pakistaner stellten zum einen ihr Land für die Aufnahme des Gros der Flüchtlinge und zum anderen ihren Geheimdienst Inter-Services Intelligence (ISI) für die Organisation des antisowjetischen Widerstands zur Verfügung. Dank seiner damals aufgebauten vielfältigen Kontakte nahm der pakistanische Geheimdienst bald eine Schlüsselstellung in einem der geographischen Zentren des Terrorismus ein. Daran hat sich bis heute nichts geändert.

Ebenfalls nichts geändert hat sich an der Funktion der Flüchtlingslager. Wie überall auf der Welt waren und sind sie auch in Pakistan Brutstätten des Terrorismus. Die meisten der Taliban, die nach dem Rückzug der Sowjets und dem Zerfall der Mudschaheddin in Banden und Milizen die Macht in Afghanistan an sich rissen und dort ein finsteres Regime etablierten, waren in den Flüchtlingslagern des Nachbarlandes ideologisch geschult und militärisch ausgebildet worden.

Mit dem Kampf gegen die Attentäter des 11. September 2001, ihre Hintermänner und Helfershelfer in Afghanistan übernahmen die Vereinigten Staaten und die von ihnen geführte Antiterrorkoalition natürlich auch eine Verantwortung für die Zukunft des Landes und seiner Menschen. Ob sie dieser Aufgabe gerecht geworden sind, ist schwer zu sagen. Tatsächlich wollten viele Afghanen diese Hilfe nicht, jedenfalls nicht so, wie sie angeboten und eingesetzt worden ist.

Die internationale Hilfe hatte eine politische, eine wirtschaftliche beziehungsweise finanzielle und eine militärische Dimension. Diese wiederum bestand aus zwei Elementen. Das eine war eine großangelegte Antiterroraktion: die von den USA geführte Operation »Enduring Freedom«. Sie begann Anfang Oktober 2001 und beschränkte sich nicht auf Afghanistan, sondern bezog das Horn von Afrika, die Philippinen und Teile Afrikas innerhalb und südlich der Sahara mit ein. Daran war auch die Bundeswehr beteiligt, unter anderem mit dem bis dahin größten Einsatz der Deutschen Marine am Horn von Afrika oder auch mit der

Stationierung von ABC-Spürpanzern in Kuwait, von Seeaufklärern in Mombasa sowie Marineeinheiten in Dschibuti und anderen Maßnahmen mehr.

War die von der rot-grünen Bundesregierung beschlossene Beteiligung an »Enduring Freedom« selbst innerhalb der Regierungskoalition heftig umstritten und nur mithilfe der Vertrauensfrage durchzusetzen, fand die deutsche Beteiligung an der International Security Assistance Force (ISAF) für Afghanistan im Parlament eine breite Zustimmung. Am Jahresende 2001 durch den Sicherheitsrat der Vereinten Nationen ins Leben gerufen und seit Sommer 2003 durch die NATO geführt, sollte diese Mission, wenn man so will, wieder herrichten, was zunächst Krieg und Terror, dann die internationale Antiterrormission in Afghanistan zerschlagen hatten.

Entschieden unterstützt wurde das Programm der Vereinten Nationen zum Wiederaufbau Afghanistans durch die Bundesregierung. Mit der Afghanistankonferenz, die am Jahresende 2001 auf dem Petersberg bei Bonn tagte und mit ihren abschließenden Vereinbarungen die rechtlichen und politischen Grundlagen für eine Übergangsregierung formulierte, wurde ein Prozess eingeleitet, der über zahlreiche Stationen im Ausland nach zehn Jahren wieder zurück an den Rhein führte. Auf der Anfang Dezember 2011 in Bonn mit 85 Regierungsdelegationen abgehaltenen Folgekonferenz ging es nicht zuletzt um den Zeitpunkt, das Tempo und die Modalitäten des Abzugs der ausländischen Kampftruppen aus Afghanistan, auch der deutschen, die dort seit einem Jahrzehnt im Einsatz waren. Bis Jahresende 2019 verlor die Bundeswehr 59 Soldaten. Damit war der inzwischen achtzehnjährige Afghanistaneinsatz der verlustreichste ihrer Geschichte.

Wesentlich höher lagen die Verluste der Macht, welche die Einsätze initiiert und wesentlich getragen hatte: Die Vereinigten Staaten verloren bis Ende März 2020 in Afghanistan fast 2300 Soldaten, 20 000 wurden verwundet. Die direkten Kosten dieses längsten Krieges in der Geschichte Amerikas summierten sich auf mindestens 800 Milliarden US-Dollar. Die Bilanz ist niederschmetternd. Für Amerika. Und für Afghanistan. Am Ende des Jahres 2019, als dort noch rund 22 000 ausländische Soldaten stationiert waren, hatte die afghanische Regierung gerade noch die Hälfte des Landes unter ihrer Kontrolle; das auf der Afghanistankonferenz definierte Ziel, dort ein funktionierendes demokratisches System zu etablieren, stand nach wie vor lediglich auf dem Papier; und die Taliban waren auf dem besten Weg, ihren 2001 zerstörten islamischen Staat wieder zu errichten.

Dafür maßgeblich verantwortlich war die amerikanische Regierung selbst. Weil sie sich nach den anfänglichen Erfolgen in Afghanistan dem Irak zuwandte und dort im März 2003 eine weitere Front eröffnete, begannen die Taliban schon Ende 2002 von Pakistan aus mit der Rückkehr und nahmen bald das Heft des Handelns wieder in die Hand. Das konnte kein amerikanischer Präsident ignorieren. Obgleich Barack Obama 2009 mit dem Versprechen angetreten war, die amerikanischen Truppen aus dem Irak und Afghanistan abzuziehen, schickte er nur wenige Wochen später weitere 21 000 Soldaten mit dem Auftrag an den Hindukusch, den Aufbau von Armee und Polizei voranzutreiben und so das Land instand zu setzen, sich aus eigener Kraft gegen den Terror der Taliban zu wehren.

Keines dieser Ziele war erreicht, als Obama Ende Mai 2014 ohne Vorwarnung der Verbündeten einen vorgezogenen kompletten Truppenabzug aus Afghanistan ankündigte und damit auch das Ende des NATO-Einsatzes einläutete. Schon 2015 verdoppelte sich die Zahl der Binnenflüchtlinge gegenüber dem Vorjahr und lag jetzt bei 1,2 Millionen. Als die Taliban schließlich am 28. September 2015 völlig unerwartet für einige Tage die Stadt Kundus eroberten, hatte Obama kaum noch eine Wahl, kündigte am 15. Oktober den einstweiligen Rückzug vom Rückzug an, ließ 10 000 Soldaten am Hindukusch – und vollzog die dritte Kurskorrektur innerhalb von sechs Jahren. Es war eine Bankrotterklärung der amerikanischen Afghanistanpolitik. Und es war auch eine Bankrotterklärung der Atlantischen Allianz – militärisch und politisch. Denn der wiederholte Kurswechsel der Führungsmacht war ohne Konsultation der Verbündeten vorgenommen worden.

Auch in dieser Hinsicht stellte der Amtsantritt Donald Trumps keinen Bruch mit der Politik des ihm verhassten Vorgängers dar. Im Gegenteil: Was immer Trump seither in Afghanistan unterlassen oder getan hat, war und ist ein amerikanischer Alleingang. Das gilt für die »Vereinbarung, um Afghanistan Frieden zu bringen«, die Ende Februar 2020 von Vertretern der USA und der Taliban in Katar unterzeichnet wurde und Mitte September zur Aufnahme von Friedensverhandlungen führte. Und es gilt für den zuletzt Mitte November 2020 angekündigten einseitigen Abzug aus Afghanistan und dem Irak. Schon im Februar hatte Trump keinen Zweifel daran gelassen, dass all das eine Angelegenheit Washingtons sei – inklusive einer neuerlichen amerikanischen Intervention für den Fall, dass »schlimme Dinge passieren« sollten.

Diese Attitüde war unhaltbar. Und sie war gefährlich. Denn sie ignorierte die Gegenwart. Die Zeiten, in denen die Vereinigten Staaten lediglich Reaktionen ihres weltpolitischen Rivalen, also der Sowjetunion, in Rechnung zu stellen hatten, im Übrigen aber mehr oder weniger unbehelligt tun und lassen konnten, was sie wollten, sind vorbei. Das gilt für die Ziele und Methoden ihrer Interventionen, und es gilt für den Umgang mit ihren Partnern, so sie denn überhaupt als solche wahrgenommen werden. Wenn man wissen will, wie es in einer neu geordneten Welt nicht mehr aussehen darf und aussehen wird, muss man sich den Fall Afghanistan ansehen. Auch deshalb, weil das Land und seine Menschen die eigentlichen Verlierer nicht nur der Terrorherrschaft, sondern auch des Antiterrorkampfes sind.

Vergleichbares gilt für die nähere und fernere Nachbarschaft, die zwangsläufig von der Sogwirkung dieses Debakels erfasst worden ist. Denn Afghanistan, das der Global Peace Index von 2019 als das unsicherste Land der Welt führte, grenzt im Osten an Pakistan und im Westen an den Iran und damit an ein Land und eine Region, die ihrerseits seit 40 Jahren nicht zur Ruhe kommen.

KAPITEL 6

Gefährliche Nachbarn:
Das kurdische Viereck

Das Beben, das die vorderasiatische Region seit mehr als vier Jahrzehnten erschüttert, hat ein politisches und ein geographisches Zentrum. Letzteres liegt in einem Gebiet, das man gemeinhin als »Kurdistan« bezeichnet. Über einen eigenen Staat haben die Kurden nie verfügt, und so wie es heute aussieht, wird das auch auf absehbare Zeit nicht der Fall sein. Denn die vier Staaten, auf deren Territorium die Kurden siedeln, lehnen das strikt ab. Wenn sich der Iran, der Irak, Syrien und die Türkei, die im Allgemeinen mehr trennt als verbindet, in der Vergangenheit einmal auf etwas verständigt haben, dann war es der gemeinsame Kampf gegen die Kurden.

Das politische Zentrum des Bebens liegt im Iran. Der iranische Vulkan ist seit 1979 ohne Unterbrechung aktiv. Am 16. Januar verließ der Schah von Persien, Mohammad Reza Pahlavi, den Iran, wie das Land seit 1935 offiziell heißt. Es war das zweite Mal. Nach der ersten Flucht vor den Machtverhältnissen in seinem Land hatten Briten und Amerikaner ihn 1953 zurückgeholt. Fortan garantierte der Schah nicht nur eine sichere Ölnachfuhr, sondern auch politische Linientreue. Namentlich Washington hatte diese Loyalität stets zu honorieren gewusst, bevorzugt durch Waffenlieferungen: In den ausgehenden siebziger Jahren war Persien der größte Waffenimporteur der sogenannten Dritten Welt, bezeichnenderweise gefolgt von Saudi-Arabien, Jordanien, Syrien und dem Irak.

Mit seiner zweiten Flucht kapitulierte der Schah Anfang 1979 vor der Iranisch-Islamischen Nationalbewegung. Sie hatte sich im Untergrund etabliert. Ihr religiöses Oberhaupt und zugleich führender politischer Kopf Ayatollah Chomeini steuerte die im Januar 1978 einsetzenden blutigen Unruhen zunächst aus dem irakischen, dann aus dem französischen Exil. Nach seiner Rückkehr in den Iran Anfang Februar und einer Volksabstimmung proklamierte der Ayatollah am 1. April 1979 die Islamische Republik Iran. Wurden die Mullahs zunächst als Befreier vom Joch des verhassten Schah mit offenen Armen aufgenommen, änderte sich das in dem Maße, in dem sie ein intolerantes Regime etablierten, das politischen oder weltanschaulichen Gegnern keinen Spielraum lässt. Die Anordnung Chomeinis vom Juli 1988, politische Gefangene zu töten, der nach Schätzung von Amnesty International fast 4500 Iraner zum Opfer fielen, war ein Fanal.

Die iranische Revolution war von Anfang an mehr als ein lokales Ereignis und für viele nähere und entferntere Nachbarn ein Alarmsignal. Dass die Sowjets ein knappes Jahr nach der Revolution im Iran im Nachbarland Afghanistan einmarschierten, hatte, wie berichtet, auch mit der Sorge vor einem Übergreifen dieses islamischen Fundamentalismus auf die muslimisch geprägten Sowjetrepubliken zu tun. Vergleichbare Sorgen trieben auch die westlichen und südwestlichen Nachbarstaaten Irans um. Dort stellte man sich die Frage, ob der militante iranische Islam schiitischer Couleur womöglich auch bei den schiitischen Minder- beziehungsweise Mehrheiten im eigenen Land Fuß fassen könne.

Am 22. September 1980 griff der Irak seinen Nachbarn Iran an. Die treibende Kraft hinter dem Überfall war Saddam Hussein, formal Staatspräsident des Irak. Bei dem Krieg ging es vordergründig um den Grenzverlauf im Schatt al-Arab und daraus abgeleitete Rechte, tatsächlich aber um die Errichtung einer hegemonialen irakischen Position am Persischen Golf. Auch dürfte schon damals eine Rolle gespielt haben, dass rund 60 Prozent der Einwohner Iraks Schiiten sind, während die Sunniten, denen auch Saddam Hussein und die Elite des Landes angehörten, nur gut 30 Prozent der Bewohner stellen.

Die Situation für einen Krieg schien günstig, war der Iran doch durch die Revolution des Jahres 1979 innerlich geschwächt und der Irak für einen Krieg gut gerüstet. Die Liste der Waffensysteme, die das Land in den siebziger, dann auch in den achtziger Jahren bezog, las sich ebenso eindrucksvoll wie die der fast zwei Dutzend Lieferländer, darunter die beiden deutschen Teilstaaten. Aber aus dem Überfall wurde kein kurzer Feldzug, sondern ein beinahe achtjähriger Zermürbungskrieg. Denn es bestätigte sich wieder einmal, dass ein Angriff von außen revolutionäre Bewegungen nicht in die Knie zwingt, sondern vielmehr deren Widerstandskraft und Durchhaltewillen stärkt. Mit wohl über einer Million Opfer zählte der Irakisch-Iranische Krieg zu den blutigsten Konflikten seit Ende des Zweiten Weltkriegs. Das lag auch an der vielfältigen Unterstützung, die der Irak und sein Diktator insbesondere durch die Vereinigten Staaten erfuhren. Denn als Saddam Hussein den Iran angriff, hielt das Regime fast elf Monate nach der Erstürmung der amerikanischen Botschaft in Teheran 52 Mitarbeiter der Vertretung als Geiseln fest.

Am Ende gab es ein böses Erwachen. Die iranischen Mullahs waren nicht nur nicht gestürzt, sondern in ihrer Herrschaft gefestigt, und der vom Westen über Wasser gehaltene irakische Diktator scherte sich nicht um die Interessen seiner langjährigen Förderer, sondern ließ Kuwait am 2. August 1990 gewaltsam besetzen und sechs Tage darauf annektieren. Auch dieser Aktion lag eine Fehleinschätzung Saddam Husseins zugrunde. Denn die Staatengemeinschaft war sich weitgehend einig, dass die Annexion Kuwaits nicht hingenommen werden durfte, schon um potentielle Trittbrettfahrer nicht auf falsche Gedanken kommen zu lassen.

In der Nacht vom 16. auf den 17. Januar 1991 eröffnete eine alliierte Koalition aus 32 Staaten mit einer Luftoffensive die

Kampfhandlungen gegen den Irak. Sie folgte damit einer ohne Gegenstimme gefassten Resolution des Weltsicherheitsrates der Vereinten Nationen, in welcher der Irak ultimativ zur Räumung Kuwaits aufgefordert worden war.

Es war das zweite Mal seit Ausbruch des Koreakrieges im Juni 1950 und bis heute das letzte Mal, dass der Sicherheitsrat sich zu einem solchen Schritt entschloss. In den frühen Morgenstunden des 24. Februar begann die Bodenoffensive, die vier Tage später mit einer Feuerpause abgeschlossen werden konnte, nachdem die alliierte Streitmacht Kuwait befreit und der Irak seine Bereitschaft zur Annahme einer Serie von UNO-Resolutionen erklärt hatte.

So durchschlagend der militärische Erfolg – vom Ergebnis her gesehen – gewesen ist, so unwägbar waren die Risiken im Vorfeld und während des Krieges. Denn als Saddam Hussein seit dem 18. Januar Israel mit Raketen angreifen ließ, hatte die amerikanische Diplomatie alle Hände voll zu tun, Tel Aviv von einem Eingreifen in den Krieg oder auch von einer Aktion wie während des Ersten Golfkrieges abzuhalten. Damals, im Juni 1981, hatte die israelische Luftwaffe den im Bau befindlichen irakischen Atomreaktor »Osirak« dem Erdboden gleichgemacht. Auch war nicht auszuschließen, dass Saddam Hussein chemische Kampfstoffe einsetzte, wie er das zuvor in den Kriegen gegen Iran und gegen die kurdische Bevölkerung seines eigenen Landes getan hatte.

Der Sieg der alliierten Koalition auf dem Schlachtfeld war überwältigend, allerdings nicht nachhaltig. Denn der amerikanische Präsident George H. W. Bush sah davon ab, auf Bagdad vorzustoßen, Saddam Hussein aus dem Amt, vielleicht auch aus dem Land zu jagen und damit den Fehler zu korrigieren, den die Amerikaner während des Ersten Golfkriegs gemacht hatten, als sie den Diktator im Krieg gegen den Nachbarn Iran massiv unterstützten. Entscheidend für Bushs Zögern war nicht zuletzt die Sorge, der Irak könne in eine Phase territorialer Instabilität eintreten. Das aber war für den nördlichen Nachbarn des Irak, den NATO-Partner Türkei, schon mit Blick auf die Kurdengebiete auf seinem Territorium nicht hinnehmbar und hätte zudem die iranische Position gestärkt.

Dass es Jahre später genau so kam, lag an George W. Bush, der seinem Vater George H. W. Bush – nach dem achtjährigen Intermezzo des Demokraten Bill Clinton im Präsidentenamt, also mittelbar – folgte. War der erste amerikanische Irak- und zugleich seit 1980 Zweite Golfkrieg mit Ermächtigung durch die UNO geführt worden, zogen die USA am 20. März 2003 gegen ein ausdrückliches Votum der Vereinten Nationen und an der Spitze einer sogenannten Koalition der Willigen aus mehr als 40 Staaten in den Krieg gegen den Irak.

Heute kann man sagen, dass George W. Bush mit seiner eigenwilligen Koalition den Beweis dafür lieferte, dass der Westen tatsächlich seine Zeit hinter sich hatte. Zumal die Bildung der Koalition und die Eröffnung des Krieges kein Alleingang dieses Präsidenten waren. Vielmehr unterschrieben 77 Senatoren, unter ihnen auch etliche Demokraten wie Joe Biden, den Blankoscheck für einen Einmarsch im Irak.

Wie tief der Riss durch das Bündnis ging, brachte sein Verteidigungsminister Donald Rumsfeld auf den Punkt, als er jene Staaten, die anders als Großbritannien, Italien oder Spanien nicht mit Amerika in den Krieg ziehen mochten, dem »alten Europa« zurechnete, das keine Zukunft habe. Bei diesem »alten« Europa handelte es sich unter anderem um Frankreich und Deutschland, also die tragenden Säulen der Europäischen Union. Dass die beiden sich gemeinsam mit China und Russland gegen die Politik und Kriegführung des amerikanischen Präsidenten stellten, war eine krachende Absage an den alten Westen.

Mit seiner Entscheidung zum Feldzug gegen den Irak führte Amerikas Präsident aber nicht nur dem Westen, sondern auch den Vereinten Nationen vor Augen, dass die Zeit über sie hinweggegangen war. In der Endphase des Zweiten Weltkriegs gegründet, zeichneten sich in der UNO bereits die Konstellationen des Kalten Krieges ab. Die Zweiklassengesellschaft des Sicherheitsrates, der seine ständigen Mitglieder mit dem exklusiven Vetorecht ausstattet, war 1945 nicht zuletzt etabliert worden, um der Sowjetunion die Möglichkeit zu geben, sich in diesem mehrheitlich westlichen Gremium behaupten zu können. Tatsächlich waren und sind die ständigen Sitze Machtpositionen. Weil die fünf ständigen Mitglieder wesentliche Entscheidungen der Vereinten Nationen blockieren können, haben sie maßgeblich daran mitgewirkt, dass die Welt nicht, wie in der Charta vorgesehen, »vor der Geißel des Krieges« bewahrt wurde, sondern dass Kriege begonnen oder weitergeführt worden sind. Den Vereinten Nationen und ihren zahlreichen Sonderorganisationen fiel die Aufgabe zu, die Folgen dieser Kriege zu mildern oder zu beheben. Selbst das Ende des Kalten Krieges hat daran nichts zu ändern vermocht. Die fünf ständigen Mitglieder im Sicherheitsrat klammerten sich an ihre Macht. Die Chance auf eine Reform wurde ähnlich wie in den Fällen der NATO und der EU vertan. Der Krieg blieb in der Welt.

Am 9. April 2003 rückten amerikanische Panzerverbände ins Zentrum Bagdads ein. Damit war das Regime praktisch zusammengebrochen. Saddam Hussein wurde Mitte Dezember in einem Erdloch aufgespürt und später hingerichtet. Massenvernichtungswaffen, mit deren Existenz der Krieg legitimiert worden war, wurden nicht gefunden, vielmehr war offensichtlich, dass der Irak schon seit 1994 über keine nennenswerten Bestände mehr verfügte.

Als am 15. Dezember 2011 die amerikanische Flagge im Irak eingeholt wurde und damit der Feldzug der Vereinigten Staaten endgültig abgeschlossen war, hatten beinahe 4500 amerikanische Soldaten ihr Leben verloren, Zehntausende waren verwundet, verkrüppelt oder traumatisiert. Die Zahl der getöteten irakischen Zivilisten ließ sich nur schätzen, lag womöglich bei einer halben Million, zudem wurden rund 1,9 Millionen Flüchtlinge gezählt. Als 2004 bekannt wurde, dass irakische Gefangene spätestens seit Oktober 2003 durch Angehörige der Besatzungstruppen gefoltert und gedemütigt worden waren – und das nicht zuletzt in Saddam Husseins gefürchteter Folterfabrik Abu Ghraib –, fühlten sich viele in ihrer Skepsis gegen diesen Feldzug Amerikas bestätigt.

Ließ sich das rechtfertigen? Gewiss, die USA hatten einen brutalen Diktator, den sie zuvor ein Jahrzehnt lang gepflegt und gepäppelt hatten, aus dem Verkehr gezogen. Aber zu welchem Preis? Der Iran war aus den Schlachten gestärkt hervorgegangen und auf dem Weg zu einer regionalen Vormacht mit stabilen Außenposten im Libanon und in Palästina, im Jemen und im Irak sowie nicht zuletzt in Syrien, das auch wegen des iranischen Engagements in ein Inferno verwandelt wurde. Solchermaßen wurde die Islamische Republik endgültig zur Gegenmacht Saudi-Arabiens, eines anderen fragwürdigen Zöglings der USA. Die Folge ist ein klassischer Hegemonialkrieg zwischen den beiden Führungsmächten der schiitischen und der sunnitischen Welt, der einstweilen in Form von Stellvertreterkriegen, nicht zuletzt im Irak, ausgetragen wird.

Der Iran ist eine extrem expansive politische Macht, die ihre Positionen außerhalb der Landesgrenzen mithilfe schlagkräftiger Milizen auf- und ausbaut, erklärtermaßen Israel auslöschen will und seit Jahren an einem Atomprogramm arbeitet, das den Bau der Bombe zum Ziel hat. Selbst wenn man davon ausgeht, dass sich der Iran seit Gründung der Islamischen Republik in der Defensive sieht, und dazu hätte er seit dem achtjährigen Ersten Golfkrieg allen Grund, geht die Offensive auf allen Ebenen deutlich über das hinaus, was sich als Vorwärtsverteidigung interpretieren lässt. Denn davon spricht Teheran.

Erst wenn man das iranische Atomprogramm im Zusammenhang mit den übrigen Aktivitäten Teherans sieht, entfaltet es seine ganze Brisanz. Dann ist es auch plausibel anzunehmen, dass der Iran tatsächlich den Bau der Bombe angestrebt hat. Hätten Europäer und Amerikaner das nicht für möglich gehalten, hätten sie sich nicht intensiv um ein Abkommen bemüht. Zwar ist der Iran bereits 1968 dem sogenannten Atomwaffensperrvertrag beigetreten, hat den Beitritt auch 1970 ratifiziert und 2003 das Zusatzprotokoll von 1997 unterzeichnet, das die Kontrollmöglichkeiten der Inspektoren erweitert. Doch hat er dieses Dokument nie ratifiziert und sich wohl auch nicht eindeutig an dessen Verpflichtungen gehalten, wie im Frühjahr 2020 bekannt wurde.

Auch deshalb drängte eine Reihe von Staaten den Iran zu einer verbindlichen Abmachung über sein Atomprogramm. Die am 14. Juli 2015 in Wien von China, Deutschland, Frankreich, Großbritannien, Russland und den USA einerseits, dem Iran andererseits unterzeichnete Vereinbarung sieht vor, dass die von den Vereinten Nationen und einzelnen Staaten gegen das Land verhängten Sanktionen schrittweise gelockert werden sollten, sofern Iran die Auflagen der Vereinbarungen erfüllte und engmaschige Transparenzmaßnahmen zuließ.

Folgt man den Quartalsberichten der Internationalen Atomenergie-Organisation, hielt sich das Land an die Abmachungen. Mit gutem Grund, denn die Sanktionen zeitigten Wirkungen, die dem Regime gefährlich werden konnten. Für Teheran ergab es keinen Sinn, aus dem Abkommen auszusteigen. Für seine Vertragspartner auch nicht. Und doch taten die Vereinigten Staaten diesen Schritt.

Am 8. Mai 2018 zog sich Washington vom Atomabkommen zurück und löste damit die zu erwartende Kettenreaktion aus: Ende Juni 2019 überschritt der Iran die zulässige Menge schwach angereicherten Urans, tat damit seinerseits den ersten Schritt auf dem Weg aus dem Abkommen, dosierte seine Maßnahmen aber so, dass eine Rückkehr nicht ausgeschlossen war. Anfang August 2018 traten auch die amerikanischen Sanktionen wieder in Kraft, die nach Unterzeichnung des Abkommens suspendiert worden waren, verbunden mit der Drohung an die Adresse europäischer Unternehmen, mit Strafmaßnahmen rechnen zu müssen, sollten sie die amerikanischen Sanktionen unterlaufen. Dass dieser Konflikt im Spätsommer 2020 eskalierte, dass sich Deutschland, Frankreich und Großbritannien gemeinsam gegen Washingtons Absicht stellten, das Atomabkommen rückwirkend abzuwickeln und damit automatisch auch die Sanktionen der UN gegen den Iran wieder wirksam werden zu lassen, war ein weiterer untrüglicher Indikator für den Zustand des vormals sogenannten Westens.

Über die Motive Donald Trumps, sein Land aus dem Atomabkommen zu führen, kann man nur spekulieren. Einen wichtigen, wenn man so will, persönlichen Grund, benannte der Präsident selbst, als er erklärte, das Abkommen sei miserabel ausgehandelt worden. So gesehen war der Schritt eine von vielen Abrechnungen Trumps mit seinem Vorgänger Barack Obama. Dass sich ein amerikanischer Präsident bei derart weitreichenden Entscheidungen von persönlichen Animositäten leiten lässt, ist beunruhigend. Und es war nicht besonders weitsichtig. Denn wie wollte Trump seinen nordkoreanischen Gesprächspartner davon überzeugen, dass ein Atomabkommen mit den USA das Papier wert ist, auf dem es geschrieben steht? Aus diesen Gründen spricht einiges dafür, dass Joe Biden die USA, wie er angekündigt hat, wieder in das Atomabkommen zurückführen wird.

Trump wusste, was er wollte. Man musste nicht über exklusive Geheimdienstinformationen verfügen, um zu sehen, dass das

Regime in Teheran kaum noch in der Lage war, die wirtschaftlichen Probleme des Landes in den Griff zu bekommen. Die wieder in Kraft gesetzten Sanktionen hinterließen im Alltag der Iraner umgehend tiefe Spuren. Ein halbes Jahr nach ihrem Inkrafttreten hatte sich der Ölexport halbiert, die Inflation galoppierte, die inneren Verwerfungen nahmen zu, und die Corona-Pandemie, die eben auch eine wirtschaftliche Herausforderung ist, traf das Regime mit Wucht.

Seit 1992 war es im Iran immer wieder zu Unruhen gekommen. 1999 forderten Teherans Studenten einen größeren politischen Freiraum, 2009 bildeten umstrittene Präsidentschaftswahlen den Anlass für offene Proteste, 2017 gingen diese von den einkommensschwachen Schichten der Bevölkerung aus. Die Unruhen, die gegen Ende des Jahres 2019 von den 31 Provinzen 29 erfassten und Hunderte Tote forderten, hatten eine neue Qualität. Sie waren die schwersten seit der Proklamation der Islamischen Republik 1979 und hatten bald mit dem Anlass, einer zweihundertprozentigen Erhöhung des Benzinpreises, kaum noch etwas zu tun.

Das lag an der Wirkung der inoffiziellen, speziell der sozialen Medien, die ein schonungsloses Bild dessen zeichneten, was im Land vor sich ging, und dem Regime kaum noch eine Chance ließen, Vorfälle wie Anfang 2020 den Abschuss einer ukrainischen Verkehrsmaschine über Teheran zu bagatellisieren oder gar zu vertuschen. »Der Rhythmus der Proteste wird schneller, die Parolen werden radikaler, und immer mehr Demonstranten sind bereit, ihr Leben zu riskieren«, analysierte Rainer Hermann mit sicherem Blick: »Ähnlich war die Revolution verlaufen, die Ende 1978 begann und am 11. Februar 1979 in dem Zusammenbruch der Monarchie kulminierte.« Wenn sich nichts ändert, wird die Islamische Republik »instabiler und gefährlicher«.

Hier steht mehr auf dem Spiel als der Zusammenbruch eines Regimes. Wie immer diese Geschichte weitergeht, ihre Folgen werden die gesamte Region betreffen. Was dort drohen könnte, haben die Dilettantismen des Westens in Afghanistan und in Libyen, in Syrien und vor allem im Irak gezeigt. Dass sich nach dem Austritt Amerikas aus dem Atomabkommen die Vorfälle im Persischen Golf wieder häuften, ist eben kein Zufall. Davon werden wir im achten Kapitel berichten. Wie es auch nicht überrascht, dass der amerikanische Rückzug vom Atomabkommen und das, was ihm folgte, den Falken in Teheran gerade recht kamen.

Kritiker des Abkommens hatten immer schon darauf hingewiesen, dass der Iran selbst nach dessen Abschluss das Raketenprogramm unbeirrt fortsetzte und insbesondere seine offensive Außenpolitik im Libanon, im Jemen, im Irak und in Syrien konsequent weiterverfolgte. Wo immer die Handlanger Teherans aktiv wurden, hinterließen sie eine Spur der Verwüstung.

Eine entscheidende Rolle in diesem Stück spielt die mächtige Revolutionsgarde, die gefürchteten Pasdaran. 1979 nach dem Sturz des Schahs gegründet und 2019 von den USA auf die Liste der Terrororganisationen gesetzt, ist die 125 000 Mann starke Organisation inzwischen ein Staat im Staate. Dank ihrer zentralen Stellung und ihrer Verbindungen hat sie im Laufe der Jahre ein Wirtschaftsimperium errichtet, zu dem geschätzt um die 800 Unternehmen aller Art gehören, außerdem ist sie ins Öl- und Gasgeschäft eingestiegen und kontrolliert nicht zuletzt die Wasserspeicher des Iran. Die Quds-Brigaden, ihr Auslandsarm, versorgen die pro-iranischen Milizen anderer Länder mit Waffen, bilden sie vor Ort oder auch im Iran aus und entsenden eigene Einheiten in Krisengebiete.

1982, also gerade einmal drei Jahre nach der Revolution im eigenen Land beginnend, stellten die Pasdaran in der damals von Syrien kontrollierten Bekaa-Ebene des Libanon die Hisbollah auf. Heute hat diese Miliz rund 25 000 Mann unter Waffen, von denen 5000 im Iran ausgebildet worden sind. Damit ist sie die kampfstärkste der Welt. Christoph Ehrhardt, einer der besten Kenner dieser Szene, hat ihre Stellung als Staat im Staate so beschrieben: Die Hisbollah ist »nicht nur ein schlagkräftiger Erfüllungsgehilfe auf dem Schlachtfeld. Die Organisation … hat längst den libanesischen Staat durchdrungen. Sie hat Zehntausende Kämpfer in ihren Reihen und ist stärker als die libanesische Armee. Sie unterhält ein eigenes Sozialsystem für die Schiiten des Landes, das besser funktioniert als das des dysfunktionalen und hochkorrupten Staates … Abertausende Raketen hat die Hisbollah in ihren Arsenalen …, darunter auch Flugkörper, die präzise zu lenken sind und Atomreaktoren oder Bevölkerungszentren wie Tel Aviv erreichen können.«

Deutlich jünger ist das iranische Engagement im Jemen. Auch deshalb hat sich dieses Land in eines der brutalsten Schlachtfelder nicht nur der Region verwandelt. Leidtragende ist auch hier vor allem die Zivilbevölkerung, die nicht nur von den Kämpfen zwischen Rebellen, Separatisten und Zentralregierung, sondern auch von Naturkatastrophen wie Springfluten und Epidemien wie der Cholera oder zuletzt Corona heimgesucht wird.

Die Brisanz des Jemenkrieges liegt in der Konstellation hinter den jemenitischen Kriegsparteien. Während der Iran die schiitischen Huthi-Rebellen im Kampf gegen die Zentralregierung unterstützt, versucht eine von Saudi-Arabien angeführte Koalition die Zentralregierung im Amt zu halten. Mit Luftangriffen des Königreichs auf die Huthi weitete sich der Bürgerkrieg zu einem internationalen Konflikt aus. Auch wenn die internationale Allianz inzwischen Risse zeigt und sich vor allem die Vereinigten Arabischen Emirate (VAE) allmählich zurückziehen, bleibt der Konflikt ein Stellvertreterkrieg zwischen der schiitischen und den sunnitischen Führungsmächten in der krisengeschüttelten Region.

Diese Erfahrung eines Krieges, der auf dem Rücken der Zivilbevölkerung ausgetragen wird, hat der Irak schon hinter sich. Und auch hier spielten Irans Schattenarmeen eine entscheidende Rolle. Ohne den Aufstieg des sogenannten Islamischen Staates (IS) ist die Karriere dieser Milizen nicht zu verstehen. Die strategischen Köpfe des IS waren ehemalige Angehörige der Armee und der Sicherheitskräfte Saddam Husseins, gehörten also durchweg der inzwischen politisch marginalisierten sunnitischen Minderheit des Landes an. Nach dem Sturz Saddam Husseins hatte der amerikanische Zivilverwalter Paul Bremer 2003 mit der Auflösung der irakischen Armee und dem Verbot der Staatspartei dafür gesorgt, dass gleichsam über Nacht ein potentielles Heer gut ausgebildeter und trainierter, inzwischen zu Terroristen und Dschihadisten mutierter Kämpfer für neue Aufgaben zur Verfügung stand.

Diese Leute, sofern sie beim IS landeten, bekämpft und damit letztlich den IS in die Knie gezwungen zu haben, war ohne Zweifel auch ein Verdienst der »Volksmobilisierungseinheiten«, also der von Iran gesteuerten schiitischen Legion im Irak. Damit rückte der Milizenverband, dem heute schätzungsweise 120 000 Kämpfer unterstehen, in eine kaum anfechtbare starke Position. Offiziell der Regierung in Bagdad unterstellt, sind die schiitischen Milizen faktisch auch hier ein Staat im Staate.

Heute wissen wir, dass der amerikanische Irakfeldzug des Jahres 2003 die Initialzündung für die Auflösung der Nationalstaaten in der arabischen Welt gewesen ist – sofern man hier überhaupt von solchen sprechen kann. Denn deren Umrisse waren in der ausgehenden Ära des Imperialismus von den Kolonialbeziehungsweise jenen Mandatarmächten festgelegt worden, die nach dem Ersten Weltkrieg im Auftrag des Völkerbundes die entsprechenden Gebiete verwalteten. Der äußere wie innere Zuschnitt dieser Kolonien beziehungsweise Mandatsgebiete hatte sich nirgends an den Bedürfnissen, Erwartungen oder Rechten der indigenen Bevölkerungen, sondern ausschließlich an den Interessen der Besatzer und Verwalter orientiert.

Mit der Unabhängigkeit zu Nationalstaaten befördert, standen die unerfahrenen und in vielen Fällen überforderten Amtsträger dieser Staaten vor der Frage, wie man Stämme und Völker, Kultur- und Religionsgemeinschaften unter einem Dach zusammenhalten sollte, die in vielen Fällen gar nicht unter einem Dach zusammenleben wollten. Bis zum Ende des Kalten Krieges, der wie ein starres Korsett wirkte, blieb es in den allermeisten Fällen bei der Frage. Nach seinem Ende erfolgte die Antwort. In vielen Fällen bedurfte es nur eines Anstoßes von außen, um die überkommenen Staatsgebilde wie ein Kartenhaus zusammenfallen zu lassen.

So auch im Irak. Den Anstoß gab hier die amerikanische Invasion. Der sogenannte Islamische Staat und seine Gegner, allen voran die von Teheran gesteuerten schiitischen Milizen, vollendeten das Zerstörungswerk. Jedenfalls fast. Denn inzwischen regt sich auch in den Reihen der schiitischen Bewohner des Irak Widerstand gegen die Praktiken der Milizionäre. Wohin das führen wird, vermag heute niemand sicher zu sagen. Sicher ist, dass die amerikanische Politik in der Region immer auch das Potential hat, die politischen und religiösen Gruppen des Irak wieder zusammenzuführen.

Sicher ist auch, dass sich der Iran nicht ohne Not aus dem Irak zurückziehen wird. Seit den Erfahrungen aus dem vom Irak eröffneten achtjährigen Ersten Golfkrieg und den beiden folgenden, die mit einer Invasion des Irak durch die USA verbunden waren, gehört die indirekte Kontrolle dieses westlichen Nachbarn zu den Axiomen iranischer Sicherheitspolitik.

Vergleichbares gilt für den Libanon, wo sich der Unmut auch von Teilen der schiitischen Bevölkerung über die Herrschaftspraktiken der Hisbollah in schweren Sozialprotesten äußert, und für Syrien, wo der Iran maßgeblich am Überleben eines am Boden liegenden Regimes beteiligt war und ist: Solange die Vernichtung Israels ein Ziel iranischer Politik ist, kann und will Teheran diese beiden Vorposten nicht aufgeben.

Dass Syrien zu einem internationalen Schlachtfeld werden konnte, war eine mittelbare Folge der Entwicklungen im Irak. Das politische Chaos, das die Amerikaner dort 2003 mit ihrem Feldzug hinterlassen hatten, wurde zu einer idealen Basis für Terroristen und Terrororganisationen aus aller Welt. Ihren Weg nahmen sie zumeist über das benachbarte Syrien. Auch dort hatte der Bürgerkrieg inzwischen Einzug gehalten.

Anlass war die Weigerung des syrischen Staatspräsidenten Baschar al-Assad, den Forderungen der Opposition nach einer grundlegenden Reform des autokratisch regierten Landes nachzukommen. Assad war 2000 seinem Vater Hafis al-Assad nachgefolgt und hatte sich zunächst als vorsichtiger Reformer präsentiert. Aber dann erhoben sich, Mitte Dezember 2010 in Tunesien beginnend, die Völker der arabischen Welt gegen die zum Teil seit Jahrzehnten amtierenden Despoten. Lange waren diese vom Westen toleriert, wenn nicht hofiert worden, doch nun fegte der sogenannte Arabische Frühling einen nach dem anderen hinweg: Ben Ali, Saleh, Mubarak, Gaddafi – über kurz oder lang mussten sie alle auf die eine oder andere Weise ihre Posten räumen. Weil Assad dieses Schicksal keinesfalls teilen wollte, ging er mit allen Mitteln gegen die Opposition vor und schloss einen Pakt mit dem Teufel: Er ließ sich mit Terroristen aus aller Herren Länder ein, die über Syrien in den Irak weiterreisen wollten – und zog so einige seiner erbittertsten zukünftigen Gegner groß.

Der Westen verfolgte zunächst tatenlos, wie der syrische Bürgerkrieg zunehmend brutaler geführt wurde, begann dann zögerlich mit der Unterstützung namentlich der Freien Syrischen Armee (FSA), einem Dachverband einiger der mehr als 100 Rebellengruppen, die gegen Assad und sein Regime kämpften.

Voraussetzung für eine entscheidende Wende zugunsten der Opposition wäre ein direktes amerikanisches Eingreifen gewesen, darin waren sich mehr oder weniger alle Beobachter einig. Das aber lehnte Barack Obama wiederholt strikt ab.

Allerdings zog der Präsident im Sommer 2012 erstmals öffentlich eine »rote Linie«. Sollte das Regime chemische Waffen einsetzen, sei diese Linie überschritten, und das konnte nur heißen: Damit wäre der Anlass für eine amerikanische Intervention gegeben. Als es so weit kam, als die syrische Armee am 21. August 2013 in Ghuta, im östlichen Umland von Damaskus, tatsächlich Giftgas einsetzte und mehr als 1400 Zivilisten tötete, hielt Amerika still – und verspielte ein weiteres Stück seiner schwindenden Glaubwürdigkeit.

Obama mochte für seine Entscheidung gute Gründe vorweisen können. So waren zu eben dieser Zeit Inspekteure der Vereinten Nationen vor Ort, um Informationen über das syrische Chemiewaffenarsenal einzuholen, außerdem hatte das britische Parlament gerade erst Premier David Cameron, einem potentiellen Partner der Amerikaner, ein Eingreifen untersagt. Vor allem aber, so der Präsident, hätten sich die Chemiewaffen durch einen amerikanischen Raketenangriff »nicht eliminieren« lassen.

Dass sich diese Geschichte für Obama nicht zu einem Debakel auswuchs, lag an seinem russischen Amtskollegen Putin, der neben dem Iran und der kampferprobten libanesischen Hisbollah zu den wenigen Verbündeten Syriens zählte. Als sich Obama und Putin wenige Tage nach dem Giftgasangriff von Ghuta bei einem G20-Gipfel trafen, signalisierte der amerikanische dem russischen Präsidenten: Sollte er, Putin, »Assad zur Übergabe seiner Chemiewaffen zwingen« können, sei er, Obama, nicht mehr zu einem Angriff gezwungen.

Damit hatte Putin einen Trumpf in der Hand. Denn es lag nun an ihm, den Diktator von Damaskus zur Herausgabe eines großen Teils seiner Chemiewaffen zu bringen. Über welche

Bestände Assad danach noch verfügte, ließ sich nicht überprüfen. Sicher ist, dass auch in den folgenden Jahren in Syrien Chemiewaffen eingesetzt worden sind. Fest steht auch, dass der Deal Putins Syrien- und Nahostpolitik stärkte, die zwei Jahre später in einem spektakulären Coup – dem direkten militärischen Eingreifen Russlands in den Konflikt – gipfelte.

Amerika aber und mit ihm der Westen standen jetzt unter Zugzwang. Wenn man schon nicht gegen das Damaszener Regime vorgehen wollte, dann jedenfalls gegen den »Islamischen Staat«, der inzwischen große Teile Syriens kontrollierte. Die unerwartete Eroberung der im Norden des Irak gelegenen Millionenstadt Mossul war einer der Gründe für den Sinneswandel des amerikanischen Präsidenten. Ausschlaggebend aber waren der drohende Völkermord an der religiösen Minderheit der im Sindschargebirge eingekesselten Jesiden und die Bilder von der Enthauptung amerikanischer Geiseln. Am 8. August 2014 flog die US-Luftwaffe die ersten Angriffe gegen den IS im Irak, am 22. September auch in Syrien. Damit taten die USA das, was Barack Obama bis dahin konsequent abgelehnt hatte: Sie traten – mit ihren Luftstreitkräften, seit Anfang 2017 in bescheidenem Umfang auch mit Bodentruppen – in den syrischen Bürgerkrieg ein.

Bis zum Jahresende 2014 hatte sich eine Koalition aus mehr als 60 westlichen und arabischen Ländern gebildet, um den IS im Rahmen der Operation »Inherent Resolve« zu bekämpfen. Der Schwerpunkt dieser »globalen Allianz« lag auf Luftangriffen vor allem der Amerikaner. Am Boden kämpfte ein bunt zusammengewürfeltes informelles Bündnis. Gebildet wurde es von der irakischen Armee, konkurrierenden syrischen und konkurrierenden irakischen Kurdenverbänden, konkurrierenden radikalschiitischen Milizen sowie Dutzenden größerer und kleinerer, zum Teil in der erwähnten Freien Syrischen Armee organisierter Brigaden. Außer dem gemeinsamen Gegner verband sie wenig. Dass der Kampf gegen den IS mitunter auch nur ein Vorwand war, zeigte sich, nachdem die Terrororganisation im Frühjahr 2019 militärisch weitgehend ausgeschaltet worden war. Den Preis zahlte – auch hier – die Zivilbevölkerung. Die Schlachten um und in Aleppo, Ost-Ghuta oder Idlib waren die Hölle.

In der Regel verfolgten die intervenierenden Parteien mehr als ein Ziel. Der Iran griff mit schiitischen Milizen aus dem Irak, Afghanistan, Pakistan und vor allem der kampferprobten libanesischen Hisbollah in das Geschehen ein. Russland intervenierte mit seinen Luftstreitkräften sowie mit Söldnern eines privaten Militärunternehmens. Saudi-Arabien auf der einen und die Türkei und Katar auf der anderen Seite unterstützten konkurrierende sunnitische Milizen, in deren Reihen wiederum Ausländer aus bis zu 80 Staaten gegen das Assad-Regime kämpften.

Je mehr die Lage in Syrien eskalierte und einer Entscheidung zutrieb, desto mehr kam der Türkei eine Schlüsselrolle zu – als unmittelbarer Nachbar, als NATO-Mitglied und nicht zuletzt als Aufnahme- und Transitland von Millionen Flüchtlingen nicht nur aus Syrien. Seit 2003 hält Recep Tayyip Erdoğan die Zügel der türkischen Politik fest in der Hand, bis 2014 als Ministerpräsident, seither als Staatsoberhaupt. Seine Partei für Gerechtigkeit und Entwicklung (AKP) war im November 2002 auch deshalb aus dem Stand heraus zur stärksten Kraft geworden, weil ihr ein schwieriger Spagat zu gelingen schien: Obgleich oder eben weil ihr Führungspersonal dezidiert islamistisch geprägt war, wurde die AKP zur ersten Volkspartei seit Gründung der Republik.

Ähnlich wie Wladimir Putin war auch Recep Tayyip Erdoğan im Westen zunächst als Reformer, Modernisierer und aufgeklärter Nationalist wohlgelitten. Das änderte sich in dem Maße, in dem die beiden Machtmenschen innenpolitisch die Zügel anzogen. Das konnten sie ohne nennenswertes außenpolitisches Risiko tun, weil der Westen auf sie angewiesen war. Ohne oder gar gegen Putin war und ist der Ukrainekonflikt, ohne Erdoğan war und ist die Flüchtlings- und Migrationskrise schwerlich zu beenden. Und der eine wie der andere hatten und haben auch ein entscheidendes Wort mitzureden, wenn es um die Beendigung des Syrienkrieges geht.

Die Beziehungen zwischen der Türkei und Russland waren schon zu Zeiten der Sultane und Zaren kompliziert. Heute oszilliert das Verhältnis der beiden, die seit dem Ende der Sowjetunion keine gemeinsame Grenze mehr haben, zwischen Schulterschluss und Konflikt. Letzteres gilt für die Kriege in Syrien, in Libyen oder zuletzt um die armenisch kontrollierte Enklave Nagorny Karabach in Aserbaidschan. Der Krieg zwischen Nagorny Karabach beziehungsweise Armenien auf der einen und Aserbaidschan auf der anderen Seite hatte bis 1994 rund 30 000 Tote und Hunderttausende Flüchtlinge hinterlassen. Es war eine Frage der Zeit, bis das ölreiche, zahlungskräftige, mit russischen und türkischen Waffen hochgerüstete und von der Türkei massiv unterstützte Aserbaidschan die Chance für eine Revision des Status quo sehen würde. Als es im September 2020 soweit war, konnte Armenien lediglich auf russische Rückendeckung hoffen. Der Waffenstillstand, den Moskau sechs Wochen später vermittelte, garantierte Armenien die Kontrolle über einen – allerdings erheblich amputierten – Teil Nagorny-Karabachs, sicherte den politischen und militärischen Einfluss Russlands in der Region und verhinderte eine Eskalation im spannungsanfälligen russisch-türkischen Verhältnis. Mit Blick namentlich auf den Syrienkonflikt ist das von einiger Bedeutung. Denn ohne eine Verständigung zwischen Ankara und Moskau ist dieser Krieg nicht zu beenden.

Die Beendigung des Syrienkrieges und damit das Abebben der Fluchtbewegung waren vor allem für Deutschland ein starkes Argument, um mit Erdoğan im Gespräch zu bleiben. Denn viele, wenn nicht die meisten der etwa 5 Millionen registrierten Flüchtlinge und Migranten, darunter 3,6 Millionen Syrer, die Zuflucht in der Türkei gefunden hatten, wollten und wollen weiter. Die Zeiten, in denen türkische Minister- und Staatspräsidenten unter entwürdigenden Umständen in Bonn beziehungsweise Berlin antichambrieren mussten, wenn sie um Beitrittsperspektiven für ihr Land zur Europäischen Union und um Visafreiheit für ihre Bürger nachsuchten, waren vorbei. Nicht Recep Tayyip Erdoğan war 2016 Dauergast bei Angela Merkel, sondern die Bundeskanzlerin reiste im Monatsrhythmus zum türkischen Staatspräsidenten.

Der Deal, den Europa im Ergebnis dieser Bittgänge mit der Türkei schloss, war pragmatisch und ausgewogen, wurde aber seitens der Europäer insoweit unterlaufen, als es erneut keine substantiellen Fortschritte in Fragen der Beitrittsverhandlungen, der Visafreiheit oder auch der Aktualisierung von Zollvereinbarungen gab, die noch aus den neunziger Jahren stammen. Das war ein Affront, auch wenn die Europäer einige gute Gründe für ihre Zurückhaltung anführen konnten. Dazu gehörten neben der innenpolitischen Situation in der Türkei das türkische Engagement in Libyen, von dem noch zu berichten ist, und vor allem das in Syrien.

Dort verfolgte Erdoğan gleich mehrere Ziele, zuvorderst den Sturz Assads. Den befürworteten zwar auch die meisten Staaten des Westens, die sich diskret zurückhielten und, wenn man so will, der Türkei den Vortritt ließen. Doch konnten sie nicht akzeptieren, dass sich die Türkei dabei unter anderem islamistischer Milizen bediente. Als Erdoğan im Februar 2020 dann auch noch türkische Truppen, unter denen sich einige jener Milizen befanden, in die Schlacht um Idlib schickte, um die letzte Hochburg der Rebellen gegen Assad zu stützen, erreichte die überhebliche Empörung im Westen ihren Höhepunkt. Dabei konnte man es mit Paul-Anton Krüger, einem Kenner der Szene, auch ganz anders, nämlich so sehen: »Am Ende steht die Türkei hier auf der richtigen Seite – jener der geschundenen syrischen Zivilisten.«

Für ihre Feldzüge gegen die Kurden gilt das nicht. Dass ein Teil von ihnen, namentlich die in der Arbeiterpartei Kurdistans (PKK) Organisierten und ihre Sympathisanten, für die Türkei eine ernstzunehmende Bedrohung darstellte, stand außer Frage. Dass Erdoğan die Kurden schließlich insgesamt als Gegner deklarierte, war hingegen auch für wohlwollende Beobachter kaum noch nachzuvollziehen. Dass er in Syrien gegen sie zu Felde zog und damit einen der entschlossensten und effektivsten Gegner des IS schwächte, wurde mangels Alternativen von den eigenen Verbündeten am Ende zähneknirschend hingenommen.

Die Türkei rückte wiederholt in Syrien ein, mehrfach in die Provinz Idlib und dreimal mittelbar oder unmittelbar gegen die Kurden: Mit den drei Operationen »Euphrat-Schild« Mitte 2016, »Olivenzweig« Anfang 2018 und »Friedensquelle« im Oktober 2019, welche die Region westlich des Euphrats sowie den langen Korridor östlich des Flusses bis zur irakischen Grenze unter türkische Kontrolle bringen sollten, verfolgte Erdoğan drei Ziele: Zum einen sollten bis zu 2 Millionen syrische Flüchtlinge in den Korridor zurückgesiedelt werden, zum Zweiten wollte er die kurdische Selbstverwaltung in diesen Gebieten zerschlagen, da er hier, nicht ohne Grund, eine Hochburg der PKK witterte. Nicht zuletzt aber steckt hinter der Festsetzung in Syrien wie auch in parallelen Aktionen im Irak die erklärte Absicht, den Vertrag von Lausanne zu revidieren. Darin hatte die Türkei 1923 den größten Teil ihres territorialen Besitzstandes aus der Zeit vor dem Ersten Weltkrieg abtreten müssen.

Die zweite Operation in Syrien war nur mit stillschweigender Duldung Putins möglich, weil die russische Luftwaffe den Luftraum über dem Invasionsgebiet beherrschte. Und die dritte Invasion riskierte Erdoğan erst, nachdem er sich bei Donald Trump telefonisch rückversichert hatte, dass sich die amerikanischen Spezialeinheiten, die in der Region kurdische Milizen für den Kampf gegen den IS ausbildeten, von dort zurückziehen würden.

Dass Trump das zusagte und dann auch umsetzte, machte viele Beobachter sprachlos. Keine Frage, die Kurden, ein stolzes, kampferprobtes Volk, sind eines der Opfer dieses Krieges.

Für den amerikanischen Präsidenten war die Zusage nicht mehr als eine seiner vielen unberechenbaren Kehrtwendungen. Noch Mitte Januar 2019 hatte Trump dem NATO-Partner Türkei mit der »wirtschaftlichen Zerstörung« gedroht, sollte dieser die kurdischen Milizen in Nordsyrien angreifen. Auch das war beispiellos. Noch nie in der siebzigjährigen Geschichte der Atlantischen Allianz hat eines ihrer Mitglieder einem anderen so etwas angedroht. Wer wissen wollte, wie es rund drei Jahrzehnte nach Ende des Kalten Krieges um das Bündnis bestellt war, bekam hier eine klare Auskunft.

Denn Trumps Drohung war die Begleitmusik zu einem Konflikt, bei dem es um das Eingemachte einer Militärallianz wie der NATO geht: Weil die Türkei das russische Luftabwehrsystem S-400 anschaffte, wurde sie von der Entwicklung und vom Kauf des neuesten amerikanischen Kampfjets F-35 ausgeschlossen.

Dass Erdoğan darauf erstaunlich gelassen reagierte, hat seine Gründe. Zum einen hat die Türkei das eine oder andere Druckmittel in der Hand. So sind die amerikanischen Streitkräfte auf die Basis Incirlik und den Radarstützpunkt Kürecik angewiesen. Zum anderen besitzt die Türkei inzwischen eine beachtliche eigene Rüstungsindustrie. Türkische Unternehmen entwickeln, produzieren und exportieren Hubschrauber, Panzer, ein eigenes Kampfflugzeug sowie als eines von wenigen Ländern, darunter Israel, auch Kampfdrohnen. Zwar ist das Land derzeit speziell bei der Antriebstechnik noch von den Zulieferungen aus dem Ausland abhängig, doch kommen seine effizienten Waffensysteme inzwischen in Nagorny Karabach, Syrien, dem Irak und nicht zuletzt im Libyenkrieg zum Einsatz, von dem wir im nächsten Kapitel berichten wollen. Die Rüstungsindustrie Ankaras und die zunehmende Abhängigkeit vieler Staaten der Region von ihren

Produkten trägt einiges dazu bei, dass die Türkei auf dem Weg zu ihrem erklärten Ziel, dem Aufstieg zur regionalen Vormacht im östlichen Mittelmeer, rasch vorankommt. Und das wiederum wirkt sich zwangsläufig auch auf eine der weltweit ältesten und explosivsten Krisenregionen aus: den Nahen Osten.

KAPITEL 7

Die Mutter aller Krisen:
Der Nahostkonflikt

Am Anfang war der Massenmord. Ohne den deutschen Vernichtungsfeldzug gegen die Juden Europas, den 6 Millionen von ihnen nicht überlebten, wäre es 1948 wohl kaum zur Gründung des Staates Israel gekommen. Jedenfalls nicht zu diesem Zeitpunkt. Für die Überlebenden stand fest, dass der Holocaust auch der Scheitelpunkt einer jahrhundertelangen Leidensgeschichte war, die nach den jüngst gemachten Erfahrungen nur beendet werden konnte, wenn sie in der Lage sein würden, ihr Leben sowie ihr Hab und Gut selbst zu verteidigen. Das war nur in einem eigenen Staat und der wiederum nur in Palästina vorstellbar.

Damit waren die Briten die Ansprechpartner der Zionisten, denn sie übten seit dem Ende des Ersten Weltkriegs im Auftrag des Völkerbundes das Mandat für Palästina aus. Schon während dieses Kriegs hatten Vertreter der Londoner Regierung der British Zionist Federation signalisiert, dass sie die Schaffung »einer nationalen Heimstätte« für das jüdische Volk in Palästina grundsätzlich befürworteten, sofern dort die »Rechte bestehender nichtjüdischer Gemeinschaften« gewahrt würden.

Als das Mandat der Briten für Palästina am 14. Mai 1948 erlosch und David Ben Gurion, einer der Pioniere der jüdischen Besiedlung Palästinas, in Tel Aviv den Staat Israel ausrief, wollten die Nachbarn das nicht hinnehmen. Denn der neue Staat konnte nur Gestalt annehmen, wenn sie ihrerseits auf Teile ihres Gebietes verzichteten. Genau das sah ein Plan der Vereinten Nationen für eine Teilung Palästinas vor. Um seine Umsetzung zu verhindern, rückten Einheiten aus Ägypten, Syrien, Transjordanien, dem Libanon und dem Irak in Palästina ein. Das war der Beginn des

Ersten Nahostkrieges, in dem Israel – verglichen mit dem ursprünglichen Teilungsplan der UNO – deutliche Geländegewinne verbuchen und sich unter anderem Galiläa und West-Jerusalem sichern konnte.

Trotz oder eben wegen ihres Sieges waren die Israelis überzeugt, dass sie jederzeit wieder mit einer solchen Situation rechnen mussten. Dem beugten sie mit allem vor, was denkbar war, die Bereitschaft zum Präventivkrieg, später dann auch die Fähigkeit zu einem nuklearen Zweitschlag eingeschlossen. Wegen der beschränkten eigenen Mittel und Möglichkeiten waren sie dabei vom ersten Tag an auf Hilfe von außen angewiesen. Anfänglich kam die vor allem von Frankreich und der Bundesrepublik Deutschland.

Frankreich war für fast zwei Jahrzehnte die Schutzmacht Israels und half ihm auch, eine Atommacht zu werden. Zum Bruch kam es, als Staatspräsident Charles de Gaulle Ende November 1967 öffentlich von den Israelis als einem »selbstgewissen und herrischen« Elitevolk sprach, dessen Ehrgeiz »kriegerisch« sei und darauf hinauslaufe, »sich zu vergrößern«. De Gaulle sah die Gefahr, dass Israel aus einem überzogenen Sicherheitsinteresse heraus zu einer Kolonialmacht werden und damit in eine Rolle geraten könnte, die Frankreich nach blutigen Kriegen in Vietnam und Algerien gerade aufgegeben hatte.

Hingegen blieb die Bundesrepublik Deutschland eine der zuverlässigsten Stützen Israels. Schon in den ausgehenden fünfziger Jahren hatte Bonn mit umfangreichen Waffenlieferungen, darunter auch Panzer, an Israel begonnen. Zwar mussten die Panzerlieferungen 1965 nach einer turbulenten internationalen Krise eingestellt werden, doch profitierte Israel in der Konsequenz von diesem Rückschlag. Zum einen sprangen die USA ein, die damit zugleich in jene Rolle des wichtigsten Partners schlüpften, die Frankreich wenig später aufgab. Und zum anderen band der Vorfall die Bundesrepublik noch enger an Israel als zuvor, seit 1965 auch durch diplomatische Beziehungen.

Hinzu kamen umfangreiche Finanzleistungen der Bundesrepublik, vor allem im Rahmen der schon 1952 vereinbarten sogenannten Wiedergutmachungszahlungen, mehr oder weniger geheimen Waffenlieferungen, darunter später jene U-Boote aus deutscher Produktion, die sich für einen Nuklearschlag einsetzen lassen, und schließlich auch noch ein Blankoscheck. Am 18. März 2008 gab Bundeskanzlerin Angela Merkel vor der Knesset zu Protokoll, dass die »besondere historische Verantwortung Deutschlands für die Sicherheit Israels … Teil der Staatsräson meines Landes [ist]. Das heißt, die Sicherheit Israels ist für mich als deutsche Bundeskanzlerin niemals verhandelbar. Und wenn das so ist, dann dürfen das in der Stunde der Bewährung keine leeren Worte bleiben.«

Im Klartext meinte das: Wie Israel sein existenzielles Sicherheitsinteresse definiert, wird von Deutschland nicht hinterfragt. Konsequent zu Ende gedacht, schloss das die Akzeptanz der israelischen Präventivstrategie ein. Eine riskante Zusage, denn der Erstschlag war und ist fester Bestandteil der Überlebensstrategie Israels, auch wenn sich das Land öffentlich nie dazu geäußert, sondern es bei einer Politik der nuklearen Zweideutigkeit belassen hat.

Dass sich die Nachbarn Israels – allesamt junge, ambitionierte Nationalstaaten – zusammentaten, war weniger selbstverständlich, als es heute klingt. Der jedenfalls zeitweilige Schulterschluss Ägyptens, Syriens, Jordaniens, des Irak und anderer Staaten mehr war vielmehr eine unmittelbare Reaktion zum einen auf die Staatsgründung Israels, die direkt oder mittelbar auf ihre Kosten ging, zum anderen aber auch auf die noch zu erläuternde amerikanische Nahostpolitik, die diese Staaten immer wieder zusammenbrachte.

Und dann gab es hier wie in anderen Gegenden der sich formierenden sogenannten Dritten Welt einige herausragende

Figuren, die das Zeug hatten, nicht nur ihr Land in eine neue Zeit zu führen. Im Nahen Osten galt das insbesondere für den Ägypter Gamal Abdel Nasser. Im Juli 1952 als Mitglied des Komitees Freier Offiziere maßgeblich am Sturz der Monarchie beteiligt und seit 1956 als gewählter Präsident des Landes, gab dieser Staatschef nicht nur seinem Land, sondern der arabischen Welt insgesamt ein Gesicht. Darüber hinaus begründete er eine Tradition, die bis heute die politische Landschaft Ägyptens prägt. Von der einjährigen Amtszeit Mohammed Mursis, eines Repräsentanten der Muslimbruderschaft, abgesehen, die Anfang Juli 2013 nicht zufällig durch einen Militärputsch beendet wurde, gaben aktive oder ehemalige Militärs als Staatspräsidenten in Ägypten den Ton an und die Richtung vor: Gamal Abdel Nasser, Anwar as-Sadat, Muhammad Husni Mubarak und seit Juni 2014 Abd al-Fattah as-Sisi haben dem Land auf die eine oder andere Weise ihren Stempel aufgedrückt. Im Guten wie im Schlechten.

Die jungen Offiziere, die in Ägypten oder auch in Syrien, dem Irak und anderen Staaten der Region nach dem Ende der Kolonialherrschaft beherzt das Ruder ergriffen und ihren Ländern Wege in die Zukunft wiesen, legitimierten ihre Herrschaft mit den vielfältigen Herausforderungen der Gegenwart. Dass sie oder ihre Nachfolger als Autokraten die Macht selbst dann nicht aus der Hand geben mochten, als die Zukunft längst bleierne Vergangenheit war, gehört zu den tragischen Kapiteln dieser Geschichte. Zu dieser Tragik gehört auch, dass der Arabische Frühling des Jahres 2011, der die Militärs hinwegfegte, fast überall scheiterte, weil die den Autokraten folgenden, zumeist demokratisch legitimierten Regierungen außerstande waren, die alten und neuen Probleme in den Griff zu bekommen. Die Erwartungen waren zu groß; die Probleme waren noch größer.

Und so verlassen ähnlich wie in den Ländern Mittel- und Südamerikas die Militärs auch hier wieder verstärkt ihre Kasernen – weil sie gerufen werden, weil sie ihre Pfründe sichern oder das Abgleiten ihrer Länder ins Chaos verhindern wollen. Hier wie dort spielen Korruption und andauernde soziale Ungerechtigkeit, Gewalt und staatliche Ineffizienz, im Falle der arabischen Welt zudem die Überforderung durch Heerscharen von Flüchtlingen und die dramatische Wassernot eine entscheidende Rolle für diesen Schritt. Bedenkt man, dass viele dieser Missstände nicht selten durch die Militärs mit verursacht worden sind, tritt der Brandstifter jetzt als Feuerwehrmann in Aktion.

Die meisten jener jüngeren Offiziere, die wie Gamal Abdel Nasser nach dem Ende der europäischen Kolonialherrschaft in Asien und Afrika die politische Verantwortung übernahmen, positionierten sich nicht von vornherein gegen die vormaligen Kolonialherren, schon weil sie diese in vielen Fällen für das Management des Übergangs noch brauchten. Sie waren so gesehen nicht per se antiwestlich eingestellt, aber sie wollten sich nicht durch den Westen vereinnahmen und auf einen bestimmten Kurs festlegen lassen.

In diesem Bestreben schlug Ägypten auch außenpolitisch einen neutralen Kurs ein und kündigte zum Beispiel die Aufnahme diplomatischer Beziehungen zur Volksrepublik China an. Die Reaktion des Westens auf diesen Schritt, der mit Ägyptens Hinwendung zur Sowjetunion einherging, kam postwendend. Mitte Juli 1956 stellten die USA, Großbritannien und die Weltbank ihre Finanzhilfe für den Bau des Assuanstaudamms ein. Offenbar nahmen sie an, Nasser mit ihrer in klassischer imperialer Manier aufgebauten Drohkulisse zum politischen Rückzug zwingen zu können, erreichten aber das glatte Gegenteil. Sieben Tage später ließ der Ägypter die Sueskanalgesellschaft verstaatlichen sowie den Golf von Akaba und damit die Zufahrt zum Kanal blockieren.

Nasser ging es um die Zukunft Ägyptens. Israel ging es um seine Sicherheit: Die Verstaatlichung des Kanals und die Blockade des Golfs gefährdeten den lebenswichtigen Nachschub. Also schritt

Tel Aviv am 29. Oktober 1956 zur Tat und begann mit der Besetzung des Gazastreifens und des Sinai. Für Israel war das ein Präventivschlag. Für die arabischen Nachbarn war der Angriff nichts anderes als eine moderne Form imperialistischer Landnahme auf Kosten Ägyptens. Denn der Gazastreifen, der vormals Teil des britischen Protektorats Palästina gewesen war, wurde seit 1948 von Kairo aus verwaltet, und der Sinai gehörte zu Ägypten.

Dass Großbritannien und Frankreich nur 48 Stunden später aufseiten Israels in das Geschehen eingriffen, trug maßgeblich dazu bei, dass die beiden Weltmächte, also die Sowjetunion und die Vereinigten Staaten, jeweils auf ihre Weise politisch intervenierten, der Krieg nach nicht einmal zwei Wochen beendet war und Israel die besetzten Gebiete Ägyptens räumte. Das hatte man den Amerikanern kaum zugetraut. Immerhin machte die Regierung in Washington damit ihren beiden europäischen Partnern unmissverständlich deutlich, dass ihre Zeit als Kolonial- beziehungsweise Mandatarmächte im Nahen Osten abgelaufen war. In den jungen Staaten der Region und durchaus auch darüber hinaus verschaffte diese entschlossene Aktion den USA einigen Respekt.

Womöglich hätte sich darauf aufbauen lassen, wäre Washington nicht wieder in alte Verhaltensmuster zurückgefallen. Kaum waren Frankreich und Großbritannien durch die Vereinigten Staaten im Nahen Osten zur Ordnung gerufen worden, intervenierten die USA dort selbst, schickten die Sechste US-Flotte in levantinische Gewässer, ermutigten den NATO-Partner Türkei zu einem demonstrativen Aufmarsch an seiner Grenze zu Syrien, das damals sowjetische Waffen und Entwicklungshilfe bezog, und griffen schließlich Mitte Juli 1958 mit 5000 Marineinfanteristen in den libanesischen Bürgerkrieg ein. Wie kaum anders zu erwarten, ging dieser Schuss nach hinten los. Syrien knickte nicht ein, sondern vereinbarte mit Ägypten eine enge militärische und politische Zusammenarbeit.

Der Fall zeigte, was passieren konnte, wenn Amerika Druck machte. An diesem Mechanismus hat sich bis heute nichts geändert, und man fragt sich, warum Washington partout nicht die Konsequenzen aus dieser wieder und wieder gemachten Erfahrung ziehen will oder kann. Denn so viel ist gewiss: Ohne den Rückzug der USA vom Atomabkommen, die Liquidierung eines hochrangigen iranischen Generals im Irak und andere Aktionen der Jahre 2018 bis 2020, von denen wir noch berichten werden, wäre es im Iran und im Irak kaum zu innenpolitischen Schulterschlüssen von Kräften gekommen, die außer dem Hass auf Amerika wenig verbindet. Vom Hass auf Israel einmal abgesehen.

Sicher ist auch, dass die amerikanische Nahostpolitik der Gegenwart maßgeblich dazu beiträgt, dass Russland – wieder – einen Fuß in die Tür bekommt. Auch das war schon in den fünfziger Jahren so. In Ägypten, in Syrien und im Irak, wo seit Mitte Juli 1958 eine Gruppe putschender Offiziere nach der Ermordung König Feisals II. und der Proklamation der Republik Unterstützung von außen suchte, gingen die Sowjets sofort und entschlossen durch jene Tür, die ihnen der Westen – wie auf Kuba oder in Vietnam – auch hier öffnete. Waffen und Militärberater waren in der Region besonders geschätzte Importgüter. Das wiederum konnte Israel nicht ignorieren, das seinerseits mit einer Reihe von Maßnahmen zu einer neuerlichen Eskalation der Lage beitrug.

Ende des Jahres 1963 wurde bekannt, dass Tel Aviv vorhatte, im folgenden Frühjahr das Wasser aus dem Oberlauf des Jordan umzuleiten. Die arabischen Staaten hatten mehrfach erklärt, dass sie eine solche Maßnahme als Kriegsgrund betrachten würden. Von dieser Maßnahme besonders betroffen war Syrien. Dort setzte sich am 23. Februar 1966 nach einer Serie von Machtkämpfen und Putschen innerhalb der Baath-Partei eine Gruppe von Offizieren durch, die von Anfang an die Nähe zur Sowjetunion suchte. Einer der führenden Köpfe war der Luftwaffenkommandeur Hafiz al-Assad, der Vater Baschar al-Assads.

Offenkundig wollten die syrischen Militärs ihre Legitimation auch dadurch unter Beweis stellen, dass sie Israel die Stirn boten. Am 7. April 1967 eskalierte das syrische Bombardement israelischer Siedlungen zu Artillerie-, Panzer- und Luftschlachten zwischen den beiden verfeindeten Nachbarn. Eine vergleichbare Situation zeichnete sich an Israels ägyptischer Front ab. Am 22. Mai gab Nasser die erneute Sperrung des Golfs von Akaba für israelische Schiffe bekannt und bediente sich damit einer Maßnahme, die Israel schon 1956 zum Kriegsgrund deklariert hatte.

Am 5. Juni 1967 griff die israelische Luftwaffe ohne Vorwarnung Ägypten, Syrien und Jordanien an, das sich aus taktischen Gründen auf deren Seite geschlagen hatte, und vernichtete die Luftstreitkräfte der Gegner fast vollständig am Boden. In diesem Dritten Nahostkrieg, der nach sechs Tagen entschieden war, bereitete Israel seinen arabischen Nachbarn eine schwere militärische Niederlage und beschädigte damit auch ihr Selbstwertgefühl nachhaltig. Vor allem aber besetzte Israel in diesem zweiten Anlauf vom Territorium Ägyptens den gesamten Sinai und den Gazastreifen, außerdem von Jordanien die sogenannte Jordan-Westbank einschließlich Ost-Jerusalems, und von Syrien die Golanhöhen. Dass damit zum einen fast alle Quellen des Jordans unter israelische Kontrolle gerieten, war und ist eine Konsequenz mit enormem Konfliktpotential.

Zum anderen standen fortan mehr als eine Million Araber zusätzlich unter israelischer Verwaltung. Im Gazastreifen und im Westjordanland beziehungsweise auf der Westbank handelte es sich zumeist um Palästinenser. Weil das Hilfswerk der Vereinten Nationen für Palästina-Flüchtlinge im Nahen Osten (UNRWA) sie ebenso als Flüchtlinge führt wie die Palästinenser, die zu einem Großteil schon seit dem Ersten Nahostkrieg in den fast 60 von

UNRWA versorgten Lagern in Jordanien, Syrien und dem Libanon leben, rangieren Gaza und die Westbank hinsichtlich des Anteils der Flüchtlinge an der Gesamtbevölkerung seither weltweit an der Spitze. Ende 2019 registrierte UNRWA gut 5,6 Millionen Flüchtlinge, davon 1,5 Millionen in den Lagern.

Die von Palästinensern bewohnten Gebiete und die Lager wurden auch deshalb sofort zu Brutstätten des Widerstands, weil die Gegner Israels in den Betroffenen ein Potential erkannten, das sich mobilisieren ließ. Was Ende der vierziger Jahre im Nahen Osten begann, setzte sich, wie berichtet, unter anderem in den Flüchtlingslagern in Pakistan, den Keimzellen der Taliban, fort und ist heute ein weltweites, kaum noch beherrschbares Phänomen.

Bis in die Gegenwart hinein ist die Forderung nach Anerkennung der Rechte des palästinensischen Volkes eine Ursache schwerer regionaler Konflikte und ein, wenn nicht der Dreh- und Angelpunkt des Nahostkonflikts. Vergleichbares gilt für die Forderung nach Räumung der nach wie vor besetzten Gebiete durch Israel. Grundlage war und ist die Resolution 242 des Sicherheitsrates der Vereinten Nationen vom 22. November 1967, die wegen ihrer vagen Formulierungen und ihrer differierenden sprachlichen Versionen sehr unterschiedliche Interpretationen zulässt.

Wie die Europäer und speziell die Deutschen in den beiden Teilstaaten sie lasen, hing entscheidend davon ab, welchem politischen Lager sie angehörten. Denn im Nahostkonflikt spiegelte sich die Frontlinie des Kalten Krieges. Selten wurde das so deutlich wie während des Sechstagekrieges. Die Solidarisierungswelle zugunsten Israels, von der die Bundesrepublik im Juni 1967 erfasst wurde, war in dieser Form beispiellos. Die Bundesregierung lieferte Gasmasken an Israel, der Deutsche Gewerkschaftsbund stiftete 3 Millionen D-Mark, bei der israelischen Botschaft meldeten sich Hunderte Freiwilliger, um die Arbeit der eingerückten Israelis zu übernehmen, und die Presse war sich von *Bild* bis zum *Spiegel* ungewohnt einig:»Israel soll leben!«

Hingegen wusste sich die DDR in ihren öffentlichen Stellungnahmen»fest an der Seite der arabischen Staaten und Völker bei der Abwehr der imperialistischen Provokation« durch Israel. Ähnlich sahen das die jeweiligen Verbündeten der deutschen Teilstaaten, allen voran die Vormächte, also die USA und die Sowjetunion. Die Folgewirkungen dieser Fronstellung lassen sich bis heute schwerlich übersehen. Weil die politischen und militärischen Konstellationen des Nahostkonflikts den Kalten Krieg im Wesentlichen unverändert überdauerten, überdauerten auch die Feindbilder, darunter das der längst verblichenen Sowjetunion. Als Russland 2015 in Syrien intervenierte, funktionierte der alte Reflex sofort. Dass die NATO ihn auslöste und am Leben hielt, überraschte nicht.

Wie es auch nicht überrascht, dass sich der französische Staatspräsident als einziger prominenter Repräsentant des Bündnisses nicht nur mit seiner Kritik an der russischen Nahostpolitik zurückhielt, sondern 2019 auch grundsätzlich anmahnte, dass es an der Zeit sei, die überlebte Frontstellung gegenüber Russland aufzugeben. Damit schrieb Emmanuel Macron eine fünfzigjährige Tradition französischer Russlandpolitik fort. Denn nicht zufällig fielen der Rückzug Frankreichs aus der Atlantischen Allianz, seine demonstrative Hinwendung nach Moskau und die Kritik an Israel, die sich mit dem Namen Charles de Gaulle verbinden, zeitlich zusammen: Im Juni 1966 stattete der Präsident der Sowjetunion einen zehntägigen Besuch ab, Anfang Juli 1966 führte er Frankreich aus der militärischen Integration der NATO, Ende November 1967 kritisierte de Gaulle, wie berichtet, die israelische Politik und Kriegführung scharf.

Mindestens einmal führte die ungeklärte Lage im Nahen Osten an den Rand einer direkten Konfrontation zwischen den Supermächten; und mindestens einmal machte Israel seine Atomwaffen scharf, um seinen inzwischen wichtigsten Verbündeten, die Vereinigten Staaten von Amerika, zur Unterstützung zu zwingen. Beides trug sich im Herbst 1973 zu. Als am 6. Oktober, dem Tag des jüdischen Versöhnungsfestes Jom Kippur, ägyptische und syrische Verbände Israel am Sueskanal und auf den Golanhöhen angriffen, eröffneten sie innerhalb eines Vierteljahrhunderts den Vierten Nahostkrieg.

Obgleich die Israelis überrascht wurden, kam der Angriff nicht unerwartet. Zum einen hatte Ägypten schon 1970 mit militärischen Provokationen einen Zermürbungskrieg gegen Israel begonnen. Zum anderen hatten sich die Palästinenser, wenn auch in konkurrierenden Organisationen, paramilitärisch formiert. Die im Jahr 1967 gegründete radikalere, leninistische Volksfront für die Befreiung Palästinas (PFLP) war für eine Reihe von Flugzeugentführungen verantwortlich, und auf das Konto des »Schwarzen September« ging 1972 der Anschlag auf die israelische Olympiamannschaft in München.

Und dann war da noch die Palästinensische Befreiungsorganisation (PLO). Die Gründung der PLO war 1964 durch den ägyptischen Präsidenten Nasser initiiert worden, seit 1969 wurde sie von Jassir Arafat geführt. Der formte die Organisation trotz mannigfacher Rückschläge von einer Guerillatruppe, die sich die Vernichtung Israels zum Ziel gesetzt hatte, zu einem zeitweilig für Tel Aviv akzeptablen Verhandlungspartner. Danach hatte es freilich lange nicht ausgesehen, ganz im Gegenteil: Israel hatte die Festsetzung der 1970 aus Jordanien vertriebenen PLO im Libanon zum Anlass genommen, um Ende Februar 1972 den Süden dieses Landes faktisch zu besetzen.

Das kompromisslose Vorgehen Tel Avivs sorgte auch in Washington für erhebliche Nervosität, zumal sich zeitgleich in

Ägypten Dinge taten, deren Tragweite sich nicht wirklich einschätzen ließ. Ende September 1970 war Gamal Abdel Nasser unerwartet gestorben. Sein Nachfolger, Vizepräsident Anwar as-Sadat, entledigte sich zunächst im Mai 1971 seiner innenpolitischen Gegner, gab im Juli 1972 überraschend die Ausweisung der inzwischen 17 000 sowjetischen Militärberater und Techniker aus Ägypten bekannt, erklärte im April 1973, dass jetzt die »Zeit für einen Schock«, sprich für eine Belehrung Israels, gekommen sei, und ließ dann seinen Worten Taten folgen.

Am 6. Oktober 1973 eröffneten ägyptische und syrische Truppen mit großer Wucht den Krieg gegen Israel, wo man nach dem durchschlagenden Erfolg des Sechstagekrieges überzeugt war, praktisch unschlagbar zu sein. Dieser israelischen Selbsttäuschung war es in erster Linie zuzuschreiben, dass ägyptische Einheiten über den Sueskanal setzen und tief in den seit 1967 von Israel besetzten Sinai vorstoßen konnten. Es dauerte einige Tage, bis israelische Verbände sowohl auf dem Golan als auch auf dem Sinai zu Gegenangriffen übergehen konnten.

Dass Israel dann nicht, wie geplant, auf Kairo vorstieß, dass vielmehr am 27. Oktober die Waffen schwiegen, ging auf amerikanischen Druck zurück. So blieb den Ägyptern eine militärische Demütigung wie 1967 erspart. Der Anfangserfolg rehabilitierte ihre Armee und war eine unverzichtbare Voraussetzung für eine weitreichende politische Initiative ihres Präsidenten: Weil der Konflikt mit Israel militärisch nicht zu entscheiden war, musste man auf den Frieden setzen. Sadat, einer der bedeutendsten Staatsmänner, die der Nahe Osten bis heute hervorgebracht hat, bezahlte diese Weichenstellung mit dem Leben. Am 6. Oktober 1981 wurde er von Islamisten der Gruppe al-Dschihad ermordet, die später in der Terrororganisation al-Qaida aufging.

Maßgeblich von Ägypten mit angestoßen und unter energischem Einsatz der amerikanischen Diplomatie konnte während Sadats Regierungszeit einer der gefährlichsten Krisenherde der

Welt ruhiggestellt werden. Am 18. Januar 1974 unterzeichneten Israel und Ägypten ein Abkommen über eine Truppenentflechtung. Es war der erste Schritt auf dem Weg zum Frieden zwischen beiden Staaten, der fünf Jahre später, am 26. März 1979, unterzeichnet werden konnte und unter anderem die Basis für die Räumung des 1967 besetzten Sinai durch die israelischen Truppen bildete.

Die erfolgreiche Friedensdiplomatie sah nicht nur Gewinner, sondern auch einige Verlierer, allen voran die Sowjets. Der Kreml, der seine Position im Nahen Osten gerade dem Dauerkonflikt verdankte, musste in dem Maße ins Abseits geraten, in dem sich die jahrzehntelangen Gegner in der Region aufeinander zubewegten. Politisch spielten die Sowjets – beziehungsweise seit 1991 die Russen – im Nahen Osten praktisch keine Rolle mehr. Militärisch wurde ihre Präsenz auf die allerdings sehr wichtige Marinebasis im syrischen Tartus reduziert.

Das änderte sich erst, als Russlands Präsident Wladimir Putin 2015 in Latakia binnen Kurzem einen voll einsatzbereiten Luftwaffenstützpunkt einrichten ließ, von dort aus, wie im sechsten Kapitel berichtet, massiv in den syrischen Bürgerkrieg eingriff und so mit einem Schlag auch jene politische Position im östlichen Mittelmeer und im Nahen Osten rekonstruierte, welche die Sowjets Anfang der siebziger Jahre des vergangenen Jahrhunderts verloren hatten.

Damit nicht genug, nutzte Putin, wie erwähnt, auch die eklatanten Fehler und Dilettantismen des Westens und empfahl sich den Schiiten, allen voran dem Iran, als Partner und Schutzmacht. Das machte den Kreml als Ansprechpartner auch für Staaten attraktiv, die den Iran zu ihren Hauptgegnern zählen: Im Oktober 2017 besuchte mit Salman ibn Abd al-Aziz Al Saud erstmals überhaupt ein saudischer König Russland, und für Israels Ministerpräsidenten wurde Moskau vertrautes Terrain. Benjamin Netanjahu wusste, dass Russlands Präsenz in Syrien auch eine gewisse Garantie dafür war, dass Iran Israel nicht von dort aus angreifen würde.

Für Israel brachte der Friedensprozess an der ägyptischen Front seit 1974 eine merkliche Erleichterung. An zwei anderen Fronten verschärfte sich die Lage allerdings immer wieder dramatisch. Zweimal führte Tel Aviv im Libanon Krieg, dreimal im Gazastreifen. Die Gegner waren keine staatlichen Armeen, jedenfalls nicht in erster Linie, sondern Guerilla- beziehungsweise Terrororganisationen. Das machte die Bekämpfung für eine konventionell planende und operierende Armee schwierig. Im Fall des Libanon waren die Gegner zunächst die PLO, dann die mit der PLO rivalisierende Hisbollah, die schon vorgestellt wurde. Im Falle des Gazastreifens war es die Hamas.

Am 6. Juni 1982 marschierten israelische Verbände in den Libanon ein, eine Woche später, am 14. Juni, standen sie vor Beirut. Mit dem Krieg verfolgte Israel mehrere Ziele, unter anderem mehr oder weniger inoffiziell eine nachhaltige Schwächung Syriens, das damals im Libanon die Rolle eines selbsternannten Ordnungshüters spielte. Offiziell ging es wie zehn Jahre zuvor wieder einmal darum, die Palästinenser aus dem Nachbarland zu verjagen und damit eine Quelle der Terrorangriffe auf Israel trockenzulegen.

Am Ende gab es nur Verlierer. Die »Schlacht um Beirut«, die vom 14. Juni bis 21. August 1982 tobte und die ersten Antikriegsdemonstrationen in der Geschichte Israels auslöste, forderte nahezu 30 000 Tote und Verwundete, überwiegend Frauen und Kinder. Mittelfristig geschwächt war auch Israel selbst. Denn jetzt besetzte, von Iran unterstützt, die radikalschiitische Hisbollah sukzessive jene Räume des Libanon, die zunächst von der PLO, bis Juni 1985 dann auch von der israelischen Armee geräumt worden waren, und begann mit dem systematischen Raketenbeschuss Israels. Vor diesem Hintergrund war es kein Zufall, dass Syriens

Staatschef Hafiz al-Assad, der immer noch über gute Verbindungen in den Libanon verfügte, und vor allem PLO-Chef Jassir Arafat für den Westen wie auch für Israel zu Ansprechpartnern wurden, wenn es um eine Lösung des nach wie vor zentralen Problems, nämlich die Palästinenserfrage, ging.

Ein entscheidendes Hindernis auf dem Weg zu direkten Verhandlungen zwischen den Palästinensern und Vertretern Israels war – und ist – der Siedlungsbau in den besetzten Gebieten, insbesondere im Westjordanland und in Ost-Jerusalem, wo heute mehr als 700 000 jüdische Siedler leben. Bei rund 9 Millionen Einwohnern, die derzeit in Israel gezählt werden, ist das eine signifikante Größenordnung. Mit dem Siedlungsbau verfolgte Israel mehrere Ziele. Zum einen waren und sind die Möglichkeiten für den Neubau von Wohnraum in dem kleinen, dicht besiedelten Land beschränkt. Zum anderen wollten israelische Regierungen mit dem Bau neuer Siedlungen auch, wenn nicht in erster Linie vollendete Tatsachen schaffen: Ein von Israelis besiedeltes Land wird irgendwann nicht mehr als durch Israel besetztes Land gelten, so das Kalkül, das jetzt aufgeht.

Jitzchak Schamir, von 1983 bis 1984 und von 1986 bis 1992 Ministerpräsident Israels, sagte nach seiner Abwahl, dass die Strategie darin bestanden habe, »Gespräche über palästinensische Selbstverwaltung über zehn Jahre zu verschleppen und gleichzeitig Hunderttausende Juden in den besetzten Gebieten anzusiedeln«. Damals lebten rund 110 000 jüdische Siedler im Westjordanland. Immerhin gab Schamir dem Druck Washingtons nach und ließ sich auf Gespräche ein. Im Oktober 1991 saßen, erstmals seit Gründung des Staates Israel, Vertreter Israels und der Palästinenser – wenn auch nicht der PLO – in Madrid an einem Tisch.

Wirklich Bewegung kam in die Gespräche allerdings erst, als Jitzchak Rabin im Juli 1992 Schamir als Premier ablöste und einen Teil der umstrittenen Siedlungspläne in der Westbank zurückstellte. 1993 fanden geheime Verhandlungen zwischen Vertretern Israels und der PLO in Oslo statt, und am 13. September desselben Jahres unterschrieben Rabin und Arafat in Washington eine Prinzipienerklärung. Für einen Augenblick sah es so aus, als könne sich der Frieden im Nahen Osten etablieren. Ein gutes Jahr später, am 26. Oktober 1994, unterzeichneten Rabin und der jordanische Premierminister Abdelsalam al-Majali nördlich von Eilat, also auf israelischem Boden, für ihre Länder den Friedensvertrag. Dass der Prozess dann doch scheiterte, hatte vielfältige Ursachen. Der um Statusfragen feilschende Arafat verweigerte den letzten Schritt. Rabin fiel im November 1995 einem Attentat zum Opfer. Dass Ende September 2000 der Vorsitzende der oppositionellen Likud-Partei, Ariel Scharon, begleitet von mehr als 1000 Polizisten demonstrativ den Jerusalemer Tempelberg besuchte, war eine Provokation und der Auslöser der zweiten Intifada, also des Aufstandes der Palästinenser gegen Israel.

Die neuerliche Welle der Gewalt, von der Israel und Palästina überrollt wurden, war umso schwerer beherrschbar, je stärker die Hisbollah auf das Geschehen einwirkte. Wollte man die Miliz effektiv bekämpfen, musste man ihre Basen im südlichen Libanon ausschalten. Die Bilanz des Zweiten Libanonkriegs, mit dem Israel im Sommer 2006 unter anderem auf die Entführung zweier Soldaten durch die Hisbollah reagierte, war mager. Weil die Verluste unkalkulierbar und das Risiko, die ohnehin verhaltene internationale Unterstützung zu verlieren, zu hoch waren, kam ein Großangriff wie 1982 nicht in Betracht, sodass sich die israelische Militärführung zu einem massiven Einsatz der Luftwaffe bei zurückhaltendem Einsatz des Heeres entschloss. Mehr als 1300 Menschen starben in dem fast fünfwöchigen Krieg auf beiden Seiten.

Es war das erste Mal, dass die stärkste Armee der Region einen in klassischen militärischen Kategorien deutlich unterlegenen Gegner nicht in den Griff bekam. Das eigentliche Ziel, die beweglichen Raketen der Hisbollah vollständig zu vernichten, erreichte man nicht, im Gegenteil: Besaß die Terrormiliz 2006 gut 15 000 Raketen, waren es Ende 2018 zehnmal so viele, die in Syrien eingesetzten gar nicht mitgerechnet. Darunter waren auch solche, die Tel Aviv erreichen können.

Ähnlich ernüchternd fielen die Ergebnisse verschiedener Anläufe aus, die Ende 1987 gegründete radikalislamische Palästinenserorganisation Hamas, ein Abkömmling der ägyptischen Muslimbruderschaft, nachhaltig zu schwächen. Die Hamas hatte ihre Operationsbasis im Gazastreifen eingerichtet. Das war für Israel auch deswegen eine gefährliche Entwicklung, weil Ariel Scharon – inzwischen als Premierminister um einen Ausgleich mit den Palästinensern ringend – 2005 den Rückzug der israelischen Armee und der israelischen Siedler aus Gaza durchgesetzt hatte. Jetzt nutzte die Hamas die neue Lage und nahm Israel mit Raketen, die sie zum Teil durch Tunnel aus Ägypten heranschaffte, unter Dauerbeschuss.

Dreimal, um die Jahreswende 2008/09, im November 2012 und im Sommer 2014, intervenierte Israels Armee massiv. Aus den gleichen Gründen wie zuvor im Libanon sah man aber in allen Fällen von einer Eroberung und neuerlichen Besetzung des Gazastreifens ab. So konnten bei der dritten Intervention 80 000 Soldaten nicht verhindern, dass die Hamas und ihre Verbündeten selbst während dieses Krieges 5000 Raketen auf Israel abfeuerten. Dass es der kampferprobtesten Armee des Nahen und Mittleren Ostens auch in diesem Fall nicht gelang, eine Miliz von gerade einmal 3000 Kämpfern zu besiegen, wog schwer.

Außerdem gelang es nicht, die Angriffstunnel der Hamas zu schließen. Ob der Bau einer Betonmauer, die Dutzende Meter tief in den Boden reichen und entlang der 65 Kilometer langen Grenze verlaufen soll, das ändern kann, wird man sehen. Weitaus mehr Erfolg verspräche wohl eine durchgreifende Verbesserung der Lebensbedingungen in Gaza. Denn hier wie überall auf der Welt gilt: Unzureichende und unwürdige Lebensbedingungen sind der Humus, auf dem der Terror gedeiht. Aber eine Verbesserung der Lebenswelt erfordert entsprechende finanzielle Ressourcen. Derzeit ist Katar das einzige Land der arabischen Welt, das effektiv hilft. Obwohl oder eben weil Katar ein Partner der Hamas ist, toleriert Israel diesen Einsatz.

So gesehen überrascht es nicht, dass Israel und die Hamas seit Ende 2019, wenn auch vorerst indirekt, über eine mögliche Vereinbarung sprechen. Als Vermittler ist unter anderen Ägypten tätig. Vorausgegangen ist den Gesprächen eine neuerliche Eskalation der Gewalt mit mehr als 250 Toten aufseiten der Palästinenser und 1500 auf Israel abgefeuerten Raketen. Treibende Kraft der Gespräche auf israelischer Seite ist nicht zufällig die Armee. Die Hamas wäre klug beraten, wenn sie diesem Weg folgen, schrittweise ihr Profil ändern und sich wie zuvor die PLO zu einer politischen Organisation wandeln würde. Denn offensichtlich verlieren die arabischen Staaten zusehends ihr Interesse am Schicksal der Palästinenser.

Das wiederum ist eine Folge ihrer vorsichtigen Annäherung an Israel. Zwar unterhielten von den 22 Staaten der Arabischen Liga – inklusive Palästina – jahrzehntelang lediglich Ägypten und Jordanien offizielle diplomatische Beziehungen zu dem Land. Doch zeichnet sich seit geraumer Zeit ab, dass eine Reihe von Staaten namentlich der Golfregion ihr Verhältnis zu Israel normalisieren will. Gelingt die Neujustierung, könnte sich die Region spät, aber immerhin aus dem starren Korsett des Kalten Krieges befreien. Im globalen Zeitalter ist auch der Nahostkonflikt ein Anachronismus.

Dass die USA bei der Einleitung dieses Prozesses eine maßgebliche Rolle spielen, ist bemerkenswert. So traf Kronprinz

Mohammed bin Salman al-Saud, eine der führenden Figuren der Saudis, im März 2018 bei einer Reise durch die USA nicht nur Vertreter der jüdischen Gemeinde, sondern er erkannte in einem Fernsehinterview auch ausdrücklich das Existenzrecht Israels an. Und es war kein Zufall, dass die Anerkennung Israels durch die Vereinigten Arabischen Emirate und Bahrain Mitte September 2020 in Washington und im Beisein des amerikanischen Präsidenten erfolgte. Es ist ein pragmatischer Schritt, von dem sich beide Seiten Vorteile auf den Gebieten Wissenschaft und Technik, Handel und Verkehr versprechen. Was sie überdies allesamt – Israel, der Großteil der arabischen Staaten und die USA – verbindet, ist der Wille, den Iran unter Kontrolle zu halten. Verglichen mit dieser Herausforderung wird die Palästinenserfrage zu einer historischen Fußnote. Das wird umso deutlicher, je weiter entfernt die neuen Partner von Israel und damit von den Palästinensergebieten liegen.

Donald Trump nutzte den neuen Spielraum und stellte die angenehm überraschten arabischen Staaten, die vor den Kopf gestoßenen Palästinenser, aber auch die nicht einmal konsultierten Europäer vor vollendete Tatsachen. Mitte Mai 2018 eröffneten die Vereinigten Staaten ihre von Tel Aviv nach Jerusalem verlegte Botschaft. Im März 2019 ließ der amerikanische Präsident die Weltöffentlichkeit per Tweet wissen, es sei an der Zeit, die israelische Souveränität über die seit 1967 besetzten, später annektierten Golanhöhen anzuerkennen. Ende Januar 2020 ging er noch einen entscheidenden Schritt weiter und erklärte in einem sogenannten Nahostplan, die USA würden Jerusalem als Israels »ungeteilte Hauptstadt« und das Jordantal sowie sämtliche jüdischen Siedlungsgebiete im Westjordanland als israelisches Staatsgebiet anerkennen.

Letztlich ist es gleichgültig, ob Israel diese Einladung annimmt und das Westjordanland auch förmlich annektiert, ob es diesen Plan – zum Beispiel als Signal an die Adresse annäherungsbereiter arabischer Nachbarn – zeitweilig aussetzt oder ob Tel Aviv das Vorhaben sogar ganz aufgibt. Die Siedlungspolitik hat längst vollendete Tatsachen geschaffen. Das weiß auch Joe Biden, und man muss realistischerweise davon ausgehen, dass dieser Präsident in der Nahostpolitik ebenfalls keine grundlegenden Kurskorrekturen vornehmen kann.

Zu den Verlierern der Geschichte gehören die Palästinenser. Denn von wenigen Ausnahmen abgesehen, gibt es in der arabischen Welt kaum noch ein Land, das sich vom Palästinakonflikt einen Vorteil verspricht. Man kann es auch so sagen: Zwar hat das Thema nach wie vor ein beträchtliches innerarabisches Mobilisierungspotential, aber das Risiko, die amerikanische Unterstützung zu verlieren, ist den meisten zu hoch. Nicht wenige wie Ägypten, einer der Schlüsselakteure des Nahostkonflikts, sind von amerikanischer Militärhilfe abhängig, und fast alle setzen im Großkonflikt mit dem Iran auf die Hilfe Washingtons. Schon deshalb sind die USA in dieser Region in einer starken Position wie selten zuvor. Hinzu kommt, dass sie nach Einschätzung nicht nur Donald Trumps »energiepolitisch unabhängig«, also nicht mehr auf die Ölzufuhr der arabischen Staaten angewiesen sind. Entsprechend zurückhaltend reagiert Amerika auf Krisen, in denen es während des Kalten Krieges massiv interveniert hatte. So in Libyen.

Zwar zählt Libyen im engeren, wenn man so will geographischen Sinn nicht zum Nahen Osten. Allerdings hat es während der jahrzehntelangen Herrschaft Muammar al-Gaddafis eine dezidierte Position zu diesem Konflikt bezogen und als westlicher Nachbar Ägyptens immer auch mittelbar im Bann des Nahostkonflikts gestanden. Jahrelang hatte man Gaddafi, der das Heft des Handelns in Libyen seit dem Sturz der Monarchie im Spätsommer 1969 fest in der Hand hielt und sich 1979 zum Revolutionsführer befördert hatte, gewähren lassen. Solange das libysche Öl zuverlässig floss, interessierte man sich in Washington und London, Paris und Bonn nicht für das, was Gaddafi sonst so trieb.

Das änderte sich seit den Anschlägen auf eine West-Berliner Diskothek, auf ein amerikanisches Passagierflugzeug über Schottland sowie auf ein französisches Passagierflugzeug in Niger, bei denen zwischen 1986 und 1989 Hunderte Menschen ums Leben kamen oder verletzt wurden. Als Gaddafi dann aber dem Terrorismus abschwor, die Opfer der Anschläge oder deren Angehörige entschädigte und das Programm zur Herstellung von Massenvernichtungswaffen einstellen ließ, das er auch mithilfe deutscher Firmen seit den siebziger Jahren betrieb, war bald wieder alles beim Alten.

Fortan wurde der Diktator förmlich hofiert, weil er nach wie vor über beträchtliche Ölvorkommen verfügte und weil er überdies ein formidables Erpressungsinstrument in der Hand hielt: Es lag an ihm, ob er die nach Europa drängenden Flüchtlinge und Migranten zurückhielt, die vom afrikanischen Kontinent aus nach Europa streben und für die Libyens Küste eines der wichtigsten Tore zur freien Welt war und ist. Davon wollen wir im neunten Kapitel berichten.

Den Preis für die Schließung der Schleusen bestimmte Gaddafi, die Europäer zahlten ihn. Als sich dann einige von ihnen, wie in anderem Zusammenhang berichtet, doch für einen radikalen Kurswechsel entschieden, beförderten sie das Land vom Fegefeuer in die Hölle. Die massiven Luftschläge, mit denen das vorpreschende Frankreich, Großbritannien und die USA im Frühjahr 2011 – auch hier ohne einen Plan für die Zeit danach – im libyschen Aufstand intervenierten, führten zum Sturz und zur Ermordung Gaddafis. Aber zugleich schob die alliierte Intervention das Land endgültig ins Chaos und planierte das Terrain für den radikalen Islamismus.

Und dann sorgte die Auflösung der politischen und militärischen Strukturen auch dafür, dass Unmengen von Waffen unkontrolliert Richtung Süden flossen, außerdem schwarzafrikanische Söldner in Scharen in ihre Heimatländer zurückkehrten und erheblich zur Destabilisierung der Sahelzone und der Subsahararegion beitrugen. Wohin das führen wird, vermag derzeit niemand zu prognostizieren. Sicher ist nur, dass die Lage dort wie natürlich auch in Libyen selbst heute noch unübersichtlicher ist als nach Gaddafis Sturz.

Für diese Unübersichtlichkeit sorgt vor allem Chalifa Haftar, der die Regierung der Nationalen Übereinkunft in Tripolis mächtig unter Druck setzt. Haftar, in der Sowjetunion ausgebildet, war einer der führenden Militärs in Gaddafis Armee, ging später für zwei Jahrzehnte ins amerikanische Exil, beteiligte sich an Gaddafis Sturz und gründete 2014 seine eigene, die Libysch-Nationale Armee (LNA). Der General wusste, wie man Zweckbündnisse schmiedet. Sah Wladimir Putin im Schulterschluss mit Haftar eine Chance, Libyen neben Syrien zum zweiten russischen Standbein in der arabischen Welt aufzubauen, versprachen sich Frankreich − wenn auch zumeist verdeckt −, die Vereinigten Arabischen Emirate und nicht zuletzt Ägypten von Haftar Entlastung im Kampf gegen den islamistischen Terror.

Nachdem im Frühjahr 2019 auch Amerikas Präsident Position zugunsten des libyschen Generals bezogen hatte, fragte man sich, wer denn eigentlich der Regierung der Nationalen Übereinkunft in Tripolis, die zwar nicht gewählt, aber immerhin von den Vereinten Nationen eingesetzt worden war, noch die Stange hielt, von Katar und der ehemaligen Kolonialmacht Italien einmal abgesehen. Dass der türkische Staatspräsident Recep Tayyip Erdoğan als Retter in der Not auf den Plan treten würde, hatte kaum jemand erwartet. Dabei gehörte die Türkei zu den wenigen Ländern, welche die Regierung in Tripolis mit Kriegsgerät, darunter vor allem ihren sehr effizienten Kampfdrohnen, unterstützten. So gesehen lag es nahe, dass die Türkei und Libyen Ende November

Letzte Chance   22,-
Schröder/Schölling   ✓

Crashed   38,-
Adam Tooze

2019 ein Abkommen über Sicherheit und militärische Zusammenarbeit schlossen.

Das war effektiv. Denn dass sich Haftar Anfang Juni 2020 unvermittelt für einen Abzug ausländischer Kämpfer und einen Waffenstillstand einsetzte, im August auf eine Waffenruhe einließ und Ende Oktober 2020 mit der Regierung der Nationalen Übereinkunft einen permanenten Waffenstillstand aushandelte, war nicht das Ergebnis diplomatischer Initiativen wie der Berliner Friedenskonferenz.

Das Zustandekommen dieser Konferenz, zu der die Bundeskanzlerin am 19. Januar 2020 die Repräsentanten von insgesamt 15 Organisationen und Staaten nach Berlin eingeladen hatte, war ohne Zweifel ein beachtlicher Erfolg. Und es war eine nachträgliche Anerkennung für die Entscheidung Berlins von 2011, sich nicht an den militärischen Schlägen Frankreichs, Großbritanniens und der USA zu beteiligen, die den letzten Anstoß zur Auflösung Libyens gebildet hatten.

Das Ergebnis hingegen war überschaubar. Es bestand im Wesentlichen in einem Kompromiss, dessen Tragfähigkeit von der Bereitschaft der Beteiligten abhing, sich daran zu halten. Die Erfahrung aber lehrt, dass man auf diese Bereitschaft in aller Regel nicht zählen kann. Im Falle der Berliner Konferenz kam erschwerend hinzu, dass die beiden libyschen Konfliktparteien nicht mit am Verhandlungstisch saßen, ja nicht einmal in einem Raum zusammentrafen. Also entschieden die Waffen. Was die Konferenz nicht zustande brachte, schaffte die massive militärische Intervention der Türkei zugunsten der Regierung der Nationalen Übereinkunft.

Für die Türkei ist die Unterstützung der Regierung in Tripolis kein selbstloser Akt. Eigentlich ist das, was in Libyen vor sich geht, für Ankara von begrenztem Interesse. Am Bosporus hat man andere, größere Sorgen. Zum Beispiel die Versorgung mit Öl und Gas. Also schloss man mit Tripolis Ende November 2019 ein zweites Abkommen über die »Begrenzung der Einflussbereiche«, in dem die Grenze der Festlandssockel beider Länder im Mittelmeer definiert wird. Damit legte die Türkei ihre Hand unter anderem auf Gebiete, die auch von Griechenland, Zypern und Ägypten beansprucht werden.

Das sorgt für Zündstoff. Denn das türkisch-griechisch-zypriotische Verhältnis gilt spätestens seit der türkischen Invasion der Insel im Sommer 1974 als erheblich belastet. Dass die Spannungen zwischen der Türkei auf der einen, Griechenland und weiteren EU- und NATO-Mitgliedern, darunter Frankreich, auf der anderen Seite im Sommer 2020 bis an den Rand eines militärischen Konflikts in der Ägäis eskalierten, war kein Zufall. Nicht minder brisant sind die Spannungen zwischen der Türkei und Ägypten. Denn was immer sich an der Einfahrt zum Sueskanal ereignet, ist von einer über die Region hinausweisenden Bedeutung.

KAPITEL 8

Tore zur Welt:
Der Persische Golf und das Rote Meer

Wasserstraßen sind Lebensadern. Ohne sie ist der Welthandel aufgeschmissen. Die Überlandrouten und der Luftverkehr können den Seetransport allenfalls marginal entlasten. Zu den besonders frequentierten Routen gehören die durch den Persischen Golf und durch das Rote Meer. Östlich beziehungsweise westlich der Arabischen Halbinsel gelegen, zählen sie zu den weltweit sensibelsten Verkehrswegen. Über den Persischen Golf wickeln Saudi-Arabien, Iran, Kuwait und die Vereinigten Arabischen Emirate große Teile ihrer Ölexporte ab. Das Rote Meer ist das Tor zum Sueskanal und zum Golf von Akaba, für Ägypten, Israel und Jordanien der einzige direkte Weg zum Indischen Ozean und für Jordanien sogar der einzige Seezugang überhaupt.

Beide Seewege haben das Handicap, dass enge Ein- beziehungsweise Ausgänge zu passieren sind, im Falle des Roten Meeres der Bab al-Mandab, im Falle des Persischen Golfes die Straße von Hormus, durch die mehr als ein Drittel aller weltweit per Schiff transportierten Rohölexporte geht. Damit nicht genug, zählen die afrikanischen Anrainerstaaten des Roten Meeres – Ägypten, der Sudan, Eritrea, Somalia, mittelbar auch Äthiopien – zu den instabilen, einige sogar zu den notorisch krisengeschüttelten Staaten.

Nicht minder brisant ist die Lage am Persischen Golf, der die Seegrenze zwischen Saudi-Arabien und dem Iran bildet, den beiden großen Kontrahenten der islamischen Welt. In mehreren Staaten wie dem Jemen tragen sie ihre Konflikte in Form von Stellvertreterkriegen mittelbar aus; im Persischen Golf treffen sie beziehungsweise ihre Verbündeten unmittelbar aufeinander. Der wichtigste Verbündete der Saudis waren und sind die Vereinigten Staaten von Amerika.

Welche herausragende Bedeutung der Persische Golf für die USA hatte, stellte Präsident Jimmy Carter Ende Januar 1980 anlässlich des Umsturzes im Iran und der sowjetischen Intervention in Afghanistan unmissverständlich klar: »Ein Versuch irgendeiner auswärtigen Macht«, so der US-Präsident, »die Kontrolle über die Region des Persischen Golfes zu erlangen, wird als ein Angriff auf die lebenswichtigen Interessen der Vereinigten Staaten betrachtet werden. Und solch ein Angriff wird unter Einsatz aller notwendigen Mittel, einschließlich militärischer Macht, zurückgewiesen werden.«

Dass sich George H. W. Bush ein gutes Jahrzehnt später entschloss, an der Spitze einer Koalition und mit einem Mandat der Vereinten Nationen gegen Saddam Hussein zu Felde zu ziehen, hatte eben auch damit zu tun, dass der Irak nach der Annexion Kuwaits im August 1990 zu einer Bedrohung der amerikanischen Golfinteressen geworden war.

Vier Jahrzehnte, nachdem Carter seine Doktrin verkündet hatte, stellt sich die Lage am Persischen Golf in vieler Hinsicht anders dar. Zum einen hat der Ölimport aus dieser Region für Amerika längst nicht mehr die Bedeutung wie noch während der achtziger Jahre. Denn inzwischen schwimmen die USA – auch infolge des verstärkten Frackings im eigenen Land – geradezu im Öl und gehören längst – wieder – zu den Exporteuren. 2019 wurden weltweit täglich etwa 100 Millionen Fass Öl à 159 Liter verbraucht; die USA förderten davon gut 12 Millionen Fass. Zum anderen hat sich das Verhältnis der Amerikaner zu den Saudis deutlich abgekühlt.

Nicht zuletzt wegen seiner ausgeprägten Reformunwilligkeit gilt das saudische Königreich als Hort des intoleranten, fundamentalistischen Islams, kurz als Anführer der Reaktion. Nicht zufällig hatten und haben islamistische Terrorgruppen, allen voran al-Qaida, saudische Wurzeln, und das wiederum hatte entscheidend damit zu tun, dass die Saudis ihr Land seit Ende der achtziger Jahre den Amerikanern als Aufmarschgebiet für ihren Krieg gegen den Irak zur Verfügung stellten.

Dass sich die USA jetzt wieder verstärkt militärisch im Persischen Golf engagieren, ist weniger die Folge einer wiederentdeckten Neigung zu Saudi-Arabien als vielmehr einer grundlegenden Abneigung gegen den Iran. Die Verstärkung der amerikanischen Militärpräsenz in der Golfregion, der Austritt der USA aus dem Atomabkommen sowie die gleichzeitige Wiedereinführung strenger Sanktionen gegen die Islamische Republik, die sich mit dem Namen Donald Trump verbinden, sind zwei Seiten ein und derselben Medaille.

Seit Frühjahr 2019 nahmen die Aktivitäten der USA in der Golfregion signifikant zu. So verlegten sie einen Flugzeugträger nebst begleitender Kampfgruppe in den Nahen Osten sowie Soldaten, Kampfflugzeuge und Luftabwehrsysteme nach Saudi-Arabien und weitere Soldaten in den Irak, wo sich ihre Zahl bis Ende 2019 auf 6000 erhöhte. Im Juli brachten sie die Operation »Sentinel« auf den Weg. Von Centcom, dem in Tampa, Florida, stationierten und für den Mittleren Osten zuständigen Zentralkommando der amerikanischen Streitkräfte geführt, eskortierten die US Navy und weitere beteiligte Nationen Handelsschiffe, nicht nur der USA, durch den Persischen Golf. Alle diese Aktivitäten sind erklärtermaßen Reaktionen auf tatsächliche oder vermeintliche Angriffe des Iran. Dass sie nach der Verhängung der Sanktionen registriert wurden, von der wir im sechsten Kapitel berichtet haben, ist kein Zufall.

Ganz im Sinne von Carters Doktrin behandeln die USA den Iran, immerhin einer der größten Anrainerstaaten des Persischen Golfs, heute wie eine »auswärtige Macht«. Auch wenn nicht in allen Fällen zuverlässig geklärt ist, dass Iran hinter einer Reihe von Anschlägen in der Golfregion steckt, spricht doch vieles dafür. Das gilt für Angriffe auf Öltanker, für den Abschuss einer amerikanischen Drohne über internationalen Gewässern Ende Juni 2019 und vor allem für die Angriffe mit Drohnen und Marschflugkörpern auf ein Ölfeld und eine Erdölverarbeitungsanlage in Saudi-Arabien am 14. September 2019, durch die immerhin für einige Wochen die Hälfte der saudischen Ölproduktion ausgeschaltet wurde. Ganz gleich, ob diese Angriffe direkt von Iran aus gesteuert oder von seinen Handlangern, in diesem Falle den jemenitischen Huthi-Rebellen, realisiert worden sind, fest steht: Sie wurden professionell vorbereitet und durchgeführt.

In Teheran wussten sie, wie man die Vereinigten Staaten und namentlich ihren Präsidenten provozieren kann. Als Ende 2019 Tausende Angehörige pro-iranischer Milizen die schwer gesicherte amerikanische Botschaft in Bagdad angriffen, es bis in den Empfangsbereich schafften und diesen in Brand setzten, fühlten sich viele Amerikaner an die Erstürmung der Botschaft in Teheran erinnert, der 1979 eine fast fünfzehnmonatige Geiselhaft von 52 Diplomaten gefolgt war.

Bis dahin hatte Donald Trump auf iranische Provokationen erstaunlich zurückhaltend reagiert, es bei rhetorischen Offensiven belassen und sogar einen militärischen Gegenschlag, mit dem er auf den Abschuss der Drohne antworten wollte, in letzter Minute abgeblasen. Jetzt reagierte er und ließ General Qasem Soleimani, einen der wichtigsten und populärsten strategischen Köpfe des Iran, Anfang 2020 mit einem Drohnenangriff am Flughafen von Bagdad, also im Irak, liquidieren. Das konnte man auch als Kriegserklärung lesen, denn der General war ein Amtsträger des iranischen Staates. Aus Sicht Teherans ging damit, wie Rainer Hermann mit Kennerblick analysierte, die »Taktik auf, die Vereinigten Staaten zu Handlungen zu provozieren«, durch die sie in diesem Falle nicht nur die eigene, sondern auch die irakische »Öffentlichkeit gegen sich aufbringen«. Die Angriffe auf zwei auch von Amerikanern genutzte Militärstützpunkte im Irak, mit denen Iran Anfang Januar 2020 auf die Liquidierung General Soleimanis reagierte, waren so gesehen passgenaue Antworten.

Und die Europäer? Sie blieben, wo sie sich in solchen Situationen bevorzugt aufzuhalten pflegen: in der Deckung. Weil der Beginn der Eskalation am Golf in die Weihnachts- und Neujahrsferien fiel, waren die Kommissare ohnehin im Urlaub. Eine Notwendigkeit, sich rasch zu sortieren, sahen sie nicht. Schon als die Europäer nach einer direkten oder indirekten Beteiligung an der amerikanischen Operation »Sentinel« in der Straße von Hormus gefragt worden waren, hatten sie sich mehr oder weniger geschlossen weggeduckt, obgleich sie von der Ölnachfuhr aus der Region deutlich abhängiger sind als die USA. Zwar lag der Anteil der nahöstlichen Lieferungen ohne die libyschen 2019 nur noch bei 15 Prozent der Gesamtimporte, aber von jetzt auf gleich zu ersetzen sind sie auch nicht. Wollen die Europäer ihre Ölversorgung aus und ihre rege Handelstätigkeit mit dieser Region sicherstellen, bleiben sie auf Amerika angewiesen. Denn die Alternative, eine einsatzfähige europäische Armee, die über die entsprechenden maritimen Kapazitäten verfügt, ist nicht in Sicht.

Dass die Amerikaner es satthaben, immer wieder die gleiche Leier zu hören, kann man verstehen. Nicht erst Donald Trump war zu Recht darüber empört, dass sich die Europäer − mit Ausnahme der Briten − nicht einmal im Kielwasser der Amerikaner sehen lassen wollten. Es liegt auf der Hand, dass der in den europäischen Metropolen immer wieder intonierte Appell an die transatlantische Solidarität in Washington spätestens dann auf taube Ohren treffen wird, wenn die NATO dort ihren Zweck erfüllt hat. Solange Russland oder auch China passende Feindbilder abgeben, wird das nicht geschehen. Darauf bauen sollten die Europäer aber nicht.

Dass Russen und Chinesen einstweilen weder mit den Amerikanern noch mit den Europäern gemeinsam zur See fahren, liegt nahe; dass die beiden Ende 2019 im Golf von Oman und im Indischen Ozean eine Marineübung abhielten, stand in der Tradition ihrer seit Jahren abgehaltenen gemeinsamen Manöver; dass an diesem Manöver auch Schiffe der iranischen Marine und der iranischen Revolutionsgarden teilnahmen, war ein Signal, dass mit Russland und China, das 40 Prozent seines Öls aus der Region importiert, künftig auch dort zu rechnen ist.

Vor allem aber war die Operation auch ein untrügliches Anzeichen für Pekings Absicht, den unter erheblichem Druck stehenden Iran an sich zu binden und damit zu entlasten. Das unterstreicht ein im Sommer 2020 unterzeichnetes Kooperationsabkommen und die Errichtung eines Militärstützpunktes im Hafen von Jask, also am Ausgang des Persischen Golfes. Es ist der nach Dschibuti zweite Militärstützpunkt, den China außerhalb seiner Landesgrenzen unterhält. Mithin gilt für den Persischen Golf, was seit einigen Jahren schon auf das Rote Meer zutrifft: China wird künftig auch in diesen Regionen eine immer größere Rolle spielen.

Mit der Eröffnung des Sueskanals Mitte November 1869 wurde das Rote Meer als kürzeste Verbindung vom Mittelmeer zum Indischen Ozean auf einen Schlag zu einem Brennpunkt der Weltpolitik. Daran hat sich nichts geändert, im Gegenteil: 2009 wurde die Fahrrinne vertieft, 2015 wurden der Kanal, den täglich 50 Schiffe passieren, partiell erweitert und an einigen Stellen die Möglichkeit für den Verkehr in beide Richtungen geschaffen. So wichtig wie die Einfahrt ins Rote Meer war und ist die Ausfahrt, der Bab al-Mandab. Hatten die Briten schon 1839 das auf der Ostseite gelegene Aden besetzt, zogen die Franzosen 1862 auf der gegenüberliegenden Seite nach und banden sie bis 1896 fest in ihr Kolonialreich ein. Bis heute ist Dschibuti einer der wichtigsten

Häfen der Region, zugleich Stützpunkt zahlreicher Marinen, darunter, wie gesagt, der chinesischen.

Zu den unberechenbaren Faktoren in der Region des Roten Meeres und des sich anschließenden Golfs von Aden zählt eine Reihe von Anrainern, die allesamt durch mehr oder weniger schwere innere Krisen erschüttert werden. Zudem lebt keiner dieser Staaten mit seinen Nachbarn im Frieden, jedenfalls nicht mit allen. Was die meisten von ihnen physisch verbindet, das Wasser des Nils, trennt sie politisch. Davon werden wir im zehnten Kapitel noch berichten.

Eine Schlüsselrolle spielt Ägypten, weil es in der arabischen Welt seit dem Zweiten Weltkrieg zu den politisch maßgeblichen Staaten zählt, weil der Nil hier ins Mittelmeer mündet, weil der Sueskanal Ägypten gehört und weil das Land zu den bevölkerungsreichsten Staaten Afrikas zählt. In diesem wie in vielen anderen vergleichbaren Fällen sind der Bevölkerungsreichtum und das enorme Bevölkerungswachstum kein Kapital, sondern eine Bürde. Mitte der fünfziger Jahre des 20. Jahrhunderts hatte Kairo gut 2,5 Millionen Einwohner, heute leben im Großraum der Stadt rund 20 Millionen. Die Bevölkerung Ägyptens wächst jährlich um 2 Millionen Menschen, 800 000 junge Ägypter drängen Jahr für Jahr neu auf den Arbeitsmarkt.

Für Ägypten im Besonderen gilt, was Rainer Hermann für die arabische Welt insgesamt bilanziert hat: 53 Prozent der Bevölkerung gelten als »verwundbar«, können also »ihre täglichen Bedürfnisse nur kaum oder gar nicht decken«. Bereits heute beutet die »Bevölkerung die natürlichen Lebensgrundlagen der arabischen Welt in einem Maße aus, dass das bloße Leben gefährdet ist, sollte kein radikaler Kurswechsel erfolgen«. Nicht zufällig wird Ägypten seit 1977 immer wieder von sogenannten Brotunruhen erschüttert. In der Regel ausgelöst durch Preiserhöhungen, sind sie ein zuverlässiger Indikator dafür, wie es im Innern des Landes mit seiner kleinen, sehr reichen Elite und der breiten, an der Armutsgrenze lebenden übrigen Bevölkerung um den sozialen Frieden bestellt ist.

Schlecht steht es auch um den äußeren Frieden. Immerhin ist, wie berichtet, im Verhältnis zum östlichen Nachbarn Israel Ruhe eingekehrt. Der Friedensvertrag von 1979 trägt. Nach vier Kriegen, die Ägypten seit 1948 mit seinen Partnern gegen diesen Neuankömmling geführt hatte, war das nicht selbstverständlich. Gefährlich instabil ist das Verhältnis zum westlichen Nachbarn Libyen. Dort herrscht, wie schon berichtet, das nackte Chaos. Ägypten kann das, was sich in Libyen abspielt, schon deshalb nicht gleichgültig sein, weil es an seiner Südgrenze nicht besser aussieht, eher im Gegenteil.

Der Sudan, einer der Anrainer des Roten Meeres, wird schon seit Jahrzehnten von Krisen erschüttert. Im 19. Jahrhundert zunächst durch Türken und Ägypter errichtet, dann durch Ägypter und Briten verwaltet, hatte das Land seit seiner Unabhängigkeit 1956 immer wieder bürgerkriegsartige Konflikte insbesondere zwischen dem arabisch-islamisch geprägten Norden und dem im weitesten Sinne christlichen Süden erlebt. Sie hatten ihre Ursachen in Konflikten mit ihrerseits krisengeschüttelten Nachbarstaaten wie dem Kongo sowie in Auseinandersetzungen um natürliche Ressourcen und in mitunter erbitterten Kämpfen zwischen den Völkern und Stämmen im Westen und im Süden des Landes.

Diese Kämpfe verbinden sich mit einem Namen: Omar al-Baschir. Der Absolvent verschiedener Militärakademien hatte während des Jom-Kippur-Krieges im Herbst 1973 auf ägyptischer Seite gegen Israel gekämpft, war 1989 nach einem unblutigen Militärputsch in Khartum an die Macht gekommen, hatte im Sudan ein islamistisches Regime errichtet und unter anderem von 1992 bis 1996 Osama bin Laden und seine Familie beherbergt. Die Opfer, die Baschirs Terrorregime im Innern forderte, waren immens. Und doch dauerte es 30 Jahre, bis er im April 2019 entmachtet wurde. Dahin kam es, weil sich ein Teil des Militärs, also seiner Machtbasis, nach wochenlangen Protesten der Bevölkerung gegen ihn stellte.

Das taten auch die Dschandschawid-Milizen, eine Truppe von mindestens 30000 Mann, die Baschir bis dahin treue Dienste geleistet hatten. Seit 2013 firmierten sie als »Rapid Support Forces« (RSF), seit 2016 unterstanden sie Baschir direkt, und 2017 wurden sie auch formell in die Armee integriert. Als 2003 in der Region Darfur im Westen des Sudan einige Stämme die Sudan Liberation Army (SLA) gründeten und sich gegen den Terror der Islamisten in Khartum erhoben, setzte Baschir eben jene Dschandschawid-Milizen gegen sie ein. Mindestens 300000 Darfuris fielen dem Massaker zum Opfer, 2,7 Millionen wurden vertrieben. Heute kämpfen einige der Milizen in Libyen beziehungsweise – als Handlanger der Saudis – im Jemen.

Noch wesentlich höher als in Darfur lagen die Opferzahlen in jenem Krieg, den die Regierung in Khartum bis 2005 gegen die für ihre Unabhängigkeit kämpfenden südsudanesischen Rebellen führte. Bis zu 2 Millionen Menschen dürften ihm zum Opfer gefallen sein. Für die Bewohner des Südsudan endete der Horror mit dem Kriegsende und der Unabhängigkeit der Republik Südsudan im Juli 2011 nicht, im Gegenteil: Nun eskalierten die Konflikte zwischen den Stämmen des Südens, die im gemeinsamen Kampf gegen die Zentralregierung notdürftig überbrückt worden waren. Nach Berichten der für den Südsudan zuständigen UN-Mission waren Mord und Totschlag, Vergewaltigung und Verbrennung bei lebendigem Leibe an der Tagesordnung; ein Drittel der Bevölkerung war vom Hunger bedroht, und die Ölproduktion, ein wesentlicher Grund für die Unabhängigkeit, lag darnieder.

Eine Beruhigung der Lage im Sudan ist schon deswegen kaum in Sicht, weil das Land zwischen Nachbarn eingekeilt ist, bei denen es nicht besser, sondern wie im Falle der westlich anschließenden

Zentralafrikanischen Republik und vor allem der Demokratischen Republik Kongo noch finsterer aussieht. Davon werden wir im nächsten Kapitel berichten. Unklar sind auch die Verhältnisse beim östlichen Nachbarn Äthiopien, einem der stolzesten Länder und einem der ganz wenigen des afrikanischen Kontinents, die sich im Zeitalter des Imperialismus mit Erfolg gegen die Vereinnahmung durch eine fremde Macht gewehrt hatten. Zweimal scheiterte Italien mit einem solchen Versuch. Dass es beim dritten Anlauf Mitte der dreißiger Jahre des 20. Jahrhunderts doch noch erfolgreich war, lag an der brutalen Kriegführung Roms, das auch vor dem Einsatz von Giftgas und Arsen nicht zurückscheute.

Wie in vielen Staaten der damals sogenannten Dritten Welt stellte sich infolge innerer Verwerfungen auch in Äthiopien die Frage, ob ein Wirtschafts- und Sozialmodell sozialistischer beziehungsweise kommunistischer Couleur nicht eine attraktive Alternative darstelle. Im Februar 1977 wurde der darum entbrannte inneräthiopische Machtkampf durch eine kommunistisch orientierte Militärregierung beendet, und das wiederum hatte zur Folge, dass die Sowjets Äthiopien für sich entdeckten. Als ihr Imperium von der Weltbühne verschwand, war im Mai 1991 auch das äthiopische Regime am Ende. Bis heute wird die Regierung des Landes von einer Koalition der damals siegreichen Rebellengruppen gebildet.

Der Umbruch in Äthiopien war die Chance Eritreas. Jahrhundertelang zum Osmanischen Reich gehörend, seit 1890 italienische Kolonie und seit 1936 Teil des italienischen Großverbandes Italienisch-Ostafrika, fand sich Eritrea nach dem Zweiten Weltkrieg infolge eines Beschlusses der Vereinten Nationen von 1950 als »autonome Einheit in Föderation mit Äthiopien« wieder – mit eigener Verfassung, eigenem Parlament, eigener Regierung und eigener Flagge. Die kurze Zeit relativer Autonomie ging zu Ende, als Kaiser Haile Selassie, eine der schillerndsten Figuren der jüngeren Geschichte Afrikas, Eritrea Ende 1962

Äthiopien als 14. Provinz eingliederte – und damit dem eritreischen Widerstand gegen die Vormundschaft die nötige Munitionierung verschaffte. Am Ende setzte sich in Eritrea die marxistisch orientierte Fraktion durch, etablierte nach dem erwähnten Umbruch in Äthiopien eine provisorische Regierung und realisierte nach einer von der UNO überwachten Volksabstimmung im Mai 1993 die Unabhängigkeit Eritreas.

Für Äthiopien war das schon deswegen eine schwerwiegende Entwicklung, weil das Land damit seinen Zugang zum Roten Meer verlor, sich fortan darauf verlassen musste, dass Eritrea ihm die Nutzung der Häfen gestattete, und im Übrigen auf Dschibuti, den Sudan und das sich auflösende Somalia angewiesen war. Das war neben anderen einer der Gründe für den Ausbruch des Grenzkrieges zwischen Äthiopien und Eritrea im Mai 1998. Zwar wurde – vier Jahre später und nach 100 000 Toten – ein Waffenstillstand geschlossen, doch war der Kriegszustand damit nicht beendet. Den Schritt tat erst im Juli 2018 Äthiopiens gerade ins Amt gelangter Ministerpräsident Abiy Ahmed, als er in Eritreas Hauptstadt Asmara reiste und mit dem dort seit der Unabhängigkeit amtierenden Diktator Isayas Afewerki eine Friedenserklärung unterzeichnete.

Ob Abiy Ahmed die in ihn gesetzten immensen Hoffnungen erfüllen kann, muss man sehen. Die Probleme Äthiopiens sind überwältigend. Mehr als 60 Prozent der 105 Millionen Äthiopier sind unter 30, viele von ihnen arbeitslos und damit ohne Perspektive, und die im Herbst 2020 in der Provinz Tigray ausgebrochenen Kämpfe lassen nichts Gutes ahnen. Ähnlich sieht es bei den Nachbarn aus. Eritrea, eine der brutalsten Diktaturen des afrikanischen Kontinents, zählt zu den zehn Ländern, die weltweit die meisten grenzüberschreitenden Flüchtlinge verzeichnen, obgleich das Land nur 4,5 Millionen Einwohner zählt. Sudan und Südsudan wandeln am Abgrund. Und Somalia ist seit 1991 nicht mehr zur Ruhe gekommen.

Am exponierten Horn von Afrika gelegen, war Somalia – ein Zusammenschluss der vormaligen Kolonien Italienisch- und Britisch-Somaliland – strategisch von herausragender Bedeutung. Vor dem Hintergrund des Konflikts mit Äthiopien um das Ogadengebiet geriet Somalia 1977 vom sowjetischen in den amerikanischen Einflussbereich. Präsident Mohamed Siad Barre, der sich im Herbst 1969 an die Macht geputscht hatte, galt als zuverlässiger Vasall.

Der Sturz des Präsidenten durch Rebellen im Januar 1991 führte zur Rückkehr überwunden geglaubter Stammes- und Clanherrschaften. Wieder wurde die Zivilbevölkerung zur Geisel und zum Opfer eines Bürgerkriegs, und wieder – beziehungsweise noch einmal – waren es die Bilder hungernder und sterbender Menschen, welche die Staatengemeinschaft zur Intervention zwangen. Die erstmals im April 1992 durch die Vereinten Nationen mandatierten Friedensmissionen UNOSOM I und II sollten den Bürgerkrieg beenden und die Versorgung der Bevölkerung sicherstellen.

Die Missionen standen faktisch unter amerikanischer Führung und hatten von vornherein eine mediale Dimension. Um die von den Einsätzen und Kriegen im Irak oder auch in Kambodscha ermüdete amerikanische Öffentlichkeit bei der Stange zu halten, wurden sie, mit der Landung beginnend, umfassend und live dokumentiert. Nichts blieb den Kameras verborgen, auch nicht die Demütigungen amerikanischer Soldaten durch einen gewalttätigen Mob, von denen schon berichtet wurde.

Die Folgen dieses Debakels lassen sich schwerlich überschätzen. Fortan waren die USA und mit ihnen der Rest der handlungsfähigen Welt nicht mehr bereit, in vergleichbare Krisen, Kriege und Konflikte einzugreifen. Die lethargische Hinnahme erst des ruandischen Völkermordes, dann der Kongokriege findet hier ihre Erklärung, zumal mit den Bildern aus Somalia der Scheitelpunkt der medialen Aufnahmefähigkeit und -bereitschaft überschritten wurde. Bilder von hungernden Menschen, marodierenden Warlords und zerfallenden Staaten mochte niemand mehr sehen. Es sei denn, das eigene Land war – wie im Kosovo, im Irak oder in Afghanistan – mittelbar oder gar unmittelbar tangiert.

Vor allem aber wurde Somalia für viele Jahre seinem Schicksal und das hieß auch seiner staatlichen Auflösung überlassen. 1991 erklärte sich Somaliland, im Wesentlichen das vormalige Britisch-Somaliland, für unabhängig. Obgleich von keiner Regierung anerkannt, geht Somaliland seit nunmehr fast drei Jahrzehnten mehr oder weniger autonom seinen Weg. Im weitesten Sinne gilt das auch für Puntland, einen selbst erklärten, gleichfalls von niemandem anerkannten Teilstaat Somalias am Horn von Afrika – mit eigener Flagge, eigener Nationalhymne und einer lange Zeit üppig sprudelnden Einnahme: Die Piraten, welche die Küsten vor Somalia über Jahre zu einer der gefährlichsten Routen für die Handelsschifffahrt machten, haben hier einige ihrer wichtigsten Basen. Dass diese Gefahr deutlich nachgelassen hat, liegt nicht zuletzt an der europäischen Marinemission »Atalanta«.

Von Somalia beziehungsweise von dem, was davon noch übrig ist, lässt sich das nicht sagen. Seit Jahren hat der islamistische Terror der Shabaab-Milizen das Land fest im Griff. Im Oktober 2017 starben bei einer Explosion in der Hauptstadt Mogadischu mehr als 500 Menschen. Allein 2018 sollen die Milizen in dem krisengeschüttelten Land rund 1500 Anschläge verübt haben. Diese Entwicklung hatte unter anderem zur Folge, dass die USA ihre Entscheidung von 1993 korrigierten und sich wieder stärker in Somalia engagieren.

Allerdings hat Washington aus den damals gemachten Erfahrungen gelernt. Es hat seine Strategie geändert und sieht von massiven Militäreinsätzen am Boden ab. Vom US-Hauptquartier in Stuttgart aus bekämpft das Afrikanische Kommando in Absprache mit den somalischen Streitkräften die Milizen per Kampfdrohne. Die ersten Einsätze fielen in die Amtszeit Barack Obamas, mit dessen Namen sich der massive Einsatz von Kampfdrohnen hier wie in Afghanistan und anderen Krisengebieten der Welt verbindet. Die Administration Trump setzte – auch hier – diesen Kurs fort. 2019 gab es mindestens 55 Drohnenangriffe gegen die Shabaab-Milizen in Somalia.

Der Grund ist offensichtlich: Somalia ist für die Sicherung oder eben die Gefährdung der Seewege zwischen dem Roten Meer und dem Indischen Ozean von herausragender Bedeutung. Ob sich Amerika für dieses am Boden liegende afrikanische Land interessieren würde oder müsste, wenn dem nicht so wäre, sei dahingestellt. Das Interesse der Vereinigten Staaten an Afrika hielt sich immer in engen Grenzen, mit gutem Grund: Was auf diesem Kontinent passiert, betrifft sie nur mittelbar. Das unterscheidet Afrika von Lateinamerika. Hinzu kommt, dass nicht amerikanische, sondern europäische Kolonialherren das Schicksal dieses Kontinents entscheidend bestimmt haben. Sie tragen eine erhebliche Mitverantwortung für das, was sich heute dort abspielt. Und sie müssen für die Folgen mit aufkommen. Der Strom der Flüchtlinge und Migranten, soweit er nicht nahe der Heimat bleibt, kennt vor allem eine Richtung: den Norden.

KAPITEL 9

Das Herz der Finsternis:
Zentralafrika

Afrika ist ein von seiner jüngeren Geschichte heimgesuchter Kontinent. Geschrieben wurde dieses Kapitel seiner Historie nicht von den Völkern Afrikas, sondern von den Staaten des Abendlandes, als sie in der Mitte des 19. Jahrhunderts, also im Zeitalter des Imperialismus, die Erde abschließend unter sich aufteilten. Die Gebiete, die Briten und Franzosen, Italiener, Belgier und auch Deutsche für sich absteckten, die Grenzen, die sie zogen, die administrativen Strukturen, die sie etablierten, die Infrastrukturen, die sie installierten – das alles und anderes mehr richtete sich fast nie nach den ethnischen Gegebenheiten vor Ort, sondern in der Regel nach den Interessen der Machtzentralen im fernen Europa. Für dieses Erbe trägt Europa heute eine Mitverantwortung.

Über keinen anderen Kontinent weiß man so wenig wie über diesen »dunklen«, wie er einst genannt wurde. Nicht einmal die Zahl der Menschen oder der Staaten ist bekannt. Wahrscheinlich hat die Bevölkerung Afrikas im August 2009 die Milliardengrenze überschritten und wächst jährlich um rund 24 Millionen Menschen, was in etwa der Einwohnerschaft Australiens entspricht. Tendenz steigend. Bis 2050 dürfte sich die Zahl der Afrikaner auf 2,5 Milliarden verdoppelt haben.

Legt man die Mitgliedschaft in den Vereinten Nationen zugrunde, leben die Menschen in Afrika heute in 54 Staaten. Einige, wie Somaliland oder Puntland, erheben den Anspruch auf Eigenstaatlichkeit, sind aber nicht umfassend oder gar nicht anerkannt. Es gibt mit Marokko, Lesotho und Swasiland drei Monarchien, es gibt etliche Diktatoren, es gibt mit Benin, Botswana,

Ghana, Sambia oder dem Senegal auch einige Staaten, die jedenfalls zeitweilig als funktionierende Demokratien galten.

Insgesamt aber ist demokratische Mehrheitsfindung, wie Thomas Scheen im Frühjahr 2012 bilanziert hat, »in weiten Teilen Afrikas nichts anderes als ein Ritual der Selbstbestätigung mit vorab verabredetem Ausgang. Die Geberländer verlangen Wahlen, bezahlen meistens für das Spektakel, und die afrikanischen Eliten beugen sich dieser Forderung nur deshalb, weil sonst der stete Strom an Entwicklungshilfe, billigen Krediten und Schuldenerlassen zu versiegen droht.«

So gesehen hat sich in den vergangenen Jahrzehnten wenig verändert, und das heißt auch: Der Westen hat nicht viel gelernt. Es gelten seine Spielregeln, es gilt sein Verständnis von Rechtsstaatlichkeit, Demokratie und freier Marktwirtschaft, ganz gleich, ob das alles in anderen Kulturkreisen eins zu eins umsetzbar ist oder nicht. Aber das ist nur die eine Seite. Auf der anderen sieht es nicht besser aus. Den afrikanischen Eliten fehlt es in sehr vielen Fällen an Disziplin, Verantwortungsbewusstsein und Kompromissbereitschaft. Ganz gleich, was die vormaligen Kolonialherren und ihre Nachfolger aus der westlichen Welt in Afrika getan oder unterlassen haben, die Verantwortung für das, was die politischen, wirtschaftlichen oder auch militärischen Eliten der seit Jahrzehnten unabhängigen Staaten Afrikas tun oder unterlassen, tragen sie nicht.

Das gilt im Sudan und im Südsudan, in Somalia und Eritrea, in Äthiopien und in gewisser Weise auch in Ägypten und ebenso im Herzen Afrikas, wo sich, von der Staatengemeinschaft ignoriert oder anfänglich gar nicht bemerkt, fast 20 Jahre lang Armeen, Söldner und Milizen eine Serie blutiger Schlachten lieferten. Die Opfer waren vor allem Zivilisten.

Der große Krieg im Herzen Afrikas begann am 6. April 1994 mit dem Massenmord an den Tutsi in Ruanda. Ideen zu einer planmäßigen Vernichtung der Minderheit der ruandischen Tutsi kursierten dort öffentlich seit 1991. Und spätestens 1993 traf der Kreis um Präsident Juvénal Habyarimana, Vertreter der Hutu-Mehrheit in Ruanda, logistische und organisatorische Vorbereitungen für den Angriff. Der Tod des Präsidenten bei einem Flugzeugabsturz am 6. April 1994 war dann der Auslöser des Vernichtungsfeldzugs der ruandischen Hutu gegen die Tutsi im Land. Schon im Januar 1994 hatte die CIA in einer Lagebeurteilung prognostiziert, dass bei einem neuerlichen Ausbruch der Feindseligkeiten in Ruanda eine halbe Million Menschen ums Leben kommen würde. Die Prognose traf zu. Zwischen April und Juli 1994 wurden mindestens 500 000, mithin etwa drei Viertel der seinerzeit in Ruanda lebenden Tutsi umgebracht. Es war der »rascheste Massenmord der Neuzeit«, wie Robert von Lucius beobachtete.

Heute weiß man, dass eine entschlossene Demonstration militärischer Handlungsfähigkeit den marodierenden, mit Macheten und Spaten bewaffneten Milizen wohl Einhalt hätte bieten können. Natürlich gilt grundsätzlich auch hier, dass man nachher immer klüger ist. Aber musste der Westen wirklich erst über zwei Jahrzehnte einem beispiellosen Morden zusehen, bis man in Washington und London, in Paris oder Berlin endlich zu der Einsicht gelangte, dass es im Herzen Afrikas so nicht weitergehen konnte? Denn so war es.

Am 21. April 1994, also auf dem Höhepunkt des Mordens, beschloss der Sicherheitsrat der Vereinten Nationen, die 2200 in Ruanda stationierten Blauhelme auf eine symbolische Stärke von 270 zu reduzieren. Das geschah auf Druck der USA, die kurz zuvor, wie berichtet, in Somalia ein Debakel erlitten hatten und keinesfalls wieder in eine vergleichbare Lage geraten wollten. Die meisten Staaten Europas duckten sich schlicht weg, Frankreich unterstützte das verbrecherische Hutu-Regime in Ruanda sogar noch unmittelbar, indem es Marineinfanteristen und Fremden-legionäre schickte, Waffen lieferte und später eine Schutzzone für die flüchtenden Völkermörder einrichtete. Das Hutu-Regime war nämlich durch die Ruandische Patrio-tische Front (RPF) in Bedrängnis geraten. Sie war im ugandischen Exil gegründet worden, wo zwischen 1959 und 1962 Zehn-tausende aus Ruanda vertriebene Tutsi Zuflucht gesucht hatten. Aufgebaut und seit Herbst 1990 geführt wurde die RPF von Paul Kagame, auch er ein Flüchtling aus Ruanda. Während des Bür-gerkriegs in Ruanda und der drei Kongokriege sollte er eine herausragende, nicht selten die entscheidende und immer wieder auch eine zwielichtige Rolle spielen.

Anfang Juli 1994 marschierte Kagames RPF in Ruanda ein. Damit begann der Rachefeldzug der Tutsi gegen die Hutu. Ver-lässliche Opferzahlen gibt es nicht. Wer diese Runde des Mor-dens überlebte, machte sich auf die Flucht. Im August 1994 zählte das Flüchtlingshilfswerk der Vereinten Nationen allein im Nach-barland Zaire, der heutigen Demokratischen Republik Kongo, 1,25 Millionen Flüchtlinge, zumeist Hutu, unter ihnen auch nen-nenswerte Teile der ruandischen Hutu-Armee sowie der Hutu-Miliz, der Interahamwe, die sich mit ihren Waffen über die Grenze von Ruanda nach Zaire hatten retten können. Insgesamt waren es wohl 50 000 Mann, und die gingen sogleich auf eine dort lebende Minderheit der Tutsi, die Banyamulenge, los. Damit wurde Zaire, das nach Algerien zweitgrößte Land Afrikas, zum Schauplatz des großen Mordens.

Zaire war wie viele afrikanische Staaten vergleichsweise jung, ge-rade einmal 110 Jahre alt, als es von dieser Katastrophe heim-gesucht wurde. Bei seiner Gründung hieß der Staat auch nicht »Zaire«, sondern »Freistaat Kongo«. Das am Reißbrett entworfene Gebilde war auf einer von November 1884 bis Februar 1885 in Berlin tagenden internationalen Konferenz als private Kolonie des

Königs der Belgier aus der Taufe gehoben worden. Der Monarch installierte dort ein Regiment, das in seiner Brutalität so ziemlich alles in den Schatten stellte, was der in dieser Hinsicht nicht gerade zimperliche Imperialismus der Europäer aufzubieten hatte. Der britische Schriftsteller Joseph Conrad hat davon in *Herz der Finsternis* erzählt. Bis der Kongo 1908 auf internationalen Druck hin in den Besitz des belgischen Staates überging, hatte sich seine Bevölkerung fast halbiert. Mit der Übernahme durch den belgischen Staat änderten sich die Verhältnisse.

Als die Belgier ihre Kolonie gut ein halbes Jahrhundert später fluchtartig räumten, versank das seit Mitte 1960 unabhängige Land, das dank seiner vergleichsweise gut entwickelten Infrastruktur, aber auch wegen einer effektiven Verwaltung inzwischen als Musterkolonie galt, für fünf Jahre im Chaos blutiger Stammes- und Separationskämpfe. Die Wiederherstellung eines mehr oder weniger zentral verwalteten Staates Kongo gelang erst dem Armeechef Joseph-Désiré Mobutu, der sich 1965 mit westlicher Hilfe an die Macht putschte. Fortan und bis weit über das Ende des Kalten Krieges hinaus behandelte der Diktator das Land, dem er 1971 den Namen »Zaire« gab, wie einst der König der Belgier, nämlich als private Kolonie.

Der Westen schaute zu, und das hieß auch in diesem Falle: Er schaute nicht hin. Weil nämlich während der siebziger und achtziger Jahre eine Reihe afrikanischer Staaten wie Äthiopien, Angola, Mosambik oder Simbabwe – das vormalige Rhodesien – unter sowjetischen Einfluss zu geraten drohten, galt Zaire als zuverlässiger Fels in der Brandung. So hatte Mobutu freie Hand. Unter rücksichtsloser Ausbeutung seiner Landsleute und der üppigen Ressourcen des Landes avancierte er zu einem der reichsten Staatsmänner der Welt.

Das war die Lage, als 1994 die Hutu-Armee und die Hutu-Miliz nach ihrer Vertreibung aus Ruanda in die beiden östlichen Provinzen Zaires einfielen. Dort taten sich die ruandischen Hutu mit jenen Hutu zusammen, die aus Burundi, einem anderen vom Gegensatz zwischen den beiden Völkern gezeichneten Staat, nach Zaire geflohen waren. Gemeinsam machten sie nun Jagd auf die kongolesischen Tutsi. Deren Hoffnung ruhte vor allem auf den Stammesbrüdern in Ruanda und namentlich auf dem starken Mann Paul Kagame.

Am 30. August 1996 kam es zu einem Feuergefecht zwischen Angehörigen der von Kagame geführten ruandischen Tutsi-Armee und den Streitkräften Zaires. Es gilt als erste Schlacht des Kongokrieges. Treibende Kraft dieses Krieges war die Allianz der Demokratischen Kräfte zur Befreiung Kongos (AFDL), im Kern eine Truppe von kongolesischen Tutsi-Rebellen. Ihr Wortführer war Laurent-Désiré Kabila, der während der sechziger Jahre gegen das Mobutu-Regime gekämpft hatte. Im Hintergrund zog aber Paul Kagame, inzwischen Vizepräsident Ruandas, die Fäden, und das hieß auch: Der Erste Kongokrieg entstand aus einer Invasion Ruandas im Kongo; Kabilas kongolesische AFDL-Rebellen waren lediglich der verlängerte Arm Kagames. Hauptgegner Kabilas, Kagames und ihrer AFDL waren die Hutu, die im Kongo Zuflucht gesucht hatten.

Einen Tag bevor Kabilas AFDL am 17. Mai 1997 in Kongos Hauptstadt Kinshasa einmarschierte, verließ Mobutu das Land in Richtung Marokko, wo er wenige Monate später starb. Ende Mai 1997 wurde Laurent-Désiré Kabila im Stadion von Kinshasa als nicht gewählter Präsident der »Demokratischen Republik Kongo« vereidigt. Damit begann nur scheinbar eine neue Zeit. Tatsächlich etablierte Laurent-Désiré Kabila umgehend ein Willkürregime, das demjenigen Mobutus in nichts nachstand.

Die Unfähigkeit und der mangelnde Wille Kabilas, ein funktionierendes Staatswesen zu etablieren, waren ein Grund, wenn auch sicher nicht der entscheidende für den Ausbruch des Zweiten Kongokrieges im August 1998. Er war ein Ringen zwischen

Hutu und Tutsi, zwischen den beiden vormaligen Kampfgefährten Kagame und Kabila, zwischen alten und neuen Eliten, zwischen rund 30 Milizen und zeitweilig neun afrikanischen Staaten. Angesichts dieses Gemischs von Kriegsparteien prognostizierte Susan Rice, damals Afrikabeauftragte im amerikanischen Außenministerium, der Kongokrieg könne zum »ersten afrikanischen Weltkrieg« werden.

Angola, Namibia, Sambia, Simbabwe, Tansania sowie – zumindest kurzzeitig und vermittelt durch Frankreich – der Tschad und die Zentralafrikanische Republik waren auf die eine oder andere Weise, einige auch unmittelbar militärisch aufseiten des von Laurent-Désiré Kabila regierten Kongo engagiert. Ruanda und Uganda zogen gegen den Kongo und damit gegen Kabila zu Felde, und das hieß: War Kagame im Ersten Kongokrieg mit Kabila gegen Mobutu marschiert, marschierte er im jetzt beginnenden Zweiten mit einer bunt zusammengewürfelten, von Ruanda ausgebildeten und finanzierten Rebellenarmee gegen Kabila. Kagames neue Armee nannte sich »Kongolesische Sammlung für Demokratie« (RCD) und kämpfte für die »zweite« Befreiung des Kongo: erst von Mobutu, jetzt von Kabila.

Eine weitere Frontstellung dieses Krieges wurde sichtbar, als sich im November 1998 neben Kagames RCD eine zweite Rebellenarmee namens »Bewegung für die Befreiung des Kongo« (MLC) zu Wort meldete. Das Gros der MLC, kommandiert von Jean-Pierre Bemba, bestand aus Veteranen von Mobutus gefürchteter Privatarmee und wurde von Uganda aus geleitet. Mit dem Konflikt zwischen Kagames RCD und Bembas MLC eskalierte folglich auch der zwischen Ruanda und Uganda, also jenen beiden Staaten, die in diesem Zweiten Kongokrieg gegen Kabila kämpften.

Der Konflikt zwischen den Zweckverbündeten Ruanda und Uganda machte vollends deutlich, worum es im Zweiten Kongokrieg tatsächlich auch ging: um die Sicherung und Ausbeutung der Rohstoffe des in dieser Hinsicht reichsten afrikanischen Landes. Kriege kosten Geld, und weil Rohstoffe – Coltan und Titan, Kupfer und Kobalt, Gold und Diamanten, Kaffee und Öl – Geld einbringen, gingen die Geschäfte selbst in jenen Zeiten weiter, in denen der Krieg den Kongo fest im Griff hatte. Das galt für die Raubzüge Ruandas, Ugandas und anderer Nachbarstaaten, und es galt auch für die Beutezüge der Rebellenarmeen, die mit dem Verkauf der Rohstoffe ihre Kriege finanzierten. So tauschte Jean-Pierre Bemba kongolesische Diamanten und Edelhölzer gegen Waffen, Munition und Treibstoff aus der Zentralafrikanischen Republik. Keine Frage: In diesen Kreisen, zu denen auch Firmen aus aller Herren Länder zählten, gab es ein Interesse an der Fortsetzung der Kämpfe im Kongo.

Aber dann sorgte ein Mord für eine unerwartete Wendung. Am 16. Januar 2001 wurde Kongos Präsident Laurent-Désiré Kabila in seinem Büro erschossen. Die Frage, wer der Attentäter war, blieb ebenso unbeantwortet wie zunächst auch die Frage nach den Kräften, die hinter dem Sohn des Ermordeten standen und ihn ins Rampenlicht schoben. Joseph Kabila, unter anderem in China zum Generalmajor ausgebildet und amtierender Generalstabschef des kongolesischen Heeres, begab sich sogleich auf Reisen, traf sich mit Frankreichs Staatspräsident Jacques Chirac und mit dem amerikanischen Präsidenten George W. Bush, ließ UN-Beobachter ins Land und erfüllte die Vorgaben des Internationalen Währungsfonds und der Weltbank. Und er traf sich in New York mit Paul Kagame, der einmal der wichtigste Verbündete, zuletzt aber ein erbitterter Gegner seines Vaters gewesen war und der es inzwischen zum Präsidenten Ruandas gebracht hatte.

Dass sich daraus über viele Umwege und Rückschläge ein Friedensschluss entwickelte, war vor allem dem Geschick des Sondergesandten der UNO, Moustapha Niasse, und dem massiven Druck des südafrikanischen Präsidenten Thabo Mbeki zu verdanken: In der Nacht vom 16. auf den 17. Dezember 2002 unterschrieben die Kriegsparteien völlig überraschend in Pretoria den Friedensvertrag. Die Truppen Ruandas und Ugandas wurden abgezogen, die Milizen hielten still, und wo das überhaupt möglich war, wurde Bilanz gezogen.

Der Zweite Kongokrieg sah viele Dimensionen der Gewalt, auch eine in dieser Form neue: Kinder und Jugendliche wurden systematisch rekrutiert und – mit oder ohne Alkohol und Drogen – zu unfassbaren Verbrechen angehalten. Mindestens 3, womöglich bis zu 5 Millionen Menschen sind an den direkten oder indirekten Folgen dieses Krieges gestorben, mehr als in Bosnien, dem Irak und in Afghanistan zusammengenommen. Anders als diese Kriege war der »Große Afrikanische Krieg« in den Medien kaum präsent. Die Welt blendete ihn aus, und der Westen fand in der Konzentration auf Bosnien, den Irak und Afghanistan eine Legitimation, das zu tun.

Auch im Kongokrieg stellten Zivilisten das Gros der Opfer. Die meisten kamen nicht bei Kämpfen oder Massakern ums Leben, sondern starben an Krankheiten, Seuchen und vor allem am Hunger. Denn das Gesundheitssystem und die Verkehrsinfrastruktur des Kongo waren zusammengebrochen, und was es an Nahrungsmitteln gab, ging an die Armeen und Milizen. Verschärft wurde die ohnehin desaströse Lage durch die hohe Zahl der Binnenvertriebenen, die am Ende des Jahres 2002 auf beinahe 2,5 Millionen geschätzt wurde.

Schon wegen der vielen Flüchtlinge, die der Krieg hinterlassen hatte, kehrte der Friede im Kongo mit dem Vertrag von Pretoria nicht dauerhaft ein. Im Osten des Landes brachen die Kämpfe bald wieder aus. Zudem erwies sich der Vertrag als ein unhandlicher Kompromiss, der in der Formel »1 + 4« gipfelte. Neben Präsident Kabila Junior gab es vier Vizepräsidenten, von denen die beiden Rebellenarmeen RCD und MLC jeweils einen stellten. Das war der Preis, den Kagame und Bemba dafür einforderten, dass sie das Machtvakuum nach dem Attentat an Kabila Senior nicht für ihre Zwecke instrumentalisiert hatten.

Dass es unter solchen Umständen zur Etablierung jedenfalls formal demokratischer und parlamentarischer Strukturen kommen konnte, gehört zu den erstaunlichen Kapiteln in der erstaunlichen Geschichte dieses Landes. Am 18. und 19. Dezember 2005 wurde die Verfassung der Demokratischen Republik Kongo in einem Referendum mit überwältigender Mehrheit angenommen. Und am 30. Juli 2006 wählten die Kongolesen in einem überwiegend friedlichen Verfahren ein neues Parlament und einen neuen Präsidenten. Von einer symbolischen kongolesischen Beteiligung abgesehen, wurden die Gelder für die Durchführung der Wahl von der Staatengemeinschaft aufgebracht, die auch mit einer von den Vereinten Nationen mandatierten und militärisch von Deutschland geführten 2400 Mann starken Truppe die Überwachung der Wahlen unterstützte. Hatte der Westen begriffen, was auf dem Spiel stand?

Kritisch wurde die Lage noch einmal, als sich die beiden Spitzenkandidaten für das Präsidentenamt einer Stichwahl stellen mussten. Joseph Kabila, amtierender Präsident, und Jean-Pierre Bemba, vormaliger Anführer der Rebellenarmee MLC und einer der vier amtierenden Vizepräsidenten, bildeten seit Kriegsende die beiden Machtpole. Mitte November 2006 ging Joseph Kabila als Sieger aus dem Rennen hervor. Im März des folgenden Jahres holte er zum entscheidenden Schlag gegen Bemba aus und zwang dessen Privatarmee zum Rückzug aus Kinshasa. Mit internationalem Haftbefehl gesucht und in Brüssel festgenommen, wurde Bemba im Juli 2008 an den Internationalen Strafgerichtshof in Den Haag überstellt und im März 2016 der Kriegsverbrechen und Verbrechen gegen die Menschlichkeit schuldig gesprochen.

Der Strafgerichtshof hatte seine Arbeit im Sommer 2002 aufgenommen. Zwar blieben ihm mit China, Russland und den USA wichtige Mitglieder der Staatengemeinschaft fern, doch haben die Richter inzwischen mit ersten Urteilen deutlich gemacht, dass Völkermörder und andere Verbrecher nicht mehr davon ausgehen können, unbehelligt zu bleiben. Bezeichnenderweise lagen neun von zwölf Ländern, in denen das Gericht 2020 ermittelte, in Afrika.

Bemba wurde nicht wegen seine Rolle im Kongo, sondern unter anderem dafür angeklagt und verurteilt, dass er 2002 und 2003 die Morde, Plünderungen und Vergewaltigungen seiner Rebellenarmee in der Zentralafrikanischen Republik nicht verhindert habe. Dass er im Juni 2018 von einer Berufungskammer des Internationalen Strafgerichtshofs freigesprochen wurde – wenn auch nur mit drei zu zwei Stimmen –, weil ein Verhindern der Verbrechen nicht in seiner Macht gelegen habe, nahmen viele Beobachter äußerst irritiert zur Kenntnis. Daher war es wichtig, dass die internationale Strafgerichtsbarkeit am Ball blieb und im Herbst 2020 das Verfahren gegen Félicien Kabuga an sich zog. Kabuga hatte 1994 den Genozid an den Tutsi finanziert und sich den Fahndern 25 Jahre lang und mit 28 verschiedenen Identitäten entziehen können.

Figuren wie Bemba, Kabuga oder der kongolesische Rebellenführer Laurent Nkunda waren maßgeblich dafür verantwortlich, dass der Friede im Kongo auch nach der Annahme der Verfassung und den Parlamentswahlen nicht von Dauer war. Kurz vor den Wahlen hatte Nkunda den Nationalkongress zur Verteidigung des Volkes (CNDP) gegründet. Auf ihre Fahnen geschrieben hatte sich die Miliz vor allem die Verteidigung der ostkongolesischen Tutsi, der Banyamulenge, einer Ethnie, der auch Nkunda angehörte. Hinter Nkundas Miliz stand als Verbündeter Kagames Ruanda. Die eigentlichen Gegner Nkundas und im Hintergrund auch Kagames waren wieder einmal beziehungsweise immer noch die einst aus Ruanda und Burundi geflohenen Hutu, die sich inzwischen als Demokratische Kräfte zur Befreiung Ruandas

(FDLR) zu einer schlagkräftigen Streitmacht zusammengeschlossen hatten und zumindest zeitweilig von Kongos Präsident Kabila Junior unterstützt wurden.

So war der Konflikt zwischen Hutu und Tutsi, mit dem 1994 der Völkermord in Ruanda begonnen hatte, auch der Auslöser des Dritten Kongokrieges und damit von neuerlicher Brutalität und weiteren Verbrechen an der Zivilbevölkerung. Im November 2006 offen ausgebrochen und immer wieder von Waffenstillständen unterbrochen, endete er erst, als sich die eigentlichen Hauptkontrahenten Joseph Kabila und Paul Kagame auf massiven amerikanischen Druck hin zusammentaten, die Streitkräfte des Kongo und Ruandas gemeinsam gegen Nkunda vorgingen und diesen 2009 in Ruanda festnahmen. Als die Hydra im Frühjahr 2012 abermals ihr Haupt erhob und Adepten Nkundas zur Tat schritten, intervenierten einige Nachbarstaaten, die Vereinten Nationen und erneut auch – für ihre Verhältnisse geradezu entschieden – die USA.

Die Mission der Vereinten Nationen für die Stabilisierung in der Demokratischen Republik Kongo (MONUSCO) war mit ihren fast 20 000 Soldaten zu diesem Zeitpunkt die größte Friedensmission weltweit. Und sie hatte ein offensives Mandat. Ihre professionell aufgestellte und geführte Eingreifbrigade mit Einheiten aus Tansania und Südafrika unterstützte die kongolesische Armee wirkungsvoll. Und so gelang den Streitkräften Kongos mit dem Sieg über die Milizen nicht nur erstmals nach zwei Jahrzehnten ein Sieg über eine Rebellengruppe, sondern mittelbar auch über Ruanda und dessen Präsidenten Kagame.

Einmal mehr fragt man sich, warum die Weltgemeinschaft das nicht früher tat. Wie konnte gerade Europa, das Mantra der Einhaltung und Durchsetzung der Menschenrechte auf den Lippen, dem jahrelangen Morden im Wesentlichen untätig zusehen? Hat der Zerfall des Westens womöglich auch damit zu tun, dass seine Werte zu Lippenbekenntnissen verkommen sind? Wenn dem so ist, wenn eine entschlossene Intervention in Krisen, Kriegen und Konflikten wie denen des Kongo aus diesen und anderen, darunter auch nachvollziehbaren Gründen nicht mehr zur Debatte steht, dann muss man das deutlich sagen. Unter Berufung auf westliche Werte Hoffnungen zu wecken, die nicht erfüllt werden können, ist schändlich. Halbherzig und unwillig zu intervenieren, ist wirkungslos und vergrößert im Zweifelsfall das Elend.

Nicht zuletzt deshalb hat sich die Lage des Landes auch ein Vierteljahrhundert nach Beginn des Ersten Kongokrieges nicht grundlegend zum Besseren gewendet, sondern in mancher Hinsicht eher noch verschlechtert. Im Ostkongo sind die Hutu-Milizen noch immer aktiv, seit einiger Zeit macht zudem eine Bande namens »Allied Democratic Forces« (ADF) mit Verbrechen an der Zivilbevölkerung deutlich, dass der Islamismus auch Teile dieses Landes im Griff hat, und die Ebola-Epidemie, die von 2014 bis 2016 einige Regionen Westafrikas heimsuchte, hat 2018 im Gebiet der Großen Seen ebenfalls Fuß gefasst.

Kein Wunder, dass die Demokratische Republik Kongo von den Vereinten Nationen als eines der am wenigsten, zeitweilig auch als »das am wenigsten entwickelte Land der Welt« eingestuft wurde. Joseph Kabila, der inzwischen reicher ist als Mobutu, ficht das nicht an. Nach wie vor arbeitet er daran, Präsident auf Lebenszeit zu werden oder doch jedenfalls den Kongo auf Dauer unter seiner Kontrolle zu behalten. Auch deshalb droht Ruanda, das nach wie vor von Paul Kagame geführt wird, immer wieder einmal mit einer Intervention. Das Potential für einen solchen neuerlichen Feldzug hat das Land, weil es nicht zuletzt infolge seiner Raubzüge im Kongo zu einem der potentesten Staaten der Region geworden ist. Der Westen nahm auch das hin, legitimierte seine Unterstützung Kagames mit der stabilisierenden Rolle Ruandas im Kongo und hofierte auf diese Weise einen Diktator, der etliche seiner Gegner − wie zuletzt Paul Rusesabagina, der während des ruandischen Massakers Hunderten das

Leben gerettet hatte – entführen und nicht wenige von ihnen ermorden ließ. So gesehen blieb die Heuchelei ein Signum westlicher Afrikapolitik.

Dass es während der Kongokriege, wie überhaupt in der Geschichte des Kongo seit seiner Unabhängigkeit im Jahr 1960, nicht zu Abspaltungen einzelner Landesteile oder gar zur Auflösung des riesigen Staates gekommen ist, dass es vielmehr bei einigen Sezessionsbestrebungen in der frühen Phase blieb, überrascht zunächst. Tatsächlich bestätigt aber der Fall des Kongo die Regel. Denn fast nirgends in Afrika ist es einem oder mehreren Völkern gelungen, das von Fremden gezimmerte koloniale Gebäude in einem geordneten Verfahren zu verlassen. Wenn es einzelne Länder wie Eritrea oder der Südsudan doch schafften, waren die Kollateral- und Folgeschäden immens.

Schoben zunächst die Kolonialherren einen Riegel vor derartige Bestrebungen, waren es später die anderen Mitglieder der Zwangsgemeinschaft, die ein Ausscheren boykottierten. Und zwar mit allen Mitteln. Zu viel stand auf dem Spiel. Denn die Abtrünnigen nahmen ja vieles mit: Land und Leute, Infrastruktur und nicht zuletzt Rohstoffe aller Art. Darum ging es auch Ende der sechziger Jahre, als Teile Nigerias die Abspaltung wollten. Das heute bevölkerungsreichste Land Afrikas gibt es in dieser Form erst, seit die Briten in den sechziger Jahren des 19. Jahrhunderts mit der Kolonisierung im Gebiet des heutigen Nigeria begannen, es nach ihren Vorstellungen formten und dabei keine Rücksicht auf zum Teil über Jahrhunderte gewachsene Strukturen nahmen.

Als die britischen Kolonialherren sich 100 Jahre später zurückzogen, wollten die christlich geprägten südöstlichen Regionen den Zwangsverband verlassen und erklärten Ende Mai 1967 als »Biafra« ihre Unabhängigkeit. Das Schicksal des neuen Staates war im Grunde vom ersten Tag an besiegelt. Denn er kontrollierte die substantiellen Ölvorkommen Nigerias, außerdem das wirtschaftlich, politisch und strategisch wichtige Nigerdelta, und das konnte der ohnehin abgehängte Norden nicht zulassen. Von lediglich einer Handvoll Staaten anerkannt, hatten die Streitkräfte Biafras der nigerianischen Bundesarmee, die von etlichen Staaten, vor allem von Großbritannien, aber auch von der Sowjetunion unterstützt wurde, kaum etwas entgegenzusetzen. Als Biafra Mitte Januar 1970 kapitulierte, war die Bilanz verheerend: Bis zu 2 Millionen Menschen, die meisten von ihnen Kinder, waren in diesem Krieg und an seinen Folgen gestorben, vor allem am Hunger.

Außerhalb von Nigeria weiß heute kaum noch jemand, was sich vor 50 Jahren in diesem Land abgespielt hat. Im Innern ist das anders, schon weil es die alten Konfliktlinien subkutan immer noch gibt. Offenbar verfügte die Terrororganisation Boko Haram, die sich 2003 im Nordosten des Landes zusammenfand und heute Teile Nigerias in Atem hält, zeitweilig über gute Verbindungen zum Establishment des Nordens und konnte dort auf nennenswerte Finanzmittel zurückgreifen.

Verglichen mit dem »Islamischen Staat«, den Taliban oder al-Qaida ist Boko Haram weniger eine straff organisierte Gruppe als vielmehr eine Dachorganisation, unter deren Namen eine unbestimmte Zahl von Zellen und Fraktionen Anschläge verübt. Für erhebliches Aufsehen in der westlichen Welt sorgten im August 2011 der Selbstmordanschlag auf das Hauptquartier der Vereinten Nationen in der Hauptstadt Abuja und im April 2014 der Angriff auf die Stadt Chibok, bei dem 276 Mädchen aus einer christlichen Schule entführt wurden. Ende 2016 lag die Zahl der Opfer von Boko Haram bei weit über 17 000. Bis zu 3 Millionen Menschen wurden vertrieben, ihre Dörfer vernichtet, die Felder zerstört. Zwar gelang der nigerianischen und verbündeten Armeen Anfang 2017 eine vorübergehende Vertreibung der Islamisten, doch wurden die von diesen geräumten Gebiete jetzt von Banden heimgesucht, deren Brutalität der von Boko Haram in nichts nachsteht.

Boko Haram ist nicht Nigeria, und Nigeria ist nicht Afrika. Aber in der Terrorgruppe zeigen sich wie in einem Brennglas die Probleme des Landes, und diese sind wiederum ein Abbild der Probleme des Kontinents. Nigeria ist nicht nur der größte Ölproduzent Afrikas, es ist auch ein Beispiel für den Ressourcenfluch. Denn trotz seines natürlichen Reichtums leidet die Mehrheit der rund 200 Millionen Bewohner Not. Benzin und Diesel müssen aus den Nachbarländern importiert werden, Strom gibt es in vielen Landesteilen nicht, brauchbare Straßen sind eine Seltenheit. Bei der Armutsquote hält das Land eine Spitzenstellung. Und die Weltbank geht davon aus, dass 50 Millionen junge Nigerianer arbeitslos oder unterbeschäftigt sind.

Für die Ressource Öl gilt das Gleiche wie für alle Rohstoffe: Sie verführen zu hemmungsloser Kleptokratie. Nigeria und der Kongo, Angola oder Simbabwe gleichen auch deshalb Armenhäusern, weil sich eine kleine Elite über Jahrzehnte konsequent auf Kosten und zu Lasten ihrer Völker bereichert hat. Auch ehemalige Vorkämpfer für die Befreiung ihrer Länder von kolonialer Vormundschaft sind früher oder später zu Räubern mutiert. Am Ende ihrer mehr als jeweils dreißigjährigen Herrschaft führten Robert Mugabe oder José Eduardo dos Santos Simbabwe beziehungsweise Angola wie Familienbetriebe. Als Letzterer 2017 zurücktrat, galt seine Tochter als reichste Frau Afrikas.

In solchen Biotopen der Gewalt und der Unberechenbarkeit, der Korruption und des krassen Gegensatzes von Arm und Reich, des Mangels und des Analphabetentums kann alles gedeihen. Wenig Gutes, viel Verheerendes. Seuchen wie HIV oder Cholera, Hunger und Durst, Naturkatastrophen wie die Heuschreckenplagen der Jahre 1989, 2004 und 2020 und nicht zuletzt: der militante Fundamentalismus und ein global operierender Terrorismus. Längst hat er in etlichen Ländern Afrikas Fuß gefasst – mit kaum vorstellbarer Brutalität in Nigeria und schon lange im Sudan, aber auch in Mauretanien und Algerien, in Ägypten und Somalia, im Tschad und in Mali.

Wer dort lebt, will weg. Und wer weg will oder auch weg muss, der geht. Mehr als die Hälfte der Flüchtlinge auf der Welt sind Binnenflüchtlinge, bleiben also innerhalb der Landesgrenzen. Ende 2018 waren es 41 von knapp 71 Millionen, davon allein 7,8 Millionen in Kolumbien, das unter den Folgen eines jahrzehntelangen Krieges zwischen der linken Guerilla der FARC und der Zentralregierung litt, gefolgt von Syrien, von wo zugleich die meisten grenzüberschreitenden Flüchtlinge kamen. Das Gros der Flüchtlinge, die ihr Land verlassen, bleibt in den Nachbarländern, also nahe der Heimat. Denn sie wollen zurück, sobald das geht.

Europa wäre gut beraten, die Flüchtlinge darin zu unterstützen, sagt der schon zitierte Entwicklungsökonom und Migrationsforscher Paul Collier. Denn zum einen ist das »Narrativ ›Europa ist die Hoffnung‹ … tragisch falsch, weil Afrika damit seine vielversprechenden Jungen verliert«. Und zum anderen zahlen wir für »jeden Flüchtling in Europa … 135 Mal mehr als für einen Flüchtling in der Nähe seiner Heimat. Das ist total unverhältnismäßig. Die Flüchtlinge, die am bedürftigsten sind, schaffen es nicht bis Europa … Es ist eine Schande.«

Die Minderheit der Flüchtlinge, die nach Europa weiterzieht und damit zu Migranten wird, kann in der Regel das dafür nötige Geld aufbringen. Längst haben Profiteure Mittel und Wege gefunden, dieses Geld abzuschöpfen und die Flüchtlinge und Migranten von Nordafrika auf illegalen Wegen nach Spanien oder Italien zu bringen. Wer aus dem Innern Afrikas kommt, musste 2005 dafür 3500 Euro Kopfgeld aufbringen, 2015 waren es schon 5000 Euro.

Es gibt zwei Hauptrouten. Auf der östlichen Route versuchen sich vor allem Flüchtlinge aus dem Sudan, Somalia und Eritrea zur libyschen Küste durchzuschlagen. Ausgangspunkt ist hier Omdurman im Sudan. Dort werden sie von Schleppern auf

Lastwagen gepackt und in einem Höllenritt durch die Sahara transportiert. An der Küste beginnt die zweite Etappe der Reise, die Überquerung des Mittelmeers in überfüllten, seeuntüchtigen Booten. Sammelpunkte der Schlepper für die westliche Route, auf der die Flüchtlinge und Migranten durch die Sahara vor allem nach Marokko und Algerien gebracht werden, waren und sind Agadez in Niger, Adré im Tschad oder Gao in Mali. Dass Algerien, das seinerseits vor enormen Herausforderungen steht, seit geraumer Zeit Tausende Migranten wieder dorthin abschiebt, verschärft die erheblichen inneren Probleme, mit denen alle diese Länder zu kämpfen haben.

Im Falle Malis wie angrenzender Staaten spielen Terrorgruppen, Banden und Milizen eine verheerende Rolle. Europa, auch Deutschland, hat ein besonderes Interesse daran, dass diese Ursachen der Migration an den Wurzeln bekämpft werden. Das kann man nicht nur anderen überlassen. Richtig ist, dass sich die Bundesrepublik mit der Bundeswehr in Mali an einer Überwachungsmission der Vereinten Nationen und einer Ausbildungsmission der EU beteiligt. Wesentlich weiter geht Frankreich, die vormalige Kolonialmacht in vielen Staaten der Sahelzone. In Burkina Faso, Mauretanien, Niger, Tschad und vor allem in Mali setzt Paris in der Operation »Barkhane« rund 5000 Soldaten zur Bekämpfung der Dschihadisten ein.

Weil das Kräfte bindet und Geld kostet, fragte Paris 2019 bei seinen europäischen Partnern, so auch zweimal bei Deutschland, um Kapazitäten zur Ausbildung und Unterstützung militärischer Spezialkräfte an. Das lag nahe, weil die Bundeskanzlerin im Mai 2019 Mali einen Besuch abgestattet hatte. Wenige Wochen später holte sich Paris erwartungsgemäß eine Abfuhr. Es war nicht die erste. Im Februar 2020 erklärte die deutsche Verteidigungsministerin ihrer französischen Kollegin, dass man zwar über Spezialkräfte verfüge, aber nun einmal »eine andere Tradition« habe und sich – »in gesicherten Orten« wie Kasernen – auf die Teilnahme an der europäischen Ausbildungsmission vor Ort konzentriere und beschränke, und das hieß auch: Gefährliche Einsätze wie die Zerschlagung der al-Qaida-Führung in der Sahelzone im Frühjahr 2020 überließ man anderen.

Natürlich will die Entscheidung, die Bundeswehr bei ihren Auslandseinsätzen mit einem sogenannten robusten Mandat zu versehen, von Fall zu Fall sorgfältig geprüft werden. Wer aber diese und weitere Aufgaben grundsätzlich anderen überlässt, trägt nicht nur dazu bei, dass die mühsam aufrechterhaltene Fassade europäischer Solidarität weiter bröckelt, sondern verweigert sich auch der Erkenntnis, dass elementare Aufgaben wie der Schutz und die Versorgung Europas nur gemeinsam zu stemmen sind.

Dieser Einsicht können auch wir uns nicht verschließen. Es ist zwar richtig, dass die Deutschen nur für wenige Jahrzehnte Kolonialherren gewesen sind und nirgends die letzten. Aber für einige Jahrzehnte war das Deutsche Reich eben doch eine Kolonialmacht wie Spanien und Portugal, Großbritannien und Frankreich, Belgien und die Niederlande oder auch Italien. Wenn Solidarität keine hohle Phrase sein soll, dann schließt sie zwangsläufig auch die Verantwortung für dieses Kapitel der gemeinsamen europäischen Geschichte mit ein.

Und was für die Vergangenheit gilt, gilt natürlich auch für die Zukunft. Denn was in Afrika passiert, betrifft Europa unmittelbar und umso mehr, je stärker sich die USA von diesem Kontinent abwenden und China sich dort engagiert. Mit dem Rückzug der Amerikaner verliert Afrika einen potentiellen Stabilitätsanker, und je instabiler der Kontinent wird, umso größer wird der Migrationsdruck. Chinas enormes Interesse an Afrika bezieht sich in erster Linie auf die Rohstoffe. Je begehrter diese werden, umso höher ist der Preis, den Europa für sie zu zahlen hat. In jeder Hinsicht.

KAPITEL 10
Quellen des Lebens:
Das Ringen um die Ressourcen

Rohstoffe sind begrenzt und begehrt. Je knapper die Vorkommen werden, je mehr selbst erneuerbare Ressourcen wie Wasser davon betroffen sind und je schneller die Weltbevölkerung wächst, umso gefragter sind sie. Das verlangt nach Strategien für ihre Sicherung und ihre Ausbeutung, ihren Transport und ihre Verteilung. Dass es bis heute keine Ressourcenstrategie der EU oder der NATO gibt, ist im Lichte der Entwicklungen, die wir uns in den vergangenen Kapiteln angeschaut haben, nicht überraschend.

Ebenso wenig überrascht es, dass sich seit 1945 immer wieder einmal Staaten pragmatisch auf eine Lösung umstrittener Ressourcenfragen einigten, obwohl sie erhebliche Probleme miteinander hatten: Die Gefahr einer Eskalation war zu groß. Nicht zufällig wurde der sogenannte Antarktisvertrag 1959 beziehungsweise 1961, also auf einem gefährlichen Höhepunkte des Kalten Krieges, von zwölf Staaten unterschrieben und in Kraft gesetzt. Er verbot jedwede militärische Aktivität einschließlich von »Kernexplosionen« und der »Abfuhr radioaktiver Stoffe« und verbriefte die »Freiheit der wissenschaftlichen Forschungen«.

Ergänzend untersagt das 1991 unterzeichnete, 1998 ratifizierte Madrider Umweltschutzprotokoll zum Antarktisvertrag für 50 Jahre die Suche nach Rohstoffen, gar nicht zu reden von der Förderung. Das ist auch deshalb bemerkenswert, weil niemand so genau weiß, was es in der Antarktis zu fördern gibt und in welchem Umfang. Die extremen klimatischen Verhältnisse lassen nur an wenigen Stellen überhaupt geologische Untersuchungen zu. Bekannt sind Kohle- und Eisenerzvorkommen, vermutet werden Lagerstätten von Kupfer, Nickel und auch Platin.

Anders sieht es in der Arktis aus, die als eines der größten, weitgehend unerschlossenen Rohstoffreservoire der Erde gilt. Hier werden mitunter schon seit Jahrzehnten Nickel, Eisenerz und Kupfer, Gold und Uran, Erdöl und Erdgas abgebaut beziehungsweise gefördert. Das US Geological Survey ging 2008 davon aus, dass sich rund 22 Prozent der weltweit unerschlossenen Lagerstätten von Öl und Gas dort befinden könnten. Von Interesse sind auch die reichen Fischbestände. Allerdings haben sich zehn der bedeutendsten Fischfangnationen beziehungsweise Staatenverbünde Ende 2017 auf ein mindestens 16 Jahre geltendes Moratorium für die Arktis geeinigt.

Dahinter steckt die pragmatische Erkenntnis, dass man nicht einmal weiß, welche Bestände es in welchen Dimensionen gibt und welche Auswirkungen der Klimawandel haben wird, der die Arktis besonders hart trifft. Sicher ist, dass die Lagerstätten der Rohstoffe infolge des Schmelzprozesses leichter zugänglich werden. Außerdem eröffnen sich für den Handel neue, in nicht allzu ferner Zukunft womöglich sogar ganzjährig befahrbare Routen. Dann wird der Schiffsverkehr zwischen Europa, Amerika und Asien nicht mehr den Weg durch den Sueskanal und den Panamakanal oder gar um das Kap der Guten Hoffnung nehmen müssen, sondern er kann sich für die Nordost- oder die Nordwestpassage entscheiden.

Das alles weckt Begehrlichkeiten, und schon der Kreis der Anrainer ist so groß und heterogen, dass Konflikte programmiert scheinen. Zwar definiert das 1982 geschlossene, 1994 in Kraft getretene und von beinahe 170 Staaten unterzeichnete Seerechtsübereinkommen bestimmte Größen wie das Küstenmeer, den Festlandssockel oder auch die sogenannte Ausschließliche Wirtschaftszone, die bis zu 200 Seemeilen vor der Küstenlinie verläuft. Aber wie geht man zum Beispiel mit der Feststellung einzelner Anrainerstaaten der Arktis um, wonach sich ihr Festlandssockel deutlich über diese Wirtschaftszone hinaus erstreckt?

Zu den Anrainern zählen mit Russland und den Vereinigten Staaten die beiden Weltmächte des Kalten Krieges, außerdem Kanada, Norwegen, Dänemark, das auch hier die Interessen Grönlands wahrnimmt, Finnland, Schweden sowie mittelbar auch Island. Vier dieser Anrainer gehören der NATO an, drei sind Mitglieder der Europäischen Union. Als erste Nation hat Kanada bereits 1909 Ansprüche auf die arktischen Ländereien erhoben, 1910 schickte Russland eine Marinemission in die Polarregion, und 1924 formulierten die USA ihren Anspruch auf das Seegebiet zwischen der Küste Alaskas und dem Nordpol. Heute zeigen auch Nationen dort Flagge, die man selbst bei großzügiger Auslegung nicht zum Kreis der Anrainer zählen kann. So wurden im September 2015 in der arktischen Beringsee fünf chinesische Kriegsschiffe gesichtet – erstmals in der Geschichte und gerade zu der Zeit, als der amerikanische Präsident durch Alaska reiste.

Zu den offensivsten Anrainern gehört heute Russland, das hier die sowjetische Tradition fortschreibt. Schon 1926 hatten die Sowjets nämlich einseitig ihre Staatsgrenze bis zum Nordpol verlängert und den fast 6 Millionen Quadratkilometer großen Sektor zum sowjetischen Staatsgebiet erklärt. 2007 unternahm Russland eine spektakuläre Polarmission, die nach Angaben Moskaus den Beweis lieferte, dass die Sibirien vorgelagerten unterseeischen Gebirgszüge geologisch zum eurasischen Kontinent gehören. 2008 billigte der russische Sicherheitsrat ein Dokument über die »Grundlagen der Arktis-Politik der Russischen Föderation«, in dem es heißt, das Polargebiet solle ab 2020 als »strategische Rohstoffbasis« genutzt werden. Und 2015 bekräftigte Russland bei den Vereinten Nationen noch einmal seine Ansprüche auf ein Gebiet, in dem nach russischen Angaben 4,9 Milliarden Tonnen fossiler Brennstoffe lagern.

Damit stellt sich die Frage, ob es sich um legitime, mit dem Seerechtsübereinkommen der Vereinten Nationen zu vereinbarende Ansprüche handelt. Kann Russland tatsächlich, wie 2007 behauptet, den Beweis antreten, dass sein Festlandssockel so weit reicht? Dann wären die Ansprüche unter Umständen mit der Konvention, aber ganz gewiss nicht mit den Ansprüchen anderer Anrainer, allen voran Kanadas, vereinbar. Oder handelt es sich hier um die Vorbereitung einer Annexion, und wenn ja: Was steckt dahinter? Mehr Land braucht das größte der Erde gewiss nicht. Wohl aber kann selbst ein mit Rohstoffen gesegnetes Land gar nicht über genug natürliche Ressourcen verfügen. Auch wenn sie den eigenen Bedarf weit übersteigen, gebraucht werden sie immer – von den anderen, die in dieser Hinsicht mehr oder weniger mittellos sind.

Ohne natürliche Ressourcen geht so gut wie nichts. Welche besonders begehrt sind, hängt vom Grad der Industrialisierung und der Mobilität einer Gesellschaft ab. Einige Bodenschätze wie die Kohle haben ihre besten Zeiten hinter sich, andere, etwa die sogenannten Seltenen Erden, gewinnen zunehmend an Bedeutung, und wieder andere wie namentlich Öl und Gas sind aus heutiger Sicht als Energieträger für einen jahrzehntelangen Übergang unverzichtbar. Deshalb und weil sie zu den heiß begehrten Devisenbringern zählen, halten Öl- und Gasfelder nach wie vor eine Spitzenposition auf der Prioritätenskala. Wer Ölquellen besitzt und die Fördertechniken kontrolliert, verfügt über einen steten Nachschub für die Kassen, sofern er konsequent in die Anlagen investiert und sie nicht verkommen lässt.

Dass dieser Zufluss nichts über den inneren Zustand eines ölreichen Landes sagt, zeigen viele krasse Beispiele. Nigeria, der größte Ölproduzent Afrikas, Venezuela, das mutmaßlich über die weltweit größten Ölvorkommen verfügt, oder auch der Südsudan, der nicht zuletzt wegen der Ölvorkommen die Unabhängigkeit wollte, stehen als Staaten vor dem Bankrott. Immerhin hat der Südsudan es bis zur Unabhängigkeit geschafft. Andere, wie Nigerias südöstliche Provinzen, sind 1970 auch daran gescheitert, dass der Norden diesen Raub der Ölquellen nicht zuließ. Wieder andere wie die vormaligen zentralasiatischen Sowjetrepubliken Aserbaidschan, Kasachstan oder Turkmenistan kamen zu ihrer Unabhängigkeit und damit zum eigenen Öl und Gas sprichwörtlich wie die Jungfrau zum Kind. Wäre die Sowjetunion intakt und ihre Führung handlungsfähig gewesen, wäre das nie und nimmer geschehen.

Wenn Öl derart begehrt ist wie vor allem seit dem Zweiten Weltkrieg, dann können ein signifikantes Nachlassen des Ölflusses und die damit einhergehende Preiserhöhung des Rohstoffs die ölarmen Verbraucherländer vor ein erhebliches Problem stellen. Während der siebziger Jahre geschah das zweimal. In beiden Fällen lag die Ursache der sogenannten Ölkrisen, die auch als »Ölschocks« in die Geschichte eingegangen sind, im Nahen und Mittleren Osten.

Am 17. Oktober 1973, also auf dem Höhepunkt des Jom-Kippur-Krieges zwischen Israel und seinen arabischen Nachbarn, verkündeten die in der Organisation der arabischen Erdöl exportierenden Staaten (OAPEC) zusammengeschlossenen Länder eine Produktionskürzung von mindestens fünf Prozent, begleitet von einer drastischen Preiserhöhung. In der Bundesrepublik wurden daraufhin am 19. November 1973 Maßnahmen zur Reduzierung des Bezinverbrauchs ergriffen. Dazu zählten ein viermaliges Sonntags-»Fahrverbot« und eine halbjährige Geschwindigkeitsbegrenzung auf Landstraßen und Autobahnen. Zwar hatten die OAPEC-Staaten am Tag zuvor beschlossen, das Embargo gegen die EG-Staaten aufzuheben, doch blieben die Niederlande davon ausgeschlossen, und da die Bundesrepublik ihr Öl vor allem über die holländischen Häfen bezog, war auch sie vom Totalembargo gegen das Nachbarland direkt betroffen. Das sagt einiges über die strategische Bedeutung der Öl- oder auch Gaspipelines aus. Wenn man so will, gehören sie heute zu den wenigen Scharnieren, die Europa noch zusammenhalten.

Die zweite Ölkrise war eine unmittelbare Folge des Umsturzes im Iran und des sich daran anschließenden Ersten Golfkrieges zwischen dem Irak und dem Iran. Immerhin war der Iran damals der zweitgrößte Öllieferant der Welt. Panikkäufe der Verbraucher an den Ölmärkten und entsprechendes Drehen an der Preisschraube seitens der OAPEC hatten zur Folge, dass der Durchschnittspreis des Rohöls im Januar 1981 rund zweieinhalbmal so hoch war wie im Dezember 1978. Für ein rohstoffarmes und exportorientiertes Land wie die Bundesrepublik bedeutete das unter anderem, dass die Leistungsbilanz von einem Überschuss von 18,5 Milliarden auf ein Defizit von 29 Milliarden D-Mark absackte.

Obgleich die Spannungen nicht nur um den Persischen Golf in den vergangenen 30 Jahren dramatisch zugelegt haben, ist es seither trotz diverser krisenbedingter und zum Teil heftiger Preisausschläge nicht mehr zu vergleichbar lange anhaltenden Ölkrisen gekommen. Selbst nicht im Zweiten Golfkrieg der Jahre 1990/91. Das ist erstaunlich, aber erklärbar. Zum einen kompensieren der Fund neuer und die Ausbeutung bekannter, aber bislang technisch nicht erreichbarer Vorkommen – zu einem guten Teil und auf absehbare Zeit – die ausbleibenden Bestände. Zum anderen konnten in den vergangenen Jahrzehnten Ausfälle in einer Krisenregion durch erhöhte Lieferungen aus sicheren Regionen ausgeglichen werden. Überdies haben die Öl- und Gasströme durch neue Fördermethoden wie insbesondere das Fracking in jüngster Zeit merklich an Volumen gewonnen. Die Debatten um den Klimawandel tun ein Übriges.

Ob dank ausreichender Ölreserven die Versuchung nachlässt, sich gewaltsam neue Quellen zu sichern, sei dahingestellt. Vieles spricht dagegen. Denn mit dem »Schwarzen Gold«, wie das Öl lange genannt wurde, ist immer noch viel Geld zu verdienen. Wenn es ums Öl ging, griffen jedenfalls bislang alle schnell zur Waffe. Die drei Golfkriege waren auch Kriege ums Öl. Nicht nur die Feldzüge, die der Irak von 1980 bis 1988 gegen den Iran und 1990 gegen Kuwait führte, sondern mittelbar auch der amerikanische Irakfeldzug des Jahres 2003. Dass die USA ihn begonnen hätten, wäre in dieser Hinsicht nichts zu holen oder zu sichern gewesen, ist schwer vorstellbar.

Das Chaos, das die Amerikaner im Irak und seiner Nachbarschaft hinterließen, beförderte die Entwicklung hin zu einem Zustand, den man wohl als vierten Golfkrieg begreifen kann: den Aufstieg des »Islamischen Staates« und den Kampf gegen ihn. So vergleichsweise bescheiden die Fördermengen und die Raffineriekapazitäten zuletzt auch gewesen sein mögen, für die Terrororganisation stellten die Ölfelder in den von ihr kontrollierten Gebieten des Irak und Syriens vor allem anfänglich eine willkommene zusätzliche Einnahmequelle dar; seit 2016 finanzierte sich der IS dann vor allem aus Steuereinnahmen in den besetzten Territorien Dass Staaten wie die Türkei zu den – wenn auch inoffiziellen – Abnehmern des vom IS erbeuteten Öls gehörten, zeigt, wie profitabel der Raub sein kann.

Man ahnt, was auf dem Spiel steht, wenn es um den Raub des wirklich lebenswichtigen Rohstoffs geht. Der Mensch kann ohne Öl und Gas auskommen, ohne Gold und Silber sowieso. Ohne Nahrungsmittel kann er nicht überleben, ohne Wasser schon gar nicht. Die einen wie das andere zählen grundsätzlich zu den erneuerbaren Ressourcen. Daher hat man lange geglaubt, sie könnten nie zur Neige gehen. Das aber ist ein Irrtum. 2019 reichten die innerhalb eines Jahres erneuerbaren Ressourcen bis zum 28. Juli. Danach zehrte die Menschheit von den Reserven.

Niemand weiß genau, wie viele Tierarten ausgestorben sind oder ausgerottet werden. Derzeit sind es bis zu 160 – Tag für Tag. Grundsätzlich ist keine davon ausgenommen, auch keine der vielen Fischarten in den Weltmeeren. Fisch gehört zu den wichtigsten Grundnahrungsmitteln weltweit, um ihn hat man schon

Kriege geführt. Auch in der jüngsten Geschichte, auch in Europa. Die drei sogenannten Kabeljau- oder auch Fischereikriege, die Island zwischen 1952 und 1976 mit Großbritannien, zeitweilig auch mit der Bundesrepublik Deutschland ausgetragen hat, waren keine Bagatellen. Isländische Fischer kappten britische Fangnetze, britische Kriegsschiffe rammten isländische Wachfahrzeuge, und die Bundesrepublik saß zwischen den Stühlen. Immerhin waren alle drei Konfliktparteien Mitglieder der NATO. Auch deshalb kamen sie nach einem Vierteljahrhundert zur Vernunft.

Inzwischen ist die Sorge vor einer lokalen Überfischung zu einem globalen Albtraum geworden. Die illegale, ungemeldete, unregulierte Fischerei hat Formen angenommen, die den Fischbestand und damit den Nachschub eines Grundnahrungsmittels perspektivisch gefährden. Um die Jahrtausendwende dürften bis zu 60 Prozent der Gesamtmenge aus solchen Fängen gekommen sein. 2007 ging die Ernährungs- und Landwirtschaftsorganisation der Vereinten Nationen davon aus, dass dem weltweiten Fischraub 23 000 Fischereifahrzeuge und 740 Fischtransportschiffe zur Verfügung standen. Es ist ein Milliardengeschäft. Dass der Fisch gleichwohl nicht knapp wird, liegt an den wuchernden Zuchtbetrieben. Fast die Hälfte der Fische und Krustentiere kam 2016 aus Zuchtanlagen in China, Norwegen oder Vietnam. Über die gravierenden Begleiterscheinungen und Folgen dieser Anlagen für die Umwelt macht man sich erst in jüngster Zeit Gedanken.

Wie der Fisch wird auch das Wasser knapp. Die Gründe sind seit Langem bekannt. Gerade einmal 1,5 Prozent des Wassers werden unmittelbar von Menschen verbraucht, der weitaus größte Teil hingegen von der Industrie und vor allem von der Landwirtschaft. So führte der während der Sowjetzeit begonnene großflächige Anbau von Baumwolle dazu, dass der Aralsee, einmal das viertgrößte Binnengewässer der Erde, im Laufe von Jahrzehnten praktisch ausgetrocknet ist.

Katastrophales Wassermanagement war nicht nur ein Signum der untergegangenen Sowjetunion, es ist auch in vielen Staaten der Europäischen Union anzutreffen. Zum Beispiel in Spanien, das wie der Nachbar Portugal seit Jahren von der Dürre heimgesucht wird. Die Landwirtschaft beansprucht fast 85 Prozent des gesamten spanischen Wasserbedarfs, erwirtschaftet aber gerade einmal 2,5 Prozent des Bruttoinlandsprodukts. Rund ein Fünftel dieses Verbrauchs geht auf das Konto maroder Leitungen.

Weil beträchtliche Mengen des zivil oder industriell gebrauchten Wassers ungefiltert in Flüsse und Seen zurückfließen, weil es, auch deshalb, vielerorts keinen Zugang zu sauberem Trinkwasser gibt, weil durch defekte Leitungssysteme Unmengen von Wasser versickern, weil der mit Abstand größte Teil des Süßwassers im vorerst noch ewigen Eis, in Gletschern oder unter der Erde gebunden und daher nicht einmal ein Prozent in Flüssen und Seen leicht zugänglich ist, weil der Klimawandel ein Übriges tut und weil rund 7,5 Milliarden im Schnitt älter werdende Menschen von den knapper werdenden Vorräten leben müssen, ist ein heftiger Kampf um diese wertvollste aller Ressourcen entbrannt, und das heißt auch: Es wird gestohlen, was das Zeug hält.

Dabei kommt es nicht unbedingt auf die absolute Menge des entnommenen Wassers, auch nicht auf die Größe der Flüsse oder Seen an. Der Jordan gehört zu den weltweit gut 260 Flussläufen, die mehr als einen Anrainer haben. Gleichzeitig zählt er mit rund 250 Kilometern zu den kürzeren internationalen Flüssen der Erde. Seine Hauptzuflüsse liegen in Israel, Libanon, Syrien und Jordanien. Zu den Anrainern des Jordan gehören neben diesen Staaten auch die Palästinensergebiete. Die Umleitung des Jordanwassers durch Syrien war eine der Ursachen des dritten, des sogenannten Sechstagekrieges zwischen Israel und seinen arabischen Nachbarn, von dem wir im siebten Kapitel berichtet haben.

Seit Israel infolge dieses Krieges die syrischen Golanhöhen und das bis dahin jordanisch beherrschte Westjordanland besetzt hält, kontrolliert es mehr oder weniger sämtliche Wasserreserven der Region. Israels rigorose Entnahme auch der Grundwasservorräte und die nicht minder rigorose Beschränkung neuer Brunnenbauten in den Palästinensergebieten zeigen, dass es im Nahostkonflikt seit seinen Anfängen immer auch um Wasser ging. Dass sich Israel 1994 und 1995 mit Jordanien und den Palästinensern – mit diesen vorläufig und immer wieder von Rückschlägen unterbrochen – auf einen Modus Vivendi in der Wasserfrage verständigte, zeigt aber auch: Wasser verbindet. Im Guten wie im Schlechten.

So auch die Türkei, Syrien und den Irak. Euphrat und Tigris, die Lebensadern Syriens und des Irak, entspringen in der Türkei. Die begann Mitte der sechziger Jahre des 20. Jahrhunderts mit den Planungen eines der gigantischsten Vorhaben seiner Art. Mit dem sogenannten Südostanatolien-Projekt (GAP), einem System von 22 Staudämmen und 19 Wasserkraftwerken, verfolgt Ankara die beiden Ziele, die man gemeinhin mit dem Bau solcher Stauwerke verbindet: die Deckung des zunehmenden Energiebedarfs und die Bewässerung landwirtschaftlich nutzbarer Flächen. 1983 war Baubeginn des Atatürk-Staudamms. Als er neun Jahre später fertiggestellt war, bedeckte der See eine Fläche von rund 880 Quadratkilometern. Mehr als 50 000 Menschen mussten ihre Städte und Dörfer verlassen.

Die Dämme und Seen bergen politischen Sprengstoff. Zum einen liegen sie im Kurdengebiet und damit in einer traditionellen Krisenregion. Zum anderen und vor allem hat die Türkei mit den Dämmen die Schlüssel für die Wasserversorgung Syriens und des Irak in der Hand. Solange es in Bagdad und Damaskus handlungs- und kontrollfähige Regierungen gab, war der Konflikt begrenzbar. 1987 garantierte die Türkei Syrien in einem Kooperationsprotokoll einen definierten Wasserzufluss. 1998 folgte ein

Sicherheits-, 2004 ein Freihandelsabkommen. 2009 gründeten die Türkei, Syrien und der Irak einen strategischen Kooperationsrat, und im Februar 2011 begannen die Türkei und Syrien an der Grenze zwischen ihren Ländern sogar gemeinsam mit dem Bau eines Staudamms. Das kam einer Sensation gleich. Und es war der Scheitelpunkt. Wenig später brach in Syrien der Bürgerkrieg aus. Damit wurden die türkischen, aber auch die syrischen Staudämme über Nacht zu einem Mittel der Kriegführung. Denn offensichtlich setzten die Türkei wie die übrigen Konfliktparteien in Syrien die Wasserversorgung auch als Druckmittel gegen das Regime von Baschar al-Assad ein, sodass man von »Tötung durch Wasserentzug« gesprochen hat. Davon war und ist mittelbar auch die irakische Bevölkerung betroffen, denn das Wasser des Euphrat und auf einer kurzen Strecke auch des Tigris fließt durch Syrien in den Irak weiter. Der zunehmende Wassermangel infolge der Klimaerwärmung verschärft die Situation. In Bagdad lässt sich der Tigris an einigen Stellen manchmal zu Fuß durchqueren.

Mit ihrer Wasserpolitik verfolgen die Wasserarchitekten und Kriegsparteien der Region ein Spektrum von Zielen. Es reicht von der vorrangigen Versorgung der Bevölkerung des eigenen Machtbereichs mit Wasser und Strom über das Angebot beziehungsweise die Drohung an die Adresse der näheren und ferneren Nachbarn, ihnen das Wasser zu liefern oder zu entziehen, bis hin zur finsteren Warnung des »Islamischen Staats«, die Dämme zu sprengen und damit das Wasser als Massenvernichtungswaffe einzusetzen.

Was für Euphrat und Tigris gilt, trifft erst recht auf den Nil zu, der mit 6695 Kilometern einer der längsten Flüsse der Erde ist. Insgesamt 160 Millionen Menschen in elf Anrainerstaaten leben von ihm. Er hat zwei Hauptquellen, den Weißen Nil, der im Viktoriasee entsteht, und den Blauen Nil, der aus Äthiopien kommt und dem Strom 86 Prozent seines Wassers zuführt. Davon sind der Sudan und Ägypten mehr oder weniger alternativlos abhängig. Ägypten bezieht 97 Prozent seines Wassers von außerhalb seiner Grenzen – gefolgt von den Niederlanden mit 89 Prozent –, im Falle des Sudan sind es 77 Prozent.

Deshalb beschlossen Kairo und Khartum schon 1929, die Abflussmenge des Nils unter sich aufzuteilen. 87 Prozent des Nilwassers sollte ihnen zustehen, davon wiederum mit Abstand das meiste Ägypten. Äthiopien, einer der Wasserspeicher Afrikas, hatte das Nachsehen. Da eine Dürre und eine Heuschreckenplage, die zu jener Zeit den Norden des Landes heimsuchten, innere Unruhen verursachten, blieb der Regierung in Addis Abeba kein Raum für eine entschiedene politische Intervention. Außerdem stand Äthiopien allein, während der Sudan und Ägypten Rückendeckung durch ihre Kolonialherren hatten. Zwar war Ägypten de jure unabhängig, tatsächlich aber führten die Briten immer noch die Regie.

Dass Kairo seine Ansprüche auf das Nilwasser bis heute aus einem 1929 geschlossenen, 1959 ergänzten Vertrag ableitet, ist bemerkenswert. Wie es andererseits nicht überrascht, dass Äthiopien eigene Wege einschlug und Anfang April 2011 mit dem Bau des gewaltigen Renaissance-Staudamms begann. Einmal fertiggestellt, wird er 74 Milliarden Kubikmeter Nilwasser fassen, was in etwa dem Volumen entspricht, das jährlich den Nil hinunterfließt. Womöglich war es ein Zufall, aber wenige Wochen nach Baubeginn betrat mit dem unabhängigen Südsudan ein weiterer Hauptakteur die Bühne. Dass im riesigen Quellgebiet des Weißen Nils mit der Demokratischen Republik Kongo, mit Ruanda, Burundi und Uganda die Kombattanten der drei Kongokriege ebenfalls in der Wasserfrage mitmischen, macht die Lage noch komplizierter, als sie ohnehin schon ist.

Bis in die jüngste Vergangenheit hinein hatte Ägypten Äthiopien immer wieder einmal mit Krieg gedroht, sollte es den

Blauen Nil aufstauen. Weil das schon aus geostrategischen Gründen eine leere Drohung bleiben musste und weil sich Äthiopien auch deshalb nicht vom Bau des Renaissance-Staudamms, des größten seiner Art in Afrika, abhalten ließ, kamen die beiden, vermittelt durch den Sudan, zur Raison. Im März 2015 unterzeichneten Ägypten, der Sudan und Äthiopien eine Grundsatzvereinbarung über das Nilwasser.

Ob sie trägt, muss man sehen. Die Chancen stehen nicht ganz schlecht, weil es Äthiopien nicht um mehr Wasser, sondern um mehr Energie geht und das Kraftwerk so viel Strom produzieren wird, dass auch der Sudan und Ägypten davon profitieren könnten. Allerdings sind die drei Staaten im Innern höchst instabil und neigen wie viele Akteure in vergleichbaren Situationen dazu, diese inneren Defizite durch außenpolitische Offensiven zu kaschieren. Hinzu kommt, dass die drohende Wasserknappheit in Ägypten längst ein Politikum ersten Ranges ist. Man schätzt, dass Ägypten rund 95 Prozent seines Wasserverbrauchs aus dem Nil bezieht. 99 Prozent der Bevölkerung leben entlang des Flusses, also auf vier Prozent der Landfläche, und nutzen das Wasser vor allem für die extrem wasserintensive Landwirtschaft. Die Vereinten Nationen sagen für 2039 eine »absolute Wasserknappheit« voraus – wenn es überhaupt so lange gut geht.

Wasser kann also trennen und verbinden, selbstverständlich nicht nur in Afrika. Auch auf anderen Kontinenten ist Wasser ein hochpolitisches Element in den zwischenstaatlichen Beziehungen. In Asien spielt das Gebirgsmassiv des Himalaya in diesem Zusammenhang eine herausragende Rolle. Dass sich die ansonsten tief zerstrittenen Nachbarn Indien und Pakistan schon früh auf die Nutzung des Wassers im Indus-Flüsse-System einigten, haben wir im fünften Kapitel berichtet.

Eine eigene, ausschließlich an den eigenen Interessen orientierte Wasserpolitik verfolgt China. Über die gigantische landesweite Staudammplanung der Pekinger Wasserarchitekten im

Himalaya ist wenig bekannt. Weil hier Ströme wie der Indus, der Brahmaputra oder auch der Mekong entspringen, müssen die unter größter Geheimhaltung vorangetriebenen Projekte der Volksrepublik unmittelbar oder mittelbare Folgen für Indien, Pakistan und Bangladesch, für Myanmar, Laos, Thailand, Kambodscha oder Vietnam haben. Mit seinen 13 Staudämmen entlang des Mekong kann China seinen südlichen Nachbarn im wahrsten Sinne des Wortes das Wasser abdrehen. Die zögern, offen in die Opposition zu gehen, weil sie die Volksrepublik als Handelspartner brauchen.

Wasser gehört zu den natürlichen Ressourcen, welche Peking das geringste Kopfzerbrechen bereiten. Insgesamt ist das bevölkerungsreichste Land der Erde gemessen an seiner Größe ein relativ rohstoffarmes. Ganz mittellos ist China in dieser Hinsicht allerdings nicht. Zwar müssen Öl und Gas, die Hauptenergieträger der Gegenwart und der nahen Zukunft, in nennenswertem Umfang eingeführt werden, doch verfügt das Reich der Mitte über eine Ressource, die selten ist und die alle wollen.

Die sogenannten Seltenen Erden»sind eine Gruppe von 17 Metallen der Lanthanoid-Gruppe des Periodensystems, die aufgrund ihrer physikalischen und chemischen Eigenschaften in zahlreichen Technologien benötigt werden … Ohne sie würden viele Geräte schlicht nicht funktionieren. Für die Zukunftstechnologien der Energiewende, wie zum Beispiel vollelektrische Autos, Batterien und vernetzte Industrie-4.0-Anwendungen sind sie zusammen mit einer Reihe weiterer Rohstoffe wie Kobalt oder Lithium die elementare Grundlage«, diagnostiziert die Bundesakademie für Sicherheitspolitik. Schon die Tatsache, dass sich diese Institution mit dem Thema befasst, zeigt, wie sensibel es ist. Dabei sind diese Erden gar nicht selten, sondern kommen weltweit vor. Allerdings in derart geringer Konzentration, dass ein Abbau nicht wirtschaftlich ist, jedenfalls nicht unter Einhaltung der einschlägigen Umwelt- und Sozialstandards. Entscheidend ist also die Extraktion der Seltenen Erden aus den entsprechenden Materialien der Erdkruste.

Hier hat das Reich der Mitte faktisch eine Monopolstellung. Weniger weil das Land 40 Prozent der bekannten weltweiten Reserven besitzt, sondern weil es auch mindestens 80 Prozent der globalen Produktion kontrolliert. Außerdem – auch das hat die Bundesakademie dokumentiert – dominieren chinesische Firmen zunehmend alle weiteren Produktionsstufen des globalen Seltene-Erden-Marktes. Sie sind also führend in der Aufbereitung sowie in der Fertigung von Komponenten und zunehmend auch von Endprodukten wie Batterien und Computern. China ist nämlich nicht nur der größte Produzent, sondern auch der größte Konsument dieser Erden.

Von einem australischen Unternehmen abgesehen, hat der Rest der Welt diese Entwicklung verschlafen. Dass der Westen auch hier über keine Strategie verfügt, bedarf kaum der Erwähnung. Europa hat zwar hinreichende Vorkommen, aber keine einzige Mine. Die USA liegen bei der Produktion Seltener Erden etliche Jahre hinter China zurück, und dass das Pentagon jetzt den Bau von Fabriken für die Verarbeitung dieses Rohstoffs finanzieren will, zeigt, wie dramatisch die Lage ist. Denn die USA sind in dieser Hinsicht von China abhängig und daher politisch erpressbar. Dass China im Zweifelsfall nicht zögert, seine Seltenen Erden als geostrategische Waffe einzusetzen, mussten die Japaner, der weltweit größte Abnehmer, 2010 erfahren: Vor dem Hintergrund des geschilderten Streits um einige Inseln im Ostchinesischen Meer setzte Peking die Lieferung der Erden für gut zwei Monate aus.

Die chinesische Regierung weiß also, mit welchem Pfund sich hier auf absehbare Zeit wuchern lässt. Auch gegenüber den USA. Nicht zufällig sind die Erden von den amerikanischen Strafzöllen auf Importe aus dem Reich der Mitte ausgeschlossen. Als die USA den chinesischen Technologiegiganten Huawei von der Lieferung der unverzichtbaren Halbleiter abschnitten, ließ die Reaktion in Form eines Hinweises auf das Quasimonopol bei der Förderung und Produktion Seltener Erden nicht lange auf sich warten.

Ähnlich gezielt wie bei den Seltenen Erden geht Peking bei anderen knappen und extrem gefragten Ressourcen vor: Lithium und Kobalt sind nicht zuletzt für die Produktion der Batterien von Elektroautos unverzichtbar. Die größten bekannten Kobaltvorkommen finden sich ausgerechnet in der Demokratischen Republik Kongo, also jenem Staat des afrikanischen Kontinents, der sich, wie berichtet, seit einem Vierteljahrhundert in einem Dauerzustand des Krieges und Bürgerkrieges befindet. China ficht das nicht an. Die Volksrepublik zählt zu den wichtigsten Handelspartnern des Kongo. Und selbstredend stehen die Rohstoffe ganz oben auf der Liste der Importe.

Nicht so unsicher ist es dort, wo Lithium gewonnen wird. Aber dass Bolivien, wo sich die weltweit größten Vorkommen befinden, oder Chile und Argentinien zu den stabilen Staaten der Erde zählen, wird wohl kaum jemand behaupten. Immerhin gibt es in diesem sogenannten Lithiumdreieck, wo nach Schätzung des US Geological Survey rund 60 Prozent der weltweit nachgewiesenen Vorkommen lagern, drei Optionen. Allerdings hapert es hier bei der Förderung und der Produktion. Andere Staaten wie Australien, das bei den Vorkommen an fünfter Stelle rangiert, sind da deutlich weiter, weil sich ausländische Investoren dort engagieren. Allen voran auch hier: chinesische. Nicht zufällig bestellte der Autokonzern BMW Ende 2019 beim chinesischen Rohstoffkonzern Ganfeng Lithium im Gegenwert von 540 Millionen Euro.

Keine Frage, die Grundlagen für eine neue Weltordnung sind längst gelegt. Während die überlebenden Architekten der alten Weltordnung, namentlich Nordamerikaner und Westeuropäer, seit 30 Jahren in deren Strukturen festsitzen, haben andere, allen voran die Chinesen, das Heft des Handelns in die Hand genommen und Fakten geschaffen. Diese Fakten mögen uns nicht gefallen, aber wir haben keine Wahl. Wir müssen sie als Elemente einer bislang ohne unser Zutun aufgebauten Ordnung akzeptieren. Tun wir das nicht, werden wir scheitern.

EPILOG
Was zu tun ist

Der Westen hatte seine Zeit. Sie war gut. Sie war politisch erfolgreich. Aber sie ist vorbei. Wie sonst ließe sich die rasante Autodemontage der westlichen Gemeinschaften erklären, die nicht einmal durch gemeinsame Heimsuchungen wie eine Pandemie verlangsamt oder gar beendet wird? Tatsächlich ist diese Selbstzerlegung im Lichte der Geschichte nicht überraschend: Sie ist konsequent. Denn NATO und EU, die beiden wichtigsten Gemeinschaften des politischen Westens, entstanden in einer längst versunkenen Welt. Sie waren die Antwort nordamerikanischer und westeuropäischer Staaten auf die spezifischen Herausforderungen des Kalten Krieges.

Dass solche Gemeinschaften entstehen würden, ließ sich schon während des Zweiten Weltkriegs erahnen, als aus den Alliierten der »Anti-Hitler-Koalition« zusehends verbündete Gegner wurden. Und weil die Sowjets nach der Niederwerfung Deutschlands im Mai 1945 keine Anstalten machten, ihre neuen Stellungen östlich der Elbe zu räumen, blieben auch die Amerikaner und in ihrem Windschatten Briten und Franzosen, wo sie waren.

Fortan gab es einen Westen, weil es den Osten gab, und das heißt: Ohne den Osten hätte es den Westen nie gegeben. Denn unter anderen Umständen wären ein dauerhafter Verbleib der Amerikaner in Europa und ihr Schulterschluss mit Briten und Franzosen schwerlich vorstellbar gewesen, und die Einbeziehung eines Teils von Deutschland schon gar nicht. Dieser Schulterschluss bestand im Wesentlichen in der Gründung einer Reihe von Gemeinschaften, allen voran der NATO, die im April 1949 aus der Taufe gehoben wurde.

Die Mitglieder dieser Allianz verbanden ihr Wertekanon, ihre Entschlossenheit, die Freiheit gegen äußere Gefahren zu sichern, und nicht zuletzt der Wille, ihre nationalstaatliche Unabhängigkeit zu behaupten. Das ist ihnen auf ganzer Linie gelungen. Schon aus diesem Grund zählt die NATO zu den erfolgreichsten Militärbündnissen der Geschichte. Damit nicht genug, zwang die Allianz ihren Gegner in immer neue Rüstungsrunden und trug so maßgeblich zum Ruin seiner maroden Volkswirtschaften bei.

Als die Sowjetunion samt ihrem Militärbündnis 1991 geräuschlos von der Bildfläche verschwand, hatte die NATO ihren Auftrag mehr als erfüllt. Was hätte näher gelegen, als die Gunst der Stunde zu nutzen, diesem Abgang die eigene Auflösung folgen zu lassen, die freigesetzten Ressourcen in die Bewältigung der sich bald abzeichnenden neuen Herausforderungen zu investieren und eine Sicherheitsarchitektur zu schaffen, die Russland einschließt?

Das tat die NATO nicht, im Gegenteil: Sie blieb nicht nur in vertraglich unveränderter Form weiter bestehen, sondern sie nahm auch in Serie neue Mitglieder auf und dehnte das Bündnisgebiet deren Wünschen und Forderungen entsprechend bis an die Grenze Russlands aus. So stellte sie de facto sicher, dass der identitätsstiftende alte Gegner weiterlebte. Eine anachronistische und eine gefährliche Situation. Will die Allianz dieser Falle entkommen – und sie muss es unbedingt –, führt kein Weg an ihrer Umwandlung vorbei, und das heißt in letzter Konsequenz: ihrer Auflösung in der bestehenden Form.

Es ist ja nicht so, dass es sich bei der NATO um ein funktionstüchtiges und von seiner Existenzberechtigung überzeugtes Bündnis handelt. Nicht zufällig spricht sich heute in den Mitgliedsstaaten nur noch eine Minderheit der Bevölkerung – in Deutschland ein gutes Drittel – dafür aus, der Beistandspflicht ohne jede Einschränkung nachzukommen. Diese klare Botschaft ist Ausdruck einer inzwischen dreißigjährigen Orientierungslosigkeit. Und sie ist eine Quittung für die blamable Performance mehr oder weniger aller Akteure.

Wenn, wie 2019 und 2020 geschehen, ein amerikanischer Präsident dem NATO-Partner Türkei die »wirtschaftliche Zerstörung« androht; wenn französische und türkische Kriegsschiffe kurz vor der Eröffnung eines Feuergefechts stehen; wenn die Bundesregierung aus der Zeitung erfährt, dass die USA Tausende Soldaten aus Deutschland abziehen wollen; wenn sich die USA auf der einen und Deutschland, Frankreich und Großbritannien auf der anderen Seite im UN-Sicherheitsrat wegen der Sanktionen gegen den Iran wie politische Gegner behandeln, dann ist es um das Bündnis schlecht bestellt.

Wer meint, dass solche und andere Vorkommnisse vornehmlich Donald Trump anzulasten sind, befindet sich im Irrtum. Sie fielen zwar in seine Amtszeit, und fraglos hat dieser Präsident mit seiner undiplomatischen und inkompetenten Attitüde die Schwachstellen der transatlantischen Allianz in ein grelles Licht gerückt. In der Sache aber hat es Vergleichbares vorher gegeben. Und Ähnliches werden wir auch in Zukunft sehen. Denn es handelt sich um ein strukturelles Defizit: Die einseitige Abhängigkeit Europas von Amerika, die mit dem Ende des Kalten Krieges ihre Legitimation verloren hat, wird mit jedem Tag fortgeschrieben, den das Bündnis, das eigentlich gar keines mehr ist, in seiner überkommenen Form weiterexistiert. Dass es, auf den Punkt gebracht, der Lagerung von vielleicht 140 amerikanischen Atombomben in Europa, davon 20 in Deutschland, bedarf, um die NATO zusammenzuhalten, ist anachronistisch. Und es ist gefährlich.

Tatsächlich folgen die Mitglieder der Allianz – und nicht nur die USA – seit 1991 allzu häufig lediglich einem Interesse: ihrem eigenen. Es war der amerikanische Präsident George W. Bush, der das aller Welt vor Augen führte. Die »Koalition der Willigen«, mit der die USA und ein Teil ihrer europäischen NATO-Partner

2003 im Dritten Golfkrieg gegen den Irak zu Felde zogen, war auch ein Beleg für den schon damals unabweisbaren Befund, dass die westlichen Gemeinschaften als geschlossen handelnde Organisationen der Vergangenheit angehörten. Seither gilt: Sind die partikularen Interessen einzelner Mitglieder in bestimmten Situationen – wie in Libyen, in Syrien oder auch im Persischen Golf – deckungsgleich, ziehen sie für eine begrenzte Zeit an einem Strang – und bedienen sich dabei der eingespielten Strukturen und Mechanismen des Bündnisses.

So gesehen hat die Zukunft, also eine Zeit ohne die NATO in ihrer heutigen Form, längst begonnen. Sie ist, wie Frankreichs Staatspräsident Emmanuel Macron richtig diagnostiziert hat, politisch hirntot. Und darin liegt eben auch eine Chance. Die NATO als politisches Bündnis aufzulösen und damit ihren weltanschaulichen Ballast über Bord zu werfen, heißt ja nicht, ihre gewachsenen militärischen, technischen oder auch logistischen Strukturen zu zerschlagen.

Das 1998 gegründete Euro-Atlantic Disaster Response Coordination Centre (EADRCC), das während der Pandemie nicht nur von NATO-Mitgliedsstaaten entdeckt wurde, oder die NATO Response Force (NRF), die 2002 ins Leben gerufen wurde, brauchen kein politisches oder weltanschauliches Fundament. Sie und andere bewährte Strukturen zu zerschlagen wäre töricht. Sie werden gebraucht, wenn sich Einzelne in wechselnden oder auch gleichen Formationen zusammentun, um den gewaltigen und keineswegs nur militärischen Herausforderungen der Gegenwart und der Zukunft entgegenzutreten.

Tut man diesen Schritt, löst man also das Bündnis 30 Jahre nach dem Abgang des definierten Gegners in seiner bestehenden Form auf, werden sich nicht zuletzt für die Europäer neue Perspektiven eröffnen. Vor allem wird sich der alte Kontinent aus der amerikanischen Vormundschaft lösen können. Diesen Schritt zu tun bedeutet nicht, die Partnerschaft mit Amerika und den Amerikanern aufzukündigen, sondern es heißt, sie mit neuem Leben zu erfüllen. Das ist kein Selbstläufer.

Eine entscheidende Voraussetzung für die Überführung des erstarrten transatlantischen Bündnisses in eine lebendige Partnerschaft ist eine aus eigener Kraft und mit eigenen Ressourcen einsatzfähige, umfassend integrierte europäische Armee. Das setzt ein grundlegendes Umdenken voraus. Wer nicht umdenken kann oder will, wer wie die deutsche Verteidigungsministerin eine »europäische strategische Autonomie« für eine abzustellende »Illusion« hält, erteilt zugleich allen Bemühungen um den Aufbau einer Europaarmee eine weitere Absage.

Welche Folgen das hat, brachte der EU-Außenbeauftragte Josep Borrell im Frühjahr 2020 vor dem Hintergrund der eskalierenden Situation in der syrischen Region Idlib auf den Punkt: »Wir würden gerne die Sprache der Macht sprechen, aber im Moment können wir darüber nicht selbst entscheiden.« Diese Hilflosigkeit ist armselig. Und sie ist gefährlich. Denn ohne eine eigene, global einsatzfähige Armee wird ein im Zweifelsfall auf sich selbst gestelltes Europa weder den künftigen Aufgaben gewachsen sein, noch wird der Kontinent mit amerikanischer Unterstützung rechnen können.

Die Zeiten, in denen sich die Europäer zurücklehnten, Amerika die Dinge regeln ließen und das amerikanische Krisenmanagement nicht selten auch noch mit überheblichen Kommentaren begleiteten, sind vorbei. In absehbarer Zeit und unabhängig von der politischen Führung des Landes werden sich die Vereinigten Staaten aus den afrikanischen und orientalischen Krisengebieten, also aus Weltgegenden zurückziehen, deren Entwicklung für sie ohne nennenswerte, für Europa hingegen von existenzieller Bedeutung ist. Dieser Rückzug wird das dortige Krisen-, Kriegs- und Konfliktpotential vielleicht in einigen Fällen abbauen, insgesamt aber eher noch anwachsen lassen.

Wirkungsvoll begegnen kann man dem nur vor Ort und unter Einsatz aller dafür nötigen, gegebenenfalls auch militärischen Mittel, so wie das derzeit die Franzosen in der Sahelzone tun. Weil dieser Einsatz Frankreich an die Grenzen seiner Möglichkeiten bringt und die Europäer, wenn es darauf ankommen sollte, zu einer präventiven Intervention in Afrika, im Nahen oder Mittleren Osten weder willens noch in der Lage sind, bleiben sie auf die Amerikaner angewiesen. Die aber werden sich in Zukunft nur noch dann für genuin europäische Interessen engagieren, wenn die Europäer das auch für ihre tun. Für all das braucht Europa ein verbindliches, tragfähiges außen- und sicherheitspolitisches Konzept und vor allem eine integrierte Armee, die diesen Namen verdient. Und zwar jetzt.

Dass es nach dem Scheitern aller vorausgegangenen Versuche zu entsprechenden europäischen Übereinkünften kommen wird, ist wenig wahrscheinlich. Der Trend geht jedenfalls in die andere Richtung. Egoismen und Partikularismen beherrschen die Szene, und das kann eigentlich niemanden überraschen. Denn wie die NATO ist auch die EU ein Kind des Kalten Krieges. Sich gemeinsam gegen die politische und militärische, wirtschaftliche und weltanschauliche Herausforderung durch den Gegner auf der anderen Seite des sogenannten Eisernen Vorhangs zu wappnen und die Unabhängigkeit der Einzelnen gegebenenfalls gemeinsam zu verteidigen, war ein wesentlicher Zweck des Unternehmens EU.

Dass dieses Ziel nicht ohne die Amerikaner erreichbar war, wussten alle. Die wiederum förderten den Schulterschluss der Europäer, weil sie sich davon eine Teilung der immensen Kosten für die Verteidigung versprachen. Dabei unterschätzten sie ein zweites Ziel, das die Europäer mit ihrem Bund verfolgten: Von Anfang an wollten sie sich auch als gleichgewichtiger Akteur in der Weltwirtschaft und so gesehen als direkter Konkurrent der

Vereinigten Staaten positionieren. Wenn Donald Trump unmittelbar vor seinem Einzug ins Weiße Haus sagte, die EU sei jedenfalls »zum Teil« gegründet worden, »um die Vereinigten Staaten im Handel zu schlagen«, lag er richtig.

In wirtschaftlicher Hinsicht ist Europa eine Erfolgsgeschichte, die ihresgleichen sucht. 70 Jahre nach der ersten Initiative zur Bildung einer Europäischen Gemeinschaft für Kohle und Stahl ist die Europäische Union mit ihren heute 27 Mitgliedern eine der führenden Wirtschaftsmächte der Welt. Aber reicht das? Kann eine Union, die diesen Namen verdient, auf Dauer allein von ihren ökonomischen Erfolgen leben?

Wären die Europäer ehrlich zu sich, und das sind sie notorisch nicht, müssten sie bilanzieren, dass auch ihnen mit dem weltpolitischen Gegner ein – wenn nicht das kräftigste – Bindemittel abhandengekommen ist. Ganz gleich, ob es um die Haushaltsdisziplin, den Umweltschutz, das Rechtsverständnis, die Migrationspolitik oder ein anderes relevantes Thema geht – mindestens einer schert fast immer aus, und das heißt: Einzelne halten sich nicht an Beschlüsse, die sie ursprünglich mitformuliert haben, denn andernfalls wären sie wegen der geltenden Pflicht zur Einstimmigkeit nicht zustande gekommen.

Selbst bei vitalen Zukunftsfragen wie der Sicherung der Daten, eine der wertvollsten Ressourcen in der digitalen Welt, herrscht dröhnende Kakophonie mit der Folge, dass marktbeherrschende nichteuropäische Plattformen das Management, den Zugang und die Auswertung dieser Ressource kontrollieren und der Aufbau einer gemeinsamen digitalen Resilienz bestenfalls Zukunftsmusik ist.

Kann man das wollen? Darf man es zulassen, dass die Staaten und Völker Europas in einem Haus leben, das drohenden Unwettern schlicht nicht mehr trotzen kann? Brauchen wir Organisationen wie die EU in Zukunft überhaupt noch? Und wenn wir sie brauchen, wofür einiges spricht, wie müssen sie dann aussehen? Welche der bestehenden Strukturen haben sich bewährt, sind mithin zukunftsfähig? Und unter welcher Voraussetzung?

Wo immer man hinschaut, zum Beispiel in den sogenannten Schengenraum, kommt man zwangsläufig zu dem Ergebnis, dass eine grundlegende Reform die entscheidende Voraussetzung für die Zukunftsfähigkeit Europas ist. Den ursprünglich 1985 in Schengen vereinbarten, von stationären Grenzkontrollen befreiten Raum, dem die meisten EU-Staaten sowie einige Nachbarn angehören, kann es nach den Erfahrungen erst mit der unkontrollierten Zuwanderung, dann mit der außer Kontrolle geratenen Pandemie so nicht mehr geben. Die Kontrolle sicherzustellen, ohne lebenswichtige Bewegungen wie die Liefer- beziehungsweise Wertschöpfungsketten nennenswert zu behindern, ist eine Herausforderung, die Europa ohne eine durchgreifende Reform des bestehenden Reglements nicht meistern wird.

Die Pandemie ist daher auch eine Chance. Wie in anderen politischen und wirtschaftlichen, gesellschaftlichen oder auch weltanschaulichen Gefügen wirkt sie im maroden Bau der Europäischen Union wie ein Brandbeschleuniger. Schwächen und Versäumnisse werden aufgedeckt, alte Gewissheiten lösen sich auf, Ignoranz und Verdrängung funktionieren nicht mehr. Die Welt, in der wir leben, hat mit der vor 30 Jahren versunkenen nur noch wenig gemein. Die Kräfte, die unsere Gegenwart bestimmen, sind mit den Mitteln und Methoden jener Vergangenheit nicht mehr zu bändigen.

Wollen wir das, müssen wir die richtigen Fragen stellen, auch wenn die Antworten unbequem sind und weh tun. So ergibt es keinen Sinn zu fragen, ob oder wie sich der unübersehbare Trend zu einer Renationalisierung aufhalten oder gar umkehren lässt, denn das kann nicht gelingen; zu fragen ist vielmehr, ob und wie man verhindern kann, dass die für sich genommen nicht überraschende, weil die grenzenlose Welt reflektierende Besinnung auf die Stärken der eigenen Nation in jenen verheerenden Nationalismus abgleitet, der die Menschheit in der ersten Hälfte des vergangenen Jahrhunderts zweimal in den Abgrund getrieben hat. Erste Anzeichen für eine Renaissance des überlebt geglaubten Nationalismus gibt es seit geraumer Zeit auch in Europa. Sie gilt es zu bekämpfen, ohne dem nationalen Impetus von vornherein eine Absage zu erteilen. Dass der Kampf der Mitgliedsstaaten der EU gegen die Pandemie von Anfang an nationalstaatlich organisiert wurde, war gewiss nicht Ausdruck eines unzeitgemäßen Nationalismus. Vielmehr sind Regierungen nun einmal »zuallererst ihrer eigenen Bevölkerung verpflichtet«, wie der Bundespräsident festhielt, als er vor dem weltweit grassierenden »Impfstoffnationalismus« warnte. Entsprechend sind die Gesundheitssysteme organisiert. Hinzu kommt, dass sich Nationen – Familien vergleichbar – in schweren Krisen offenbar auf sich selbst zurückziehen, also Schutz und Geborgenheit in der vertrauten Gemeinschaft suchen. Ganz offensichtlich konnte Europa in seiner bestehenden Form diese Bedürfnisse während der Pandemie nicht befriedigen.

Das nationale Krisenmanagement kam wiederum Staaten wie Deutschland entgegen, die traditionell auf eine konsequente Ordnungspolitik setzen und auch deshalb staatlichen Vorgaben nicht von vornherein eine Absage erteilen. Die milliardenschweren Rücklagen der Bundesagentur für Arbeit und der gesetzlichen Krankenversicherungen halfen bei der Organisation und der Finanzierung erster durchgreifender Maßnahmen. So ging Deutschland in dieser schweren Krise seinen Weg. Die anderen gingen ihren. Die Wege ähnelten sich in mancher Hinsicht, wurden aber selbst unter dem Eindruck der Pandemie nicht koordiniert. Vergleichbares gilt für praktisch alle Bereiche des politischen und wirtschaftlichen Lebens. Das ist ein schwerwiegender Befund, dessen Folgen sich auch in Europas schwindendem Gewicht in der Weltwirtschaft, also in jenem Bereich zeigen dürften, in dem die Gemeinschaft eine Erfolgsgeschichte geschrieben hat.

Will Europa eine Zukunft haben, muss es mehr sein als ein gut aufgestellter Binnenmarkt mit einer partiell geltenden gemeinsamen Währung und einem dort ordentlich funktionierenden Krisenmechanismus. Für ein »Überleben des europäischen Projekts«, das Frankreichs Staatspräsident Ende März 2020 anmahnte, reicht das keinesfalls. Gefordert ist jener revolutionäre Elan, ohne den die Gründer vor 70 Jahren das damals moderne Europa nie und nimmer auf die Beine gestellt hätten. Sicher macht es einen Unterschied, ob 6 oder 27 – beziehungsweise im Falle der Eurozone – 19 Partner in ein Boot zu holen sind. Wartet man aber, bis alle an Bord sind, vertagt man die Revolution; kommt Deutschland nicht an Bord, findet sie nicht statt.

Die Kredit- und Schuldenberge zeigen, dass es mit Reparaturarbeiten innerhalb des bestehenden Systems nicht getan ist. Ohne eine Vergemeinschaftung der Schulden, die nur in einer Neuformulierung des gesamten europäischen Vertragswerks vorstellbar ist, lässt sich dieses Dauerproblem nicht lösen. Natürlich ist die Weiterentwicklung der Währungs- zu einer Fiskalunion nicht ohne Risiko. Aber wer das scheut, sollte sich erst gar nicht an den Neubau Europas machen.

Die Konditionen, zu denen die Euro-Gruppe nach der schweren Finanzkrise der Jahre 2008/09 einigen ihrer besonders angeschlagenen Mitgliedern die dringend notwendige Unterstützung zusagte, mahnen heute zur Vorsicht. Denn die drastischen Etatkürzungen, welche sie und andere Institutionen von den besonders betroffenen Staaten als Gegenleistung für die Kreditvergabe verlangten, gingen nicht zuletzt zulasten des Gesundheitswesens. Diese Staaten mit immer neuen Krediten und Sparzwängen erneut in solche Fallen laufen zu lassen, wäre kurzsichtig.

Gerade wir Deutschen sollten erkennen, dass die südeuropäischen Länder mehr sind als gefragte Urlaubsziele. Sie sind Garanten der politischen und wirtschaftlichen Stabilität Europas. Nach dem Austritt Großbritanniens gehen immer noch knapp 53 Prozent des deutschen Warenexports in die Länder der Europäischen Union. Staaten wie Griechenland, Italien, Spanien oder Frankreich garantieren so auch unsere Arbeitsplätze und unseren Wohlstand. Dass sie uns in Zeiten existenzieller Krisen in eine Mithaftung für ihre Stabilität und ihr Überleben nehmen, ist nachvollziehbar.

Daher war die Entscheidung der europäischen Staats- und Regierungschefs vom Juli 2020, etwas mehr als die Hälfte der sogenannten Corona-Wiederaufbauhilfe von 750 Milliarden Euro durch eine gemeinsame Schuldenaufnahme zu finanzieren, ein erster Schritt auf dem richtigen Weg. Wie auch der Kompromiss zum sogenannten Rechtsstaatsmechanismus vom November 2020 ein Schritt nach vorn war. Die Zustimmung von Parlament und Rat der EU vorausgesetzt, kann die EU-Kommission künftig vorschlagen, einem Land Mittel aus diversen europäischen Fonds zu entziehen, wenn dieses gegen verbindliche Rechtsstaatsprinzipien verstößt. Den Mut, diese Wege konsequent zu Ende zu gehen, fand Europa bislang nicht. Überraschen kann das nicht, denn einstweilen fehlen die vertraglichen Voraussetzungen.

Europa hat keine Wahl. Wenn es nicht unwiderruflich scheitern will, müssen einige Staaten, darunter zwingend die Wirtschaftsmacht Deutschland und die Nuklearmacht Frankreich, zur Tat schreiten. Das klingt verwegener, als es tatsächlich ist. Es gibt Präzedenzfälle. 1951 riefen sechs Staaten die sogenannte Montanunion ins Leben; 1999 führten elf Staaten der EU, darunter ihre sechs Gründungsmitglieder, nach jahrelanger Vorbereitung eine gemeinsame Währung ein und verzichteten damit auf ein wesentliches Merkmal nationalstaatlicher Souveränität. Auch deshalb spricht vieles dafür, dass die Initiative für ein neues Europa aus dem Kreis dieser sogenannten Euro-Gruppe kommen muss.

Zu den Prinzipien, auf welche sich die Initiatoren verständigen müssen, zählen: die Durchsetzung des Mehrheitsentscheids in einem Format, das sich an der gescheiterten Verfassung vom Oktober 2004 orientiert; die Möglichkeit von wirksamen Sanktionen bis hin zu einem Ausschluss von Mitgliedern, die sich nicht an gemeinsame Rechtsvorschriften oder zum Beispiel bei gemeinsam aufgenommenen Schulden nicht an die Beschlüsse der Gemeinschaft halten; die Weiterentwicklung der Währungs- zu einer Fiskalunion; die Definition eines geschlossenen europäischen Rechtssystems; die Erarbeitung einer praktikablen Migrations- und Asylpolitik; die Formulierung einer verbindlichen und nachhaltigen Ressourcen-, Energie- und Umweltstrategie; und nicht zuletzt eine supranationale Armee im beschriebenen Sinne, die wiederum ohne den Rahmen einer Politischen Union nicht denkbar ist.

Womit der Fahrplan feststeht: Erst das Fundament, dann das Haus. Der Konstruktionsfehler der heutigen Europäischen Union, die mit dem Vertrag von Maastricht aus der Taufe gehoben und in den Folgeverträgen zementiert wurde, darf keinesfalls wiederholt werden. Wollen die Initiatoren eine Politische Union, die diesen Namen verdient, müssen sie ohne Wenn und Aber auf einen nennenswerten Teil ihrer nationalstaatlichen Souveränität verzichten. Tun sie das, erlegen sie zwangsläufig auch das Monstrum von Maastricht, jenen 250 Seiten starken Kompromiss, mit dem die Staats- und Regierungschefs im Februar 1992 gerade keinen Neuanfang wagten, sondern eine überlebte Ordnung von der geteilten in die globalisierte Welt transferierten.

Die Chance, dass Europa sich zu diesen und anderen Entscheidungen durchringt, ist gering. Aber es gibt sie. Nutzen die Europäer ihre Chance, werfen sie also den politischen und weltanschaulichen Ballast des Kalten Krieges über Bord und erfinden sich als Solidargemeinschaft der globalen Welt neu, setzen sie enorme Kräfte, Energien und Ressourcen frei. Und die werden dringend gebraucht, um den eigenen Laden auf Vordermann zu bringen und zugleich praktikable Antworten auf die Fragen zu finden, die sich in der Zeit des Ost-West-Gegensatzes noch nicht gestellt haben beziehungsweise noch nicht als dringend lösungsbedürftig angesehen wurden.

Das gilt mehr denn je für den Umgang mit einigen schwierigen, aber nun einmal nicht zu umgehenden Akteuren der Weltpolitik wie China, Russland oder auch der Türkei. Wer ihnen mit der Logik des Kalten Krieges begegnet, wie der Westen das immer noch tut, muss scheitern. Es mag uns Europäern gefallen oder auch nicht, aber die Türkei ist inzwischen eine nicht mehr zu ignorierende Vormacht im östlichen Mittelmeer.

Das war und das ist nicht zuletzt eine Reaktion auf die Politik der NATO, der die Türkei seit 1952 angehört, aber auch der Europäischen Union, die sie nie haben wollte. Die Art und Weise, wie wir Europäer und vor allem wir Deutschen jahrzehntelang mit diesem Land und seinen Menschen umgesprungen sind, war selbstgerecht und entwürdigend. Seit die Europäische Wirtschaftsgemeinschaft und die Türkei 1963 ein Assoziierungsabkommen unterzeichnet haben, hat keiner ihr so oft Beitrittsperspektiven eröffnet wie die Bundesrepublik. Ehrlich gemeint waren sie nie – sieht man einmal von der Endphase der rot-grünen Koalition ab. Selbstverständlich will die Aufhebung des Visumzwangs, den die Bundesrepublik 1980 einführte, vor dem Hintergrund der Migrations- und Flüchtlingsbewegungen sorgfältig abgewogen werden. Aber ein ständiges Hinhalten ist nicht akzeptabel.

Wer die Erfüllung Dutzender Bedingungen zur Voraussetzung für die Visafreiheit erhebt, wer substantielle Fortschritte bei den Beitrittsverhandlungen zur EU oder auch bei der Aktualisierung von Zollvereinbarungen verschleppt, die aus den neunziger Jahren stammen, will sie eigentlich nicht. Und wer das alles nicht will, weil er nicht ohne Grund unter anderem die Kriegführung Ankaras im Irak, in Syrien, in Libyen oder auch in Nagorny

Karabach verurteilt, der sollte die Türkei nicht dafür entlohnen, dass sie Flüchtlinge aus diesen und anderen Kriegsgebieten von einem Übertritt in die EU abhält. Mit den immer wieder zitierten Werten des ohnehin nicht mehr existierenden Westens ist diese Politik nicht vereinbar.

Und sie wird scheitern. Anzunehmen, dass eine Regierung nach Recep Tayyip Erdoğan die türkische Außenpolitik grundsätzlich revidieren und speziell auf die neue Machtposition im östlichen Mittelmeer verzichten wird, ist weltfremd. Das kann sie nicht. Denn die Politik und Kriegführung der Türkei und anderer Staaten in einer vergleichbaren Lage ist aus ihrer Sicht auch eine Reaktion auf eine Drohkulisse des Westens, nämlich auf seine Weigerung, die mentalen Schützengräben des Kalten Krieges zu verlassen. Darin verbarrikadiert, haben wir erst nicht bemerkt und dann ignoriert, dass andere sich längst neu sortiert und damit das Fundament einer neuen Weltordnung gelegt haben.

Auch Russland, das eben nicht mit der untergegangenen Sowjetunion identisch ist, auch wenn die europäischen und transatlantischen Denkstrukturen und -gewohnheiten das fälschlicherweise nahelegen. Solange Europäer und Nordamerikaner an diesem Denken festhalten, ist das Fundament, auf dem das Verhältnis zu Russland steht, nicht stabil. Das muss es aber sein. Denn ohne ein belastbares Verhältnis zu Russland hat Europa keine Zukunft. Das beruht auf Gegenseitigkeit.

Obgleich Russland verglichen mit der verblichenen Sowjetunion territorial erheblich an Gewicht verloren hat, bildet dieses immer noch größte Land der Erde die Brücke Europas zum asiatischen Riesenraum inklusive China und mittelbar auch zur Krisenregion des Nahen und Mittleren Ostens. Auf absehbare Zeit dürfte es dort keine grundlegenden Weichenstellungen ohne oder gegen Russland geben. Wie immer sie aussehen, die Folgen werden Europa unmittelbar tangieren.

Zudem ist Russland mit seinen immensen Reserven an fossilen Rohstoffen, zu denen es für die hochentwickelten, energieintensiven Industrien in absehbarer Zeit keine hinreichenden Alternativen gibt, für den Rest Europas eine willkommene und schwer ersetzbare Quelle. Und es ist ein verlässlicher Partner. Als solcher hatte sich während des Kalten Krieges schon die Sowjetunion bewährt.

Russland ist kein einfacher Partner, dafür sind seine inneren Probleme zu groß. Das Spektrum beginnt bei der äußerst ungünstigen Altersstruktur des extrem dünn besiedelten Landes und endet bei den Hinterlassenschaften der untergegangenen Sowjetunion und der sich daran anschließenden zehnjährigen Phase des Raubkapitalismus. Das alles macht das Land anfällig. Sobald seine Führung – und nicht nur sie – den Eindruck gewinnt, vom Westen politisch und militärisch unter Druck gesetzt zu werden, wird es eng. Denn die russischen Reaktionen sind unter solchen Umständen nicht kalkulierbar. »Die Ausweitung der NATO«, diagnostizierte der schon zitierte Diplomat und Historiker George F. Kennan 1997, »wäre der verhängnisvollste Fehler der amerikanischen Politik in der gesamten Ära nach dem Kalten Krieg. Solch eine Entscheidung ... wird ... die russische Außenpolitik in eine Richtung treiben, die uns ganz und gar nicht gefallen dürfte.« Genau so ist es gekommen.

Die Annexion der Krim war ein klarer Bruch des Völkerrechts. Doch spricht einiges dafür, das Wladimir Putin damit auch der Defensive zu entkommen suchte, in der sich das Land nicht erst seit dem Untergang der Sowjetunion befindet und von der wir im dritten Kapitel berichtet haben. Das zur Kenntnis zu nehmen heißt nicht, dem russischen Präsidenten und seiner Politik die Absolution zu erteilen. Aber es ist eine Voraussetzung, wenn man mit Russland auf Augenhöhe jenen »strategischen Dialog« führen will, den Frankreichs Präsident zu Recht für alternativlos hält. Wer das beachtet, hat die Chance, dem Land das Misstrauen zu nehmen, der Westen plane eine wie immer geartete Vereinnahmung, Einkreisung oder Übervorteilung. Und er hat die Möglichkeit, über Themen zu sprechen, die den westlichen Demokratien wichtig sind. Darunter die Einhaltung der Menschenrechte.

Funktionieren kann der Dialog nur, wenn der Partner nicht an den Pranger gestellt und mit jener Überheblichkeit behandelt wird, die Europa und Amerika immer wieder gegenüber anderen Akteuren der Weltpolitik an den Tag legen. Das gilt für Russland und die Türkei, es gilt für viele Staaten der südlichen Halbkugel, und es gilt nicht zuletzt für China.

Natürlich ist die Wahrnehmung Chinas auch durch den mächtigen Schatten geprägt, den die jahrzehntelange Herrschaft Mao Tse-tungs bis heute auf dieses Land wirft. Aber der alleine erklärt den eigentümlich verzerrten Blick auf China nicht. Seit Europäer, Amerikaner und Japaner an der Wende vom 19. zum 20. Jahrhundert dort im Schulterschluss brutal intervenierten, schwingt in ihren Beziehungen zum Reich der Mitte immer auch die Botschaft mit, es anders machen zu wollen und besser machen zu können.

Peking wusste und weiß das zu nutzen. Die entschlossene wirtschaftliche, politische und militärische Expansion in alle Richtungen und auf allen Ebenen nahmen Europäer und Amerikaner erst ernst, als China wirtschaftlich so aufgeschlossen hatte, dass es entweder für ein wirkungsvolles Gegensteuern zu spät war oder die getroffenen Maßnahmen, wie die amerikanische Schutzzollpolitik, nicht mehr oder nur noch bedingt griffen. Wie sich dieser Konflikt ohne die Pandemie und ihre Folgen entwickelt hätte, wissen wir nicht. Aber wir wissen, dass die chinesische Führung auch diese schwere Krise, kaum dass sie im eigenen, dem Ursprungsland der Pandemie, erst einmal unter Kontrolle war, für eine beispiellose wirtschaftliche und geostrategische Offensive nutzte.

Natürlich gibt es Grenzen, die auch China nicht überschreiten darf. Die territoriale Expansion auf Kosten der Nachbarn ist ebenso wenig akzeptabel wie der massive wirtschaftliche und politische Druck, wie ihn Peking zuletzt namentlich gegenüber Australien ausgeübt hat. Zu den legitimen Interessen und Forderungen, auch der Europäer, gehören der Schutz des geistigen Eigentums und der Investitionen, faire Marktbedingungen oder auch die Reduktion des CO_2-Ausstoßes. Hier brauchen wir konkrete Vereinbarungen, an die China sich zu halten hat. Auch dieser Dialog muss auf Augenhöhe stattfinden. Der überhebliche Blick, den der Westen sich über Jahrzehnte gegenüber China oder Russland angewöhnt hat, wird dort nicht mehr akzeptiert.

Dem überheblichen korrespondiert der gönnerhafte Blick auf jene Staaten der südlichen Halbkugel, die während des Kalten Krieges als »Dritte Welt« firmierten. Sofern sie nicht als Rohstoff- oder Billiglohnlieferanten ausgebeutet oder als Schauplätze von Stellvertreterkriegen missbraucht wurden, waren sie Empfänger von Almosen, die der Westen mit einem Anflug von karitativer Großzügigkeit lange »Entwicklungshilfe« nannte. Dabei blieben die Summen stets bescheiden. Außerdem war und ist die Vergabe besagter Hilfe an die mehr oder weniger bedingungslose Übernahme der Werte gebunden, die der Westen als für sich verbindlich definiert. Die Frage, ob diese Werte ohne weiteres überall und jederzeit auf andere übertragbar sind, stellte und stellt sich nicht.

So gesehen tragen die Staaten der nördlichen Halbkugel eine erhebliche politische, wirtschaftliche und nicht zuletzt historische Mitverantwortung für die katastrophalen Zustände in weiten Teilen des Südens. Kriege und Bürgerkriege, Umwelt- und Klimakatastrophen, Ressourcenreichtum und Wassermangel, Heuschrecken- und andere Plagen, Bevölkerungswachstum und soziale Ungleichheit, Seuchen und Pandemien bedingen sich in vielen Fällen gegenseitig, schaukeln sich dabei hoch und entwickeln eine brisante Eigendynamik. Das Inferno, das vielen Weltgegenden droht, hat »biblische Ausmaße«, wie der Chef des Welternährungsprogramms der UN bezogen auf die ins Haus stehende Hungersnot prognostiziert.

Gewiss tragen der Westen und namentlich die EU nicht die maßgebliche oder gar die alleinige Verantwortung für dieses Desaster, über dessen Ursachen wir im zehnten Kapitel berichtet haben. Aber dass die Europäer als Kolonialherren manche Weiche falsch, nämlich lediglich ihrem eigenen Interesse folgend, gestellt haben, lässt sich ebenso wenig bestreiten wie ihr späteres kollektives Versagen als sogenannte Entwicklungshelfer. Die Folge- und Begleiterscheinungen dieser gleichermaßen dynamischen wie wuchtigen Entwicklung zeigen sich in den nicht mehr abreißenden Strömen von Flüchtlingen, Asylsuchenden und Migranten, die ihr Heil auch in Europa suchen. Man kann das verstehen.

Entsprechend beschränkt sind heute die Handlungsoptionen Europas. Ein Umdenken ist das Gebot der Stunde. Dazu gehört Ehrlichkeit gegenüber denen, die Hilfe suchen. Nicht jeder und nicht jedem, wohl nicht einmal einer Mehrheit derjenigen, die kommen, wird man auf europäischem Boden helfen können.

Das ist beileibe keine neue Erkenntnis. Schon unmittelbar nach dem Zusammenbruch der alten Weltordnung hatte George F. Kennan für die USA weitsichtig prognostiziert, was auch für Europa galt: Die Frage sei nicht, ob es Grenzen für die Aufnahmefähigkeit von Migranten gibt, sondern wo diese Grenzen liegen. Am Ende, so Kennan 1993, könne es dahin kommen, dass die Lage in den aufnehmenden Ländern nicht besser sei als in jenen, welche die Masse der Migranten verlassen habe. Damit verlören sie im extremen Fall jene Ressourcen, die sie brauchen, um Länder und Regionen zu helfen, die ohne solche Hilfe keine Chance auf eine gedeihliche Zukunft haben.

Unter dem Eindruck der Migrationswellen während der neunziger Jahre dämmerte das auch den Europäern. Die Mitgliedsstaaten reagierten wie gewohnt jeweils auf ihre Art und Weise, nämlich mit Alleingängen. Deutschland zum Beispiel mit einer Änderung des Artikels 16 seines Grundgesetzes, also einer Verschärfung des nationalen Asylrechts. Im Wesentlichen einig waren und sind sich die Europäer lediglich in dem Versuch, andere Staaten wie Libyen und insbesondere die Türkei mit hohen Geldbeträgen und anderen Zuwendungen dazu zu bewegen, die Menschen von der Weiterreise abzuhalten. So kamen 2019 gerade noch 123 000 Menschen über die Mittelmeerrouten nach Europa. 2015 waren es mehr als eine Million.

Stornierten die Vertragspartner die Vereinbarung, wie das zuletzt die Türkei im März 2020 getan hat, musste Europa Farbe bekennen, und das hieß in diesem Fall: Griechische Armee und griechischer Grenzschutz setzten – noch vor Ausbruch der Pandemie und von Frontex unterstützt – mit massivem Einsatz alles daran, Migranten, Flüchtlinge und Asylsuchende vom Übertritt in die EU abzuhalten. Dass dieser Versuch scheitern würde, war absehbar. Als einige der in Moria auf Lesbos eingepferchten 20 000 Asylsuchenden, Flüchtlinge und Migranten das heillos überfüllte Lager anzündeten, wurde wieder einmal deutlich, dass sich Migration im günstigsten Fall steuern, nicht aber unterbinden lässt. Wer sie steuern will, muss über den Willen und über ein Konzept verfügen.

Tatsächlich gibt es in Europa auch 30 Jahre nach Ende des Kalten Krieges keine funktionierende Asyl-, Flüchtlings- und Migrations-, mithin auch keine Abschiebe- beziehungsweise »Rückführungs«-Politik, die diesen Namen verdient. Daher gehört die Entwicklung einer belastbaren Strategie zu den Grundpfeilern eines künftigen Europa. Wer diese Arbeit scheut, wird scheitern. Eben weil die wenigen weitgehend kriegs-, konflikt- und krisenfreien Regionen der Erde wie das westliche Europa keine andere Wahl haben, als Migration zuzulassen und Flüchtlinge aufzunehmen, weil wir angesichts der demographischen Entwicklung sogar ein erhebliches Interesse an der Zuwanderung gut ausgebildeter Fachkräfte haben, müssen wir versuchen, diese Bewegungen zu kontrollieren und zu steuern. Nur so können wir sicherstellen, dass unsere Ressourcen und unsere Integrationsmöglichkeiten nicht überfordert werden.

Und das ist nur die eine Seite einer zukunftsorientierten Asyl-, Flüchtlings- und Migrationspolitik. Es gibt eine zweite: Will man die stabilen Regionen vor einem anderweitig drohenden Kollaps bewahren, bleibt nur der substantielle Transfer von Kapazitäten in die von Katastrophen aller Art heimgesuchten Regionen der Erde. Zu verhindern sind diese Katastrophen in den allermeisten Fällen nicht mehr, jedenfalls nicht kurzfristig. Dafür tragen wir eine Mitverantwortung. Denn wir wussten, was kommen würde. Wer das nicht glauben mag, sollte den Bericht der Unabhängigen Kommission für Internationale Entwicklungsfragen, der sogenannten Nord-Süd-Kommission, lesen, den Willy Brandt, ihr Vorsitzender, im Februar 1980 dem Generalsekretär der Vereinten Nationen übergab.

Wir haben das ignoriert. Wir haben es verdrängt. Wir haben geglaubt, mit Almosen davonzukommen. Heute ist es in den meisten Fällen für eine strategische präventive Intervention zu spät. Was bleibt, ist die Bekämpfung von Kriegen und Massakern, Feuern und Fluten, Plagen und Epidemien vor Ort, und zwar mit allen Mitteln, schnell, gezielt, massiv und – wenn es wie bei der Bekämpfung des Terrorismus oder der Schlepperkriminalität nicht anders geht – militärisch.

Das gilt auch für Deutschland, einen der wohlhabenden, handlungsfähigen Staaten dieser Erde. Zwar haben wir am Ende des 20. Jahrhunderts unser Engagement in dieser Hinsicht deutlich verstärkt, doch glauben immer noch viele, wir könnten punktuelle präventive, gegebenenfalls sogar militärische Interventionen, beispielsweise in der Sahelzone, anderen überlassen. Das können wir nicht. Jedenfalls dann nicht, wenn wir diese anderen, in dem Falle namentlich die Franzosen, nicht überfordern und den Rest europäischer beziehungsweise westlicher Solidarität nicht auch noch aufs Spiel setzen wollen.

Wenn es um die Zukunft Europas geht, stehen wir Deutschen wie kein zweites Volk in der Verantwortung. Denn ohne die deutsche Politik und Kriegführung in der ersten hätte es den Westen in der zweiten Hälfte des 20. Jahrhunderts nicht gegeben: Die dauerhafte Präsenz der Sowjets in Mitteleuropa, eine unmittelbare Folge des deutschen Eroberungs- und Vernichtungsfeldzugs, war der Anlass für die Gründung der westlichen Militärallianz; und die sich abzeichnende Aufnahme des jungen westdeutschen Teilstaates war die Geburtshelferin des integrierten Europa.

Mit dem unerwarteten politischen und weltanschaulichen, wirtschaftlichen und militärischen Zusammenbruch des weltpolitischen Gegners hat sich die Lage seit 1991 grundlegend gewandelt. Vor allem für Deutschland. Immerhin steht seine Vereinigung als einziger Fall dieser Art gegen den allgemeinen Trend der Auflösung von staatlichen Gebilden wie der Sowjetunion, Jugoslawiens oder auch der Tschechoslowakei — um nur von Europa zu sprechen.

Gewissermaßen über Nacht und im Wesentlichen ohne eigenes Zutun ist Deutschland zu einem gewichtigen Akteur in der Welt geworden. Diese Welt, die sich vor drei Jahrzehnten zu formieren begann, hat mit der 1991 untergegangenen so gut wie nichts mehr zu tun. Sich an deren Strukturen zu klammern, bedeutet, sich der Gegenwart und der Zukunft zu verweigern. Niemand sollte das besser wissen als wir Deutschen, die eigentlichen Nutznießer beider Welten.

Den Westen, so wie wir ihn fast ein halbes Jahrhundert lang kannten und schätzten, gibt es nicht mehr. Wenn wir daraus nach nunmehr 30 Jahren nicht die Konsequenzen ziehen, bleibt nur die Reaktion. Und die kommt im globalen, pandemischen Zeitalter immer zu spät. Noch haben wir eine Chance, das Heft des Handelns in der Hand zu behalten oder, besser gesagt, wieder in die Hand zu nehmen. Wir sollten sie nutzen.

Anhang

Abkürzungen

ABM	Anti-Ballistic Missile
AFDL	Allianz der Demokratischen Kräfte zur Befreiung Kongos
CIA	Central Intelligence Agency
CNDP	Nationalkongress zur Verteidigung des Volkes
EADRCC	Euro-Atlantic Disaster Response Coordination Centre
EG	Europäische Gemeinschaft
EGKS	Europäische Gemeinschaft für Kohle und Stahl
EU	Europäische Union
EVG	Europäische Verteidigungsgemeinschaft
EWG	Europäische Wirtschaftsgemeinschaft
FDLR	Demokratische Kräfte zur Befreiung Ruandas
GSVP	Gemeinsame Sicherheits- und Verteidigungspolitik
INF	Intermediate Range Nuclear Forces
ISAF	International Security Assistance Force
IS	»Islamischer Staat«
LNG	Liquefied Natural Gas
MLC	Bewegung für die Befreiung des Kongo
NATO	North Atlantic Treaty Organization
NPT	Treaty on Non-Proliferation of Nuclear Weapons
OAPEC	Organization of Arab Petroleum Exporting Countries
PLO	Palästinensische Befreiungsorganisation
RCD	Kongolesische Sammlung für Demokratie
RCEP	Regional Comprehensive Economic Partnership
RPF	Ruandische Patriotische Front
SALT	Strategic Arms Limitation Talks

START	Strategic Arms Reduction Treaty
UdSSR	Union der Sozialistischen Sowjetrepubliken
UNHCR	United Nations High Commissioner for Refugees
UN/UNO	United Nations Organization
UNRWA	United Nations Relief and Works Agency for Palestine Refugees in the Near East
VAE	Vereinigte Arabische Emirate
WHO	World Health Organization

Personenregister

»Ein großartiges Geschichtspanorama.«

Süddeutsche Zeitung

ISBN
978-3-570-55403-6

Dieses Buch
ist auch als E-Book
erhältlich

Wer die Gegenwart verstehen will, muss die Vergangenheit in den Blick nehmen. Und wer die vergangenen hundert Jahre in den Blick nimmt, sieht eine Geschichte der Kriege. Gregor Schöllgen, einer der führenden deutschen Historiker, spürt dieser Geschichte nach. Ausgehend von der russischen Oktoberrevolution, mit der 1917 alles begann, beschreibt er die vielfältigen Gesichter dieses hundertjährigen Krieges: Revision und Intervention, Raub und Annexion, Säuberung und Vernichtung, Flucht und Vertreibung.

»Schöllgen bietet neue Einblicke und Denkanstöße. Man liest sein Buch mit Gewinn.« *Deutschlandfunk*

»Ein faszinierendes, exzellent lesbares Buch.« *NDR Kultur*

www.pantheon-verlag.de

Die faszinierende Geschichte eines Aufstiegs
aus kleinen Verhältnissen bis ins Kanzleramt

ISBN
978-3-570-55341-1

 Dieses Buch
ist auch als E-Book
erhältlich

»Dieses Buch, im spannenden historischen Präsens geschrieben, ist
es wert, von A bis Z gelesen zu werden. Es ist – um noch einmal den
ebenso schlichten wie anspruchsvollen Titel zu zitieren – ›Die Bio-
graphie‹. In ihr wird mit großer Liebe zum Detail wie mit ebenso
großem Respekt der Mensch und Politiker Gerhard Schröder kennt-
lich gemacht. Es lohnt sich, dieses Buch zu lesen, auch um ein gro-
ßes Stück deutscher Geschichte besser zu verstehen und nachvoll-
ziehen zu können.«

Angela Merkel

www.pantheon-verlag.de

Eine Geschichte der Bundesrepublik von Adenauer bis heute

Arnulf Baring | Gregor Schöllgen

KANZLER KRISEN KOALITIONEN

Von Konrad Adenauer bis Angela Merkel

PANTHEON

ISBN
978-3-570-55008-3

Dieses Buch
ist auch als E-Book
erhältlich

Sieben Kanzler haben das politische Leben der Bundesrepublik auf unverwechselbare Weise geprägt. Und mit Angela Merkel, die an der Spitze der zweiten großen Koalition steht, verfügt das Land erstmals über eine Regierungschefin. Die renommierten Historiker Gregor Schöllgen und Arnulf Baring beleuchten in diesem Band fast 60 Jahre bundesdeutscher Geschichte anhand ihrer Hauptakteure: der Kanzler.

»Als ausgewiesene Zeithistoriker und gute Stilisten bieten die Autoren flott geschriebene und interessante Kost.« *Frankfurter Allgemeine Zeitung*

www.pantheon-verlag.de